交通建设工程监理培训辅导丛书

Jiaotongjianshegongchengshigonghuanjingbaohujianli
kaoshizhidaoyumonitijie

《交通建设工程施工环境保护监理》
考试指导与模拟题解

尤晓昕 编著

人民交通出版社
China Communications Press

内 容 提 要

本书是借鉴国外职业资格考试训练的典型经验,结合我国交通建设工程监理的实践经验,考虑交通建设工程中环境保护知识的融合,根据三年来参加环境保护监理培训的教学需要和学员的强烈要求,而开发编写的交通建设工程监理培训辅导教材。主要内容分为考试概览与备考方法、考试指导与重点解析、全真模拟与核心题解三大部分。

本书可供交通建设工程监理人员培训及继续教育等使用,也可供交通建设管理单位、设计单位和施工单位的相关人员及高等院校相关专业师生学习参考。

图书在版编目(CIP)数据

《交通建设工程施工环境保护监理》考试指导与模拟题解 / 尤晓昈 编著. -- 北京 : 人民交通出版社,2011.8

ISBN 978-7-114-09255-8

Ⅰ.①交… Ⅱ.①尤… Ⅲ.①交通工程-环境保护-监督管理-资格考试-自学参考资料 Ⅳ.①U491 ②X322

中国版本图书馆CIP数据核字(2011)第135465号

交通建设工程监理培训辅导丛书

书　　　名:	《交通建设工程施工环境保护监理》考试指导与模拟题解
著 作 者:	尤晓昈
责任编辑:	郭红蕊
出版发行:	人民交通出版社
地　　　址:	(100011) 北京市朝阳区安定门外外馆斜街3号
网　　　址:	http://www.ccpress.com.cn
销售电话:	(010) 59757969、59757973
总 经 销:	人民交通出版社发行部
经　　　销:	各地新华书店
印　　　刷:	北京鑫正大印刷有限公司
开　　　本:	720×960　1/16
印　　　张:	18.25
字　　　数:	314 千字
版　　　次:	2011年8月　第1版
印　　　次:	2011年8月　第1次印刷
书　　　号:	ISBN 978-7-114-09255-8
印　　　数:	0001-4000 册
定　　　价:	30.00 元

(如有印刷、装订质量问题的图书由本社负责调换)

前　言

很抱歉，我奉献给您的不是一本时髦的书，它甚至还会让您感觉到一点点的失望。不过，请您不要回避，您也无法回避，因为回避这一问题的结果是：您不得不承受更大的失望，甚至是痛苦。

我在长期的授课过程中，接触了很多害怕考试的学员。每次看到你们求知的眼神，满脸的茫然，我的心总是慌乱和纠结着，真恨不得立刻变成考试的精灵，默默地帮助着你们。

《〈交通建设工程施工环境保护监理〉考试指导与模拟题解》是根据最新交通建设工程监理培训教材编写的讲解类自学辅导用书。在编写中，注重以"疑难知识，逐个突破，考点强化，热点全解，方法技巧，详细解读，体例独特，轻松备考"为基本原则，力求体现以下几个鲜明特色：

全：首先是知识点覆盖全。本书全面、详细地讲解了教材中的所有知识点，真正体现了"一册在手，考试内容全有"的编写思想。其次是方法技巧规律总结全。本书对重要知识点都总结了命题规律和解题方法技巧。再次是考试题型全。本书在选取题型时，注重历次考试的重点和频次，覆盖面广。

细：首先是对教材讲解细致入微。大纲中的所有知识点、历次考点都在教材中详尽体现。其次是重点难点讲解细致，既有讲解过程又有思路点拨。其三是解题方法细，一题多解，一题多考，变通训练，总结规律。

新：首先是教材新。本书以最新版的监理工程师培训教材为蓝本编写。其次是体例新。紧扣教材，目标导航，学法点拨，整体感知，热点试题，考点聚焦，逐次深入。再次是题型新。书中所用的题型都是按照考试大纲的要求和高频考点精心挑选的，让学员耳目一新。

透：首先是对教材、考试大纲研究得透彻。居高临下把握教材，立足于教材，又不拘泥于教材。其次是对学员的培训需求研究得透。编写中注重"教"与"学"的互动，"点"与"面"的联系，满足学员的需求。再次是对问题讲解得透。一题多问，一题多解，培养学员创新能力和实践经验。

精：首先是教材内容讲解精。本书真正体现围绕重点，突破难点，聚焦考点，触类旁通。其次是问题设置精。本书编写中注重典型性，避免随意性，实现从知识到能力的过渡。

千里之行，始于足下。多年以来，我一直觉得我们的考试把简单的事情搞复杂了，你们浪费了大量的时间和精力却收效甚微；多年以来，我也一直在研究如何将一套优良的学习方法内化到图书中，让你们在不知不觉中轻松、快乐地通过考试。这就是出版《〈交通建设工程施工环境保护监理〉考试指导与模拟题解》的原因了。

写完了这本书稿，如同面向大海蓝天放飞了一只鸽子，我目送它远去，不知它将会栖息在何处树梢或是屋檐下。祝愿这只带着鸽哨的白鸽，在新主人那里，盘旋着发出清音。

的确，一本好书可以改变一个人的命运！我有一个祈愿——祝所有读过这本书的人，都会比未读之前多了点自信与幸福感。

长晓昕

2011年7月于北京

使用说明

您在培训中遇到过难以理解的知识点吗？
您在考试中遇到过难以解答的试题吗？
您还在苦苦地寻觅学习的规律、解题的技巧吗？
您还经常为那些"看似容易，一做就错"的易错题苦恼吗？

疑难知识　逐个突破
考点强化　热点全解
方法技巧　详细解读
体例独特　轻松备考

　　本书体例设置完全符合成人学员的学习过程，遵循成人认知的规律。对学员的课前预习、课中学习、课后复习都给予全程精心辅导，侧重于基础知识、基本技能和基本题型的全面细致讲解。以讲解贯穿全程：讲学法，让学员学有所依；讲规律，让学员触类旁通；讲重点，让学员有的放矢；讲考点，让学员心中有数；讲热点，让学员学有所思。全程而全面地讲解让学员收获的是能力的全面提升。

　　【目标导航】根据重点内容，选取关键的概念、分类、性质、方法等，导引学习方向。

　　【学法点拨】按照本章的内容，提示学员要分清掌握、熟悉和了解的内容，从而做到有的放矢，开启思维之门。

　　【整体感知】选取本节的重点知识脉络进行梳理，整体感知应掌握内容的权重，洞悉知识脉络。

　　【教材精讲】采用"讲、例、练"三结合的方式，对本节的知识点进行梳理与讲解，化繁为简，更有利于学员自学，拨开眼前迷雾。

　　【热点试题】精心挑选全面、典型的题目，按照题型分类，给出答案，滋润干渴心田，真正达到助学助考的目的。

　　【考点聚焦】精心挑选与本节重点和难点相关的高频考试题，并重点说明本节知识在考试中的侧重点与考题类型，拓展应试能力。

加强能源资源节约和生态环境保护，增强可持续发展能力。坚持节约资源和保护环境的基本国策，关系人民群众切身利益和中华民族生存发展。必须把建设资源节约型、环境友好型社会放在工业化、现代化发展战略的突出位置，落实到每个单位、每个家庭。要完善有利于节约能源资源和保护生态环境的法律和政策，加快形成可持续发展体制机制。落实节能减排工作责任制。开发和推广节约、替代、循环利用和治理污染的先进适用技术，发展清洁能源和可再生能源，保护土地和水资源，建设科学合理的能源资源利用体系，提高能源资源利用效率。发展环保产业。加大节能环保投入，重点加强水、大气、土壤等污染防治，改善城乡人居环境。加强水利、林业、草原建设，加强荒漠化石漠化治理，促进生态修复。加强应对气候变化能力建设，为保护全球气候作出新贡献。

——摘自胡锦涛主席在中国共产党第十七次全国代表大会上的报告

积极发展低碳交通运输体系，开展低碳交通城市试点工作，鼓励混合动力、替代燃料运输工具的发展，促进能源消费结构优化升级。到2015年，全国营运客货车单位运输周转量能耗分别下降6%和12%，全面实施营运车辆燃耗限制标准；海洋和内河营运船舶单位运输周转量能耗分别下降16%和14%；沿海港口单位吞吐量平均能耗下降8%。探索建立绿色交通发展机制，发展循环经济，推广应用节能环保新技术、新装备、新工艺，淘汰落后工艺，降低车船等交通运输工具的空驶率，鼓励路面材料、施工废料、弃渣、废旧轮胎、港口和航道疏浚土等资源的再生和综合利用。

——摘自李盛霖部长在2011年全国交通工作会议上的讲话

目录

第一部分 考试概览与备考方法 1

第一模块　考试概览 3
第二模块　命题介绍 7
第三模块　备考方法 9

第二部分 考试指导与重点解析 15

第一章　环境保护综述 17
第二章　生态环境保护 28
第三章　水土保持 40
第四章　声环境及振动环境保护 50
第五章　水环境保护 60
第六章　大气环境保护 75
第七章　固体废物处置 88
第八章　社会环境保护概述 98
第九章　环境影响评价、水土保持方案及竣工环境保护验收 105
第十章　交通建设工程施工环境保护监理概述 125
第十一章　交通建设工程施工准备阶段环境保护监理 157
第十二章　交通建设工程施工阶段环境保护监理 168
第十三章　交工验收与缺陷责任期环境保护监理 201
第十四章　环境保护工程及监理要点 207
第十五章　环境监测和水土保持监测 224
第十六章　交通建设工程施工环境保护监理实例 238

第三部分 全真模拟与核心题解 ... 247

《交通建设工程施工环境保护监理》全真模拟（一）......249
《交通建设工程施工环境保护监理》全真模拟（二）......255
《交通建设工程施工环境保护监理》全真模拟（三）......261
《交通建设工程施工环境保护监理》全真模拟（四）......267
《交通建设工程施工环境保护监理》模拟题解（一）......273
《交通建设工程施工环境保护监理》模拟题解（二）......275
《交通建设工程施工环境保护监理》模拟题解（三）......278
《交通建设工程施工环境保护监理》模拟题解（四）......281

参考文献 ... 283

第一部分

考试概览与备考方法

Reading time

第一模块 考试概览

一、考试简介

改革开放以来,我国交通运输业进入了我国现代史上乃至人类历史上发展最快的时期。伴随着交通运输大发展的步伐,我国交通建设监理制度也经历了试点、稳步发展和全面推行三个阶段的创新发展,现已成为我国交通基础设施建设领域工程项目管理四项基本制度之一,对推动工程项目管理体制改革、提高建设管理水平、确保工程质量和投资效益发挥了积极作用,为促进交通建设又好又快发展作出了重要贡献。

作为工程建设管理体制的一项重大改革和制度创新,我国交通行业推行的工程监理制已经走过了23年的历程。1988年,我们对世界银行贷款项目建设进行工程监理先行试点。经过实践的不断积累及广大监理人的探索创新,自1996年开始,我国在交通基础建设领域全面实行工程监理制。自此,工程监理制与项目法人责任制、招标投标制、合同管理制一起构成工程建设的"四项基本制度",从而明确了监理在工程建设中的法定地位。同时,工程实行监理制的重要性和必要性也得到了实践的检验。

为贯彻落实《安全生产法》、《环境保护法》、《建设工程安全生产管理条例》、《交通建设项目环境保护管理办法》等相关法律法规规章,根据《关于在公路水运工程建设监理中增加施工安全监理和施工环保监理内容的通知》(交质监发〔2007〕158号)的要求,交通运输部决定从2007年5月下旬起,对公路水运工程监理企业中已办理岗位登记的监理工程师，组织以安全生产与环境保护监理知识为重点的继续教育。

关于在公路水运工程建设监理中
增加施工安全监理和施工环保监理内容的通知

交质监发〔2007〕158号

各省、自治区、直辖市、新疆生产建设兵团交通厅（局、委），上海市港口管理局，长江航务管理局：

为加强建设工程施工安全和环境保护管理，2004年2月1日施行的《建设工程安全生产管理条例》规定了监理在施工安全方面的内容和责任；2002年10月，国家环境保护总局、交通部、国家电力公司等六部委（公司）联合下发了《关于在重点建设项目中开展环境监理试点的通知》（环发〔2002〕141号），要求进行环境监理试点。近年来，各级交通主管部门按照法规、政策要求，在公路、水运工程建设项目中逐步推行施工安全和施工环保监理，取得了一定经验和良好的社会效益，且安全、环保内容已纳入了相应监理规范。为在公路、水运工程监理工作中切实履行好新增的安全、环保监理职责，促进公路、水运工程建设又好又快发展，现将有关事项通知如下：

一、在公路、水运工程施工监理工作中增加安全、环保监理职责，是坚持以人为本理念，贯彻落实科学发展观的重要举措，各级交通主管部门要给予高度重视。要进一步完善相关制度和措施，明确施工安全、环保监理职责，使施工安全监管和环保工作得以加强，建设期相关规定和标准得以落实。

二、在现有公路、水运工程监理组织体系框架下，将施工安全、环保融入监理职责当中，不改变现有的监理管理体制。监理人员要按照法律法规规定，依据有关规范，信守监理合同，切实履行好施工安全和环保监理职责。

三、各级交通主管部门和质量安全监督机构，应以国家有关法律法规、相关教材为主，加强施工安全和施工环保监理知识培训考核。监理单位要及时组织本单位监理人员进行施工安全、环境保护监理培训，并择优选聘一些具备相应资格的监理人员，以满足公路、水运工程施工安全和环保监理职责的需要。

四、公路、水运工程施工安全和环境保护监理尚处于起步阶段，各地区要适

第一模块 考试概览

时进行经验总结和交流，不断提高监理效果。对于工作中遇到的问题，请及时向部质监总站反馈。

二〇〇七年四月九日

二、培训的对象与报名条件

1. 具有部专业监理工程师或监理工程师执业资格，且已办理岗位登记的人员。

该类人员通过安全或环保监理培训（出勤率≥80%），经统一考试，成绩通过60分合格分数线者，由中国交通建设监理协会制发相关考试合格证书，并将其培训及通过情况登记在部总站监理人员数据库内，可供社会查对。

2. 具有部专业监理工程师或监理工程师执业资格，未办理岗位登记的人员。

该类人员通过安全或环保监理培训（出勤率≥80%），经统一考试，成绩通过60分合格分数线者，由中国交通建设监理协会制发相关考试合格证书。

3. 其他自愿参加培训的人员。

为提高交通建设监理人员的安全、环保意识和水平，原则上同意该类人员参加安全或环保监理培训（出勤率≥80%），经统一考试，成绩通过60分合格分数线者，待其取得部专业监理工程师或监理工程师资格后，由中国交通建设监理协会补发相关考试合格证书。

三、培训教材、内容与课时

1. 培训教材

(1)《交通建设工程施工环境保护监理》（人民交通出版社，2010.11）。

(2)《交通建设工程安全监理》（第二版）（人民交通出版社，2010.11）。

(3)《守护平安—交通建设工程安全生产要点集》（人民交通出版社，2006.6）。

2. 培训内容

(1) 安全生产和环境保护等方面的法律法规和方针政策。

(2) 公路水运工程安全生产、环境保护的相关技术知识。

(3) 公路水运工程安全生产、环境保护监理的基本概念、业务范围和法律职责。

(4) 公路水运工程安全生产、环境保护监理工作的实施要点。

3. 培训课时

（1）交通建设工程施工环境保护监理：20课时（2.5天），每课时时长为40~50分钟。

（2）交通建设工程安全监理：20课时（2.5天），每课时时长为40~50分钟。

第二模块 命题介绍

一、题型简介

培训结束按安全生产和环境保护两个科目分别组织随堂考试。一般情况下,《交通建设工程施工环境保护监理》科目考试时间为每次培训最后一天上午9:00~11:30,《交通建设工程安全监理》科目考试时间为下午14:30~17:00。

试卷结构以单选、多选、判断等客观题为主,占70%,以简答、论述题为辅,占30%,每科考试卷面总分为100分,60分合格。《交通建设工程施工环境保护监理》试卷的题型与分值如下表所示。

试卷的题型与分值

题型	单项选择题	多项选择题	判断题	简答题	论述题
题数	20	20	10	2	1
分值	20(每题1分)	40(每题2分)	10(每题1分)	16(每题8分)	14

二、成绩查询

考试结束后的10个工作日内,考生可登录中国交通建设监理协会网站(www.cahwec.com)进行网络成绩查询。对成绩有异议的考生可在成绩公布当日起一周之内,向参加考试地区的质监站提出分数复核申请。14个工作日内,协会以通告形式在协会网站上(网址同上)公布考试合格人员名单。

《交通建设工程施工环境保护监理》考试指导与模拟题解

三、补考规定

对于参加安全、环保监理培训而考试未合格的人员，可按以下规定办理补考事宜：该类人员可不再继续参加相同科目培训，只要凭培训证或准考证便可直接报名参加全国范围内任一地区组织的相应培训科目的补考，补考费用为100元/科。如果自愿继续参加培训，则其收费标准与普通培训人员相同。

四、考试作弊的处理

有替考等严重违纪行为者，取消补考资格，三年内不得参加同类培训考试。有抄袭等违纪行为者，取消单科考试成绩及该科目补考资格。

第三模块 备考方法

一、明确复习目标

明确的目标是做好应考复习的重要前提，只有复习的目标明确，复习过程中才能积极地调动大脑的潜力，提高记忆的效率和准确度，使时间的浪费减到最少。在复习开始之前，应当先冷静下来进行思考，结合个人的实际和相关的条件，明确此次复习备考的目标。

1. 全面把握考试大纲的要求

考试大纲是复习备考的必不可少的参考资料，熟悉和掌握大纲的基本要求是明确复习内容的基本步骤。考试大纲详细规定了环境保护监理考查的内容、重点和要求，大纲所规定的内容和重点与实际教学和学习中的内容和重点是有差异的。由于不同教师、不同时间的教学要求不同、内容详略不同，教师在培训过程中所讲授的内容，常常和环境保护监理考试大纲往往有出入。因此，在开始培训之前，学员都有必要仔细地阅读考试大纲的内容和要求，了解考试大纲对专业内容的要求和明确复习范围。在实际培训过程中，有不少学员没有做好这项工作，培训到一定阶段常常出现越培训越不知道培训什么，也不知道培训了有用没用的情况，有的学员甚至因此丧失了参加考试的信心。

2. 认真分析培训的重点

了解和把握大纲要求是开始复习工作的第一步，在此基础上，学员还应当结合自身的学习情况进行认真的分析。每个学员都有扎实的监理工作经验，但是对于在监理工作中如何考虑环境保护，还是新生事物。同时，对于过去所学的知识，也存在着对某些内容总是有的方面记得清楚，而另一些方面则较为模糊的情况。通过对考试大纲的学习，对照自己对各部分内容的掌握情况，仔细分析自己的强项和弱项，细致地将自己掌握的不牢固的章节、知识点总结出来，这些内容就是复习的重点内容。

其实，我觉得还有一个方法可以发现复习重点，那就是模拟题训练。在做题过程中常常出错的地方一般就是自己的弱点，在培训时就应当作为重点来对待。但是使用这种方法发现的重点往往比较分散，可以作为对前一种方法的补充，在培训进行到一定程度，对培训效果进行自我检查时使用。

3. 适应考试的方式和环境

虽然大多数学员都已"身经百战"，应考经验较为丰富。但环境保护监理考试不同于一般的结业考试和期末考试，考试时间长达两个半小时，题量达53道，涉及的内容较广，考查的知识点也较多。考试时间长、题量大、考查内容知识点多，考试的方式和题型为客观题（占70分）和主观题（占30分）。这样长时间、大强度的考试对于一般学员来说都是没有经历过的，它不仅是对学员知识掌握情况的考查，在一定程度上也是对学员心理和意志力的考验。在培训备考的过程中，一定要自觉地进行心理调整，对考试中可能出现的各种情况做好心理准备，树立坚持到底的信心和决心，使自己的身心较好地适应严酷的考试环境。

二、借鉴通过学员的复习备考经验

环境保护监理考试已经举办三年多了，通过考试的学员近两万人，今年环境保护监理考试由于教材体系的调整，除了内容略有增加外，其考试的时间、方式、题型等均没有变化。因此，借鉴通过考试学员的培训备考经验还是很有帮助的。通过考试的学员经过了培训考试全过程的锻炼，对培训备考的过程往往有比较成熟的认识和经验，尤其是在合理安排时间、确定培训重点、适应考试环境等方面，可以帮助新学员合理地安排复习计划、设定培训目标，并获得对考试环境的初步认识和了解。

三、制订合理的复习计划

制订一份详细而合理的复习备考计划是考试取得成功的基本保证。对于学员而

第三模块 备考方法

言,一般情况下,都会选择培训环境保护监理和安全监理两门课程。因此,环境保护监理复习备考计划应当与安全监理复习备考计划综合全面地统筹安排,更要注意计划的合理性。我认为,复习备考计划是否合理,主要由以下几个因素决定。

1. 时间安排的合理性

充分的复习时间是取得好的复习效果的保证。但是,环保监理和安全监理复习与听课的时间也就仅仅五天左右,五天里要完成这么多内容的学习,其难度不言而喻。因此,如何充分利用好这五天的时间是相当重要的。由于环保监理是第一天、第二天讲授,因此,建议学员第一天、第二天要把所有的精力和时间都用在环保监理上。培训的时间非常珍贵,认真计划每天、每个小时的复习内容,制订一份详细的复习时间进度表,才能达到最佳的复习效果。

2. 复习内容设定的合理性

环保监理的内容共有16章,一般两天的时间就会全部讲完。因此,要求学员每天的复习内容应达到一定的数量,明确安排好每天的复习内容和进度,既不要感到吃力,又要照顾到时间和进度满足备考要求。即使不能明确安排每天进度,至少应当有个粗略的进度表。

3. 复习方法的合理性

合理地运用学习方法,有助于提高复习的效率。虽然每个人在学习方法上都有自己的习惯和特点,但学习的基本方法却只有两个:不断重复、比较归纳。其他学习方法都与提高重复的效率和变换比较归纳的方法有关,以加强记忆。在复习过程中应充分发挥自己的学习特点和经验,针对不同的内容合理地运用学习方法,从而达到最佳的复习效果。

4. 合理的休息和调整

在制订复习计划和进行复习备考的过程中,还有一个问题值得重视,即合理的休息和调整。环保监理是一个短暂的高强度的学习过程,任务繁重而时间相对较为紧张。一些学员为了赶时间,不惜放弃最起码的休息时间,结果使自己身心疲惫,复习效果还不好。合理的休息和调整是人体的基本需求,古人说"文武之道,一张一弛",会紧张学习,又会放松休息,才会达到学习的最佳境界。环保监理复习虽然时间紧、任务重,没有足够的睡眠和适当的放松调整,过度疲惫的身体会首先提出罢工,很难坚持到底,取得好的成绩。

四、进行一定数量的模拟训练

在进行环保监理考试前，建议学员进行一定数量的模拟训练。进行模拟训练有两个好处：一是可以检查自己对知识掌握的情况，了解自己的长处和不足；二是可以使自己适应考试的环境，熟悉答题的节奏。适时适度地进行一定量的模拟训练对于环保监理复习有很大帮助。但模拟训练应适度，不能让模拟训练占用主要的复习时间。根据往年经验，集中的模拟测试训练一般以2~4次为宜，再多的话应有可能影响全面复习的进度。每次完成模拟训练都应当结合标准答案、教材等分析和发现自己在知识掌握方面的不足之处，用以指导下一步的复习工作。但是学员在复习时没有必要刻意地进行过多的题型训练，特别是针对主观题，既耗费时间，效率极低，又会影响基础知识的复习。

五、做好考试的准备工作

经验表明，考前的自我调整对临场发挥有重要影响。在考试开始前，应当自觉地进行一系列的自我调整，使身体处于较佳状态，保持充沛的体力和精力，以保证考试的顺利进行。需要注意的问题如下：

1. 调整作息时间，保证睡眠

考试前，复习备考的疲劳程度达到峰值，体能和精力在前一阶段复习过程中已经过长期消耗，而考试的时间非常长，强度非常大，必须保证基本的八小时睡眠时间，以使体能和精力得到恢复，以满足考试的需要。虽然部分学员会感觉还有很多内容没掌握好，急于在这一两天内进行突击复习，但是，精神的过度紧张和体力的过度消耗，对考试的影响常常要大于考前复习的收获。

2. 调整复习内容，巩固复习成果，适当降低学习强度

考前一两天内，复习的重点不应放在全面复习方面，而应当放在巩固已有复习成果，强化记忆已经发现的知识弱点方面。通过对整个复习过程的回顾和总结，进一步使已掌握的知识系统化和条理化。尽量不要在记忆新知识点方面花费太多的时间。适当降低学习的强度，适当延长学习休息间隔，充分发挥大脑潜在的自组织的特点和优势。

3. 保持平常心，冷静地对待考试

环保监理考试是监理工程师的继续教育内容之一，环保监理考试是对自己复习

第三模块 备考方法

成果的检验，要以平常心冷静地对待考试，充分运用自己的考试经验，发挥自己最好的知识水平。环保监理考试的整个过程对于每一位学员来说都是一笔宝贵的财富，在摘取胜利果实的时刻，平静的心态和丰收的硕果才是最大的享受。

第二部分

考试指导与重点解析

第一章 环境保护综述

第一章
环境保护综述

【目标导航】导引学习方向

1. 了解我国环境保护和交通运输行业环境保护的发展历程。
2. 了解我国环境法律体系的基本情况。
3. 了解交通建设环境保护体制。
4. 了解我国交通建设环境保护发展。
5. 熟悉环境保护法律的基本原则。
6. 掌握我国现行的环境法律效力体系。

【学法点拨】开启思维之门

1. 本部分概述了我国环境保护的发展历程,在学习这部分内容的时候,由于时间的跨度较大,要求学员掌握具有里程碑意义的时间跨度,比如1973年、1989年、2006年等。

2. 本部分内容较浓缩,要注意对基本知识点的认知。

3. 本部分在介绍科学发展观时,用的是2006年党的十六届三中全会的提法,这种提法和"十七大"报告中的提法略有不同,建议学员比较学习。

4. 本部分详细介绍了我国现行的环境保护法律效力体系,要理解相互之间的关系。

5. 本部分介绍了交通建设环境保护的体制与发展,篇幅较少,学员可以结合近年来交通运输部开展环境保护的大背景来理解。

1.1 我国环境保护的发展历程

【整体感知】洞悉知识脉络

1.环境保护发展时间节点

18世纪→1973年→1979年→1983年→1989年→1992年→1996年→2000年→2006年→2007年→2011年。

2.人类社会与环境

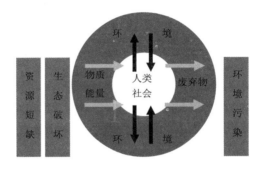

【教材精讲】拨开眼前迷雾

知识点1 1992年6月在巴西里约热内卢召开的联合国环境与发展大会提出了"可持续发展"的概念,成为全球环境保护的战略目标。

知识点2 1973年我国召开了全国第一次环境保护工作会议,确定了"全面规划、合理布局、综合利用、化害为利、依靠群众、保护环境、造福人民"的28字方针。

知识点3 1979年《中华人民共和国环境保护法》(试行)的正式颁布,标志着我国环境保护工作步入了法制轨道。1989年《中华人民共和国环境保护法》进行了修改。

知识点4 1983年召开了全国第二次环境保护会议,会上确定了把环境保护纳入国家和地方发展计划,进一步强化环境保护机构,将国务院环境领导小组改为国务院环境委员会,并把环境保护定为基本国策。

第一章 环境保护综述

知识点 5 1989年召开了第三次全国环境保护会议,明确"只有坚定不移地贯彻执行环境保护这项基本国策,环境保护工作才能得到不断深入发展"。

知识点 6 目前,我国已颁布了几十部环境方面的法律、法规,形成了比较完善的法律、规章体系。在环境保护制度方面,实行"建设项目环境影响评价"、"三同时制度"、"排污收费制度"等。

知识点 7 可持续发展问题,是21世纪世界面对的最大中心问题之一。

知识点 8 党的十六届三中全会明确提出要树立和落实科学发展观,即"坚持以人为本,树立全面、协调、可持续的发展观,促进经济社会和人的全面发展"。

知识点 9 科学发展观的内涵主要包括以下方面:(1)发展必须是全面的;(2)发展必须是协调的;(3)发展必须是可持续的;(4)发展必须坚持以人为本。

知识点 10 以人为本是科学发展观的本质与核心。

【热点试题】滋润干渴心田

试题1【单项选择题】1992年6月在巴西里约热内卢召开的联合国环境与发展大会提出了(　　)的概念,成为全球环境保护的战略目标。

A.中国环境与发展十大对策　　　　B.可持续发展
C.环境保护计划　　　　　　　　　D.统筹人与自然和谐发展

【答案】B

试题2【单项选择题】1979年(　　)的正式颁布,标志着我国环境保护工作步入了法制轨道。

A.中华人民共和国环境保护法(试行)　B.大气污染防治法
C.水污染防治法　　　　　　　　　D.环境噪声污染防治法

【答案】A

试题3【单项选择题】(　　)是科学发展观的本质与核心。

A.可持续的发展观　　　　　　　　B.全面的发展观
C.协调的发展观　　　　　　　　　D.以人为本的发展观

【答案】D

试题4【多项选择题】科学发展观的内涵主要包括(　　)。

A.发展必须是全面的　　　　　　　B.发展必须是协调的

C.发展必须是可持续的　　　　　　　　D.发展必须坚持以人为本

【答案】ABCD

【考点聚焦】拓展应试能力

考点1 【判断题】以人为本是科学发展观的本质与核心。（　　）

【答案】√

考点2 【多项选择题】截止到2010年年底，我国已经颁布了近百部环境方面的法律、法规，形成了比较完善的法律与规章体系。在环境保护制度方面，交通建设工程项目实行（　　）。

A.建设项目环境影响评价　　　　　　B.排污收费制度

C."三同时"制度　　　　　　　　　　D.进度管理

【答案】ABC

【知识卡片】遨游知识海洋

"十二五"我国环境保护面临四大挑战

环境保护部部长周生贤在2011年全国环境保护工作会议上说，"十二五"是我国环境保护工作攻坚克难的关键时期，面临四大严峻挑战。

一是治污减排的压力继续加大。我国工业化、城镇化快速发展，经济总量仍将保持高速增长，能源资源消耗还要增加，环境容量有限的基本国情不会改变，治污减排指标在增加、潜力在减小，在消化增量的同时，持续削减存量，任务十分艰巨。

二是环境质量改善的压力继续加大。常规环境污染因子恶化势头有所遏制，重金属、持久性有机污染物、土壤污染、危险废物和化学品污染问题日益凸显，人民群众对享有良好环境的新期待有增无减，水、空气和土壤环境质量全面改善的任务非常复杂。

三是防范环境风险的压力继续加大。环境违法行为时有发生，突发环境事件呈高发势头，自然灾害引发的次生环境问题不容忽视，保障环境安全的不确定因素增多。

四是应对全球环境问题的压力继续加大。气候变化和生物多样性等全球性环境问题已经成为各国利益博弈的焦点。随着我国二氧化碳、二氧化硫等排放量居

第一章 环境保护综述

世界前列,将承受更多国际压力。

周生贤表示,"十二五"时期,我国将坚持以人为本和环保优先,全面体现生态文明建设和探索环保新道路的要求,统筹协调总量削减、质量改善与风险防范的关系,以解决影响可持续发展和损害群众健康的突出环境问题为重点,以环境保护优化经济发展,进一步保障改善民生。

"十二五"环保工作主要目标是,到2015年,单位国内生产总值二氧化碳排放大幅下降,主要污染物排放总量显著减少,生态环境质量明显改善,环境保护体系逐步完善。全国化学需氧量、二氧化硫、氨氮、氮氧化物排放总量比2010年分别削减一定比例。

1.2 环境保护法律体系简介

【整体感知】洞悉知识脉络

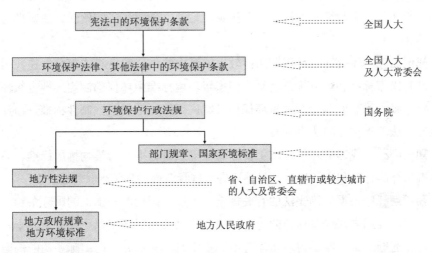

【教材精讲】拨开眼前迷雾

知识点1 环境保护法律,在广义上又称为环境法律,是调整因开发、利用、保护和改善人类环境而产生的社会关系的法律规范的总称。

知识点2 环境法律体系是指环境法的内部层次和结构,是由各种法律规范组成的统一整体。环境保护法律除具有法律的一般特征外，还具有综合性、科学技术性、公益性、世界共同性、地区特殊性等特征。

知识点3 我国现行的环境保护法律效力体系有：(1)中华人民共和国宪法；(2)环境保护基本法；(3)环境保护单行法；(4)环境法规；(5)交通运输部和环境保护部等部门规章和规范性文件；(6)地方性环境法规和地方政府规章；(7)环境标准；(8)国际环境保护条约。

知识点4 宪法是制定我国环境保护法律、法规及政策的根本依据与原则。

知识点5 《中华人民共和国环境保护法》是我国环境保护的基本法。

知识点6 环境保护单行法是针对特定的生态环境保护对象和特定的污染防治对象而制定的单项法律。这些单行法在我国都是由全国人大常委会制定的，它分为生态环境保护法和污染防治法两大类。

知识点7 生态环境保护法方面，主要包括：环境要素保护法和区域保护法，如森林法、水法、野生动物保护法、水土保持法、风景名胜区保护法等。

知识点8 污染防治法方面，主要包括：环境要素污染防治法和有毒有害物质污染控制法，如水污染防治法、大气污染防治法、噪声污染防治法、放射性污染防治法等。

知识点9 环境标准是环境法律效力体系中的一个特殊组成部分。在我国，环境标准有国家标准和地方标准两级。国家级环境标准由环保部制定，地方级环境标准由省一级人民政府制定，并报环保部备案。环境标准属于强制性标准，违反环境标准应依法承担相应的法律后果。

知识点10 我国的环境标准主要分为环境质量标准、污染物排放标准、环境基础标准、样品标准和方法标准，另外还有一些行业性的环境保护标准。

知识点11 根据我国宪法的有关规定，经过我国批准和加入的国际条约、公约和议定书，与国内法同具法律效力。《中华人民共和国环境保护法》第四十六条还规定，如遇国际条约与国内环境法有不同规定时，应优先适用国际条约的规定，但我国声明保留的条款除外。

知识点12 环境保护法律的基本原则主要有以下5个方面：(1)经济建设与环境保护协调发展的原则；(2)预防为主、防治结合的原则；(3)污染者付费的原则；(4)政府对环境质量负责的原则；(5)依靠群众保护环境的原则。

知识点13 根据经济规律和生态规律的要求，环境保护法必须认真贯彻"经济

第一章 环境保护综述

建设、城市建设、环境建设同步规划、同步实施、同步发展"的三同步方针和"经济效益、环境效益、社会效益"的三统一方针。

【热点试题】 滋润干渴心田

试题1 【单项选择题】（　　）是制定我国环境保护法律、法规及政策的根本依据与原则。

A.环境保护法　　　　　　　　　　B.水土保持法
C.宪法　　　　　　　　　　　　　D.森林法

【答案】C

试题2 【多项选择题】下列（　　）属于生态环境保护法。

A.森林法　　　　　　　　　　　　B.大气污染防治法
C.水土保持法　　　　　　　　　　D.风景名胜区保护法

【答案】ACD

试题3 【判断题】环境保护法律除具有法律的一般特征外，还具有综合性、科学技术性、公益性、世界共同性、地区特殊性等特征。（　　）

【答案】√

试题4 【多项选择题】下列（　　）属于我国的环境标准。

A. 环境质量标准　　　　　　　　　B. 样品标准和方法标准
C. 污染物排放标准　　　　　　　　D. 环境基础标准

【答案】ABCD

试题5 【判断题】《中华人民共和国环境保护法》规定：矿藏、水流、森林、山岭、草原、荒地、滩涂等自然资源，都属于国家所有。（　　）

【答案】×

试题6 【判断题】环境标准属于强制性标准，违反环境标准应依法承担相应的法律后果。（　　）

【答案】√

试题7 【多项选择题】下列（　　）是环境保护法律的基本原则。

A.污染者付费的原则　　　　　　　B.预防为主、防治结合的原则
C.从我做起、从小事做起的原则　　D.经济建设与环境保护协调发展的原则
E.依靠群众保护环境的原则

《交通建设工程施工环境保护监理》考试指导与模拟题解

【答案】ABDE

【考点聚焦】拓展应试能力

考点1 【判断题】环境保护法是制定我国环境保护法律、法规及政策的根本依据与原则。（　　）

【答案】×

考点2 【多项选择题】下列（　　）属于污染防治法。

A.噪声污染防治法　　　　　　　　　B.水污染防治法

C.大气污染防治法　　　　　　　　　D.放射性污染防治法

【答案】ABCD

考点3 【单项选择题】（　　）是我国环境保护的基本法。

A.中华人民共和国环境保护法　　　　B.水土保持法

C.宪法　　　　　　　　　　　　　　D.噪声污染防治法

【答案】A

考点4 【多项选择题】根据经济规律和生态规律的要求，环境保护法必须认真贯彻经济建设、城市建设、环境建设（　　）的三同步方针和经济效益、环境效益、社会效益的三统一方针。

A.同步规划　　　　　B.同步投资　　　　　C.同步管理

D.同步发展　　　　　E.同步实施

【答案】ADE

考点5 【简答题】我国现行的环境保护法律效力体系是什么？

【答案】（1）中华人民共和国宪法；（2）环境保护基本法；（3）环境保护单行法；（4）环境法规；（5）交通运输部和环境保护部等部门规章和规范性文件；（6）地方性环境法规和地方政府规章；（7）环境标准；（8）国际环境保护条约。

【知识卡片】遨游知识海洋

青藏铁路建设的环境保护任务

青藏铁路，是实施西部大开发战略的标志性工程，是我国新世纪四大工程之一。该路东起青海西宁，西至拉萨，全长1956公里。其中，西宁至格尔木段814公

第一章 环境保护综述

里已于1979年铺通，1984年投入运营。青藏铁路格尔木至拉萨段，北起青海省格尔木市，经纳赤台、五道梁、沱沱河、雁石坪，翻越唐古拉山，再经西藏自治区安多、那曲、当雄、羊八井，至拉萨，全长1142公里。其中新建线路1110公里，于2001年6月29日正式开工。青藏铁路是世界海拔最高、线路最长的高原铁路。

青藏铁路在建设过程中，为了有效控制工程对青藏高原环境的影响，建设前认真做好环境影响评价，贯彻预防为主、保护优先的原则，在工程的设计、建设、运营中充分重视环境保护和生态建设工作，采取相应的措施。

1. 高原、高寒地表植被的保护

为了保护青藏高原特殊的植被系统，工程有针对性地采取了多项措施。合理规划施工便道、施工场地、取弃土场和施工营地，严格划定施工范围和人员、车辆行走路线，防止对施工范围之外区域的植被造成碾压和破坏；对施工范围内的地表植被，施工前先将草皮移地保存，施工中或施工后及时覆盖到已完工路段的路基边坡或施工场地表面；对昆仑山以南自然条件允许的地段，工程中安排了有关植被恢复工程，采取选育当地高原草种播种植被和使用部分当地草甸采用根系繁殖方式再造植被。

2. 自然保护区和珍稀濒危野生动物资源的保护

为了保护青藏铁路沿线的自然保护区和野生动物生活环境，工程设计中对穿过可可西里、楚玛尔河、索加等自然保护区试验区的线路区段进行了多方案比选，将工程活动尽量局限在线路两侧一定范围内，以减少对环境的干扰。进入西藏后的线路方案，为保护林周彭波黑颈鹤自然保护区，选择了羊八井方案，绕避了黑颈鹤保护区。根据沿线野生动物的习性、迁徙规律，通过调查研究，工程在相应路段设置了野生动物通道和畜牧、行人通道。

3. 对高原湖泊、湿地生态系统的保护

为避免因路基工程对地表漫流阻隔和工程取弃土（碴）场的占用湿地，而造成湿地的生态功能退化，引起湿地萎缩，设计中对线位和取弃土（碴）场的选择做了充分比选，尽量绕避湿地，无法绕避时，对通过湖泊、湿地进行桥路方案比选，并尽量选择以桥代路方案，为了避免路基建筑对地表径流的切割影响，在相应路段加大了涵洞设置数量，以保证地表径流对湿地水资源的补充，防止湿地萎缩。

4. 高原冻土环境和沿线自然景观的保护

为了保持冻土环境稳定和避免对沿线原生的自然景观产生影响。工程采取了

路基填方集中设置取土场，取、弃土场尽量远离铁路设置并做好表面植被恢复；对挖方地段，要在路基基底铺设特殊保温材料并换填非冻胀土，避免影响冻土上限和产生路基病害，以确保路基两侧区域冻土层的稳定。

5. 严格控制污染物排放，保护铁路沿线环境

在高原上尽量减少铁路车站的设置，以减少车站排放污染物对环境的影响。对必须设置的铁路会让车站，将采用相应的污水处理措施，对车站产生的生活性污水进行处理，处理后出水达到国家标准后将用于车站范围内的绿化，不直接排入地表水体；车站用能将尽量选用太阳能、风能等清洁型能源；施工期和运营期产生的各类垃圾集中收集，定期运交高原下邻近城市垃圾场集中处置。

1.3 交通建设环境保护简介

【整体感知】 洞悉知识脉络

1973年→1988年→2003年→2004年→2007年。

【教材精讲】 拨开眼前迷雾

知识点1 2003年，交通运输部提出了对生态环境"最小程度的破坏，最大程度的保护，最强力度的恢复"的建设原则，要求贯彻"安全、舒适、环保、示范"的建设方针，落实生态保护和可持续发展战略、促进公路与自然环境相和谐。

知识点2 2004年交通运输部下发了《关于开展交通工程环境监理工作的通知》，交通建设工程的环境保护监理工作进入实质性阶段。

知识点3 2007年交通运输部质量监督总站发布了《关于在公路水运工程建设监理中增加施工安全监理和施工环保监理内容的通知》（交质监发〔2007〕158号），使之更加适应当前建设项目环境保护工作的需要。

【热点试题】 滋润干渴心田

试题1 【单项选择题】2004年交通运输部下发了（　　），交通建设工程的环境保护监理工作进入实质性阶段。

第一章 环境保护综述

A.关于在公路水运工程建设监理中增加施工安全监理和施工环保监理内容的通知
B.关于开展交通工程环境监理工作的通知
C.关于开展交通工程环境监理工作实施方案
D.公路建设项目水土保持工作规定的通知

【答案】B

【考点聚焦】拓展应试能力

考点1 【多项选择题】2003年交通运输部提出了对生态环境（　　）的建设原则。
A.最小程度的破坏　　　　　　　　　B.最大程度的保护
C.最强力度的恢复　　　　　　　　　D.最大程度的管理

【答案】ABC

【知识卡片】遨游知识海洋

公路建设环境保护 的原则

公路工程建设周期长、范围广，在项目的建设期和营运期会产生水污染、噪声干扰、空气污染、占用耕地等影响。如果在项目的建设过程中不能有效地保护环境，那么将会给沿线居民生活和工作环境造成严重影响，同时也会破坏当地的生态环境。因此，必须在公路建设项目建设的全过程中考虑环境保护。

公路项目环境保护应贯彻以防为主、防治结合、综合治理的原则，并结合工程设计开发利用环境，尽可能地改善和提高公路环境质量。通过环境影响评价和环境保护设计，预先考虑项目建设带来的环境问题，制订有效的措施并在设计上进行改进，达到避免引起环境污染和生态破坏，从而保护环境的目的。对于一些不可避免的环境问题，应结合实际情况采取措施进行治理。如公路建设的取土场和弃土场，可以覆盖熟土进行复耕或植草，也可将其改造成鱼塘，这样既给当地带来了经济收入，又保护了沿线环境。以防为主、防治结合、综合治理的原则有利于实现公路项目的经济效益、社会效益和环境效益统一的目标。

第二章 生态环境保护

【目标导航】导引学习方向

1. 了解生物与环境、生物种群和群落、生态恢复、中国生态的地带性。
2. 熟悉生态系统、生态平衡、交通景观。
3. 熟悉交通建设对陆生生态环境的长期影响。
4. 熟悉生态恢复与优化的原则。
5. 掌握敏感生态问题。
6. 掌握交通建设对陆生生态环境的短期影响。
7. 掌握陆生生态环境保护、恢复与优化措施。

【学法点拨】开启思维之门

1. 本部分阐述了生态环境保护的基础知识，介绍了环境、生态环境、生态平衡、生物种群、生物群落、生态系统、路域生态系统、公路生态工程等一系列的概念，要注意分清各个概念的内涵和它们之间的关系。

2. 交通建设对生态环境造成的影响是客观存在的，在项目建设工程中，如何使对环境的破坏减小到最低限度，是我们一直追求的目标。学员在学习本部分内容时，可以结合项目的实际情况，将书本上的内容与实际结合起来进行。

3. 在交通建设工程中，对生态环境的保护、恢复、优化措施较多，如植生带绿

第二章 生态环境保护

化技术、客土喷播技术等先进技术。本部分没有具体的介绍，学员可以参阅其他有关书籍。

2.1 生态环境基础知识

【整体感知】洞悉知识脉络

1. 元素→分子→细胞→个体→种群→群落→生态系统→生物圈。
2. 生态系统的构成

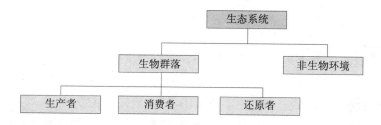

3. 能量的流动

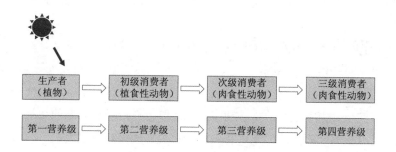

4. 敏感生态问题

敏感生态问题 { 生物多样性（定义及三种保护方式）
自然保护区湿地（定义及分类）
荒地（荒地的保护价值）
生态脆弱区（基本特征）

5.公路景观分类

自然景观（指公路用地范围外的自然景观客体）	
地形地貌	山峦丘陵、峭壁悬崖、荒原、沙漠、沟壑峡谷、平原梯田等
水体水面	江河湖海、岸滩沙洲、沼塘溪涧、瀑布流泉等
林木花草	森林、草原、花草、树木、地方植物、麦田菜花、果园苗木等
气象节令	日出日落、云霞雨雾、春花秋月、风雨虹霓等
人文景观（指公路沿线一切人类创造的景观事物）	
城镇	建筑风貌、空间廊线、街道景致、绿化体系、功能区域等
农村	建筑风貌、服饰礼仪、农业景观、乡村文化等
文化	名人遗迹、现代建筑如桥、隧、农灌系统、电网路网、林网水网等

【教材精讲】拨开眼前迷雾

知识点1 生态环境是指由生物群落及非生物自然因素组成的各种生态系统所构成的整体。

知识点2 大气的生态作用主要是氧（O_2）、二氧化碳（CO_2）和风对生物的作用。

知识点3 光的生态作用包括四个重要方面：一是全部能量都直接或间接地来自阳光；二是植物利用阳光进行光合作用，制造有机物，动物直接或间接从植物中获取营养；三是光是生物的昼夜周期、季节周期的信号；四是光污染对生物和人类带来危害。

知识点4 土壤是由固体（无机体和有机体）、液体（土壤水分）和气体（土壤空气）组成的三相复合系统。

知识点5 公路项目对土壤的影响有两个方面：一是路基占地，使得沿路线的土壤固化，完全失去了土壤的生态功能；二是取、弃土场和公路的边坡，在施工过程中改变了土壤的理化性能，土壤有机成分和生物成分减少或丧失。

知识点6 动植物长期适应于一年中温度、水分的节律变化，形成的与之相适应的发育节律称为物候。

知识点7 生物与环境、生物与生物之间无时无刻不在相互影响，总体保持着相对的稳定和平衡。一旦受到外来的强烈干扰，就可能造成生态平衡失调。

知识点8 种群是在特定的时间和一定的空间中生活和繁殖的同种个体所组成的群体。

知识点9 生物群落是指在一定时间，居住在一定区域或生境内的各种生物种

第二章 生态环境保护

群相互联系、相互影响的有规律的结构单元。生物群落可简单地分为植物群落、动物群落和微生物群落三大类。

知识点10 一个物种在一定空间范围内的所有个体的总和在生态学里称为种群，所有不同种的生物的总和为群落，生物群落连同其所在的物理环境共同构成生态系统。生态系统是生物群落和复杂的环境条件相结合所构成的自然基本单位。

知识点11 按主体特征分，有森林、草原、荒漠、冻原、河流、湖泊、沼泽、海洋、农村、城市等生态系统；按地域特征分，有陆地生态系统、海洋生态系统、山地生态系统、平原生态系统、岛屿生态系统等；按性质分，有自然生态系统和人工生态系统。农田、农村、城市、水库等生态系统都属于人工生态系统。

知识点12 生态系统由两大部分、四个基本成分所组成。两大部分就是生物和非生物环境，或称为生命系统和环境系统。四个基本成分是指生产者、消费者、还原者和非生物环境。

知识点13 路域生态系统的范围，应包括公路征地范围内的用地，宽50～70m，长数十至数百公里的地带。它的非生物环境包括：中央分隔带、土路肩、上下边坡、排水沟、隔离栅、隧道、桥梁、声屏障等构造物及其周围，以及立交区、服务区、管理所等，还有取弃土场地、临时道路等需要复垦的土地，以及水体、空气等。

知识点14 如果某生态系统各组成成分在较长时间内保持相对协调，物质和能量的输入、输出接近相等，结构与功能长期稳定，在外来干扰下，能通过自我调节恢复到最初的稳定状态，则这种状态可称为生态平衡。

知识点15 生态平衡是相对的平衡，而不平衡才是绝对的。

知识点16 生物多样性是指所有来源的形形色色生物体，即指地球上所有生物——动物、植物和微生物及其所构成的综合体。生物多样性通常包括三个层次：生态系统多样性、物种多样性和遗传多样性。

知识点17 生物多样性的保护一般有三种方式：就地保护、迁地保护和离体保护。

知识点18 建立自然保护区和国家公园，是国际上保护生物多样性所采取的最重要的就地保护形式。

知识点19 保护生物群落及其生境是保护生物多样性最有效的方法。

知识点20 自然保护区是指有代表性的自然生态系统，珍稀濒危野生动植物物种的天然集中分布区，有特殊意义的自然遗迹等保护对象所在的陆地、陆地水体或

《交通建设工程施工环境保护监理》考试指导与模拟题解

海域,依法划出一定面积予以特殊保护和管理的区域。

知识点21 自然保护区内部,一般分为核心区、缓冲区和实验区。

知识点22 核心区是保护区的精华所在,是保护对象最集中、特点最明显的地段。需要严格保护,属于绝对保护区。

知识点23 缓冲区在核心区的外围,是为保护核心区而设置的缓冲地带,一般只允许进行科研观测活动。

知识点24 实验区在缓冲区的外围,可以在不破坏生态环境与自然资源的前提下,进行科研、教学实习、生态旅游与优势动植物资源的开发工作。

知识点25 湿地是指天然或人工、长期或暂时之沼泽地、泥炭地,带有静止或流动的淡水、半咸水或咸水的水域地带,包括低潮位不超过6m的滨岸海域。

知识点26 一般来说,面积较大的成片荒地,在自然历史的进化中,很可能有当地特有的动植物种类,因而具有特殊的保护价值。

知识点27 我国除青藏高原以外的广大地区,从南往北,生态条件最明显变化的决定性因素是温度。

知识点28 从东南往西北,生态条件最明显变化的决定性因素是水分。

知识点29 青藏高原生态条件变化最明显的决定性因素是高度。

知识点30 景观主要有自然景观和人文景观两大类别。自然景观主要指自然地理环境和生态环境所展示的景观形象。人文景观是指由人类生产和生活活动创造的一切文化所显示的景观形象。

 【热点试题】 滋润干渴心田

试题1 【单项选择题】(　　)是在特定的时间和一定的空间中生活和繁殖的同种个体所组成的群体。

A.群落　　　　B.种群　　　　C.生物　　　　D.演替

【答案】B

试题2 【单项选择题】(　　)是生物群落和复杂的环境条件相结合所构成的自然基本单位。

A.生态环境　　　B.生态学　　　C.生态系统　　　D.群落

【答案】C

试题3 【多项选择题】大气的生态作用主要表现在(　　)对生物的作用。

第二章 生态环境保护

A.氧　　　　　　B.二氧化碳　　　　　C.水　　　　　　　D.风

【答案】ABD

试题4【判断题】生态平衡是绝对意义的平衡。（　）

【答案】×

试题5【判断题】核心区是保护区的精华所在，是保护对象最集中、特点最明显的地段。（　）

【答案】√

试题6【判断题】路域生态系统的范围，应包括公路征地范围内的用地，宽50～70m，长数十至数百公里的地带。（　）

【答案】√

【考点聚焦】拓展应试能力

考点1【单项选择题】我国除青藏高原以外的广大地区，从南往北，生态条件最明显变化的决定性因素是（　）。

A.温度　　　　　　B.水分　　　　　　C.高度　　　　　　D.湿度

【答案】A

考点2【多项选择题】下列属于生态系统的是（　）。

A.森林　　　　B.草原　　　　C.河流　　　　D.沼泽　　　　E.农村

【答案】ABCDE

考点3【多项选择题】生物多样性通常包括（　）层次。

A.生态系统多样性　　B.物种多样性　　C.遗传多样性　　D.环境多样性

【答案】ABC

考点4【多项选择题】（　）是国际上保护生物多样性所采取的最重要的就地保护形式。

A.建立自然保护区　　B.离体保护　　C.繁育　　D.国家公园

【答案】AD

考点5【判断题】湿地是指天然或人工、长期或暂时之沼泽地、泥炭地，带有静止或流动的淡水、半咸水或咸水的水域地带。（　）

【答案】√

【知识卡片】遨游知识海洋

生态环境也是重要竞争力

发展靠什么？对于这个问题，也许很多人会毫不犹豫地回答：靠经济。那么，经济的发展靠什么？靠规模，靠投入，靠项目，但更重要的是，靠良好的生态环境。生态环境是经济建设的基本生产要素，是实现科学发展和可持续发展的重要支撑。拥有并保持了良好的生态环境，才能在未来的发展中取得主动、把握先机。生态环境也是重要竞争力。

把握经济建设和环境保护的宗旨，才能实现环境保护与经济建设的高度融合。无论是经济建设还是环境保护，都必须以人为本，发展经济和保护环境的最终目的，都是为了提高广大人民群众的生活质量和幸福指数，为了让全社会共享改革发展的成果。因此，经济建设和环境保护的目标是高度一致的。抓住了这个关键，就能够准确地把握经济建设与环境保护的融合点，将经济建设与环境保护有效结合起来、有机融合起来。

在2011年的"两会"上，发展与民生成为两大关键词。面对"十二五"科学发展的主题，加快转变经济发展方式的主线和提高生态文明水平的新要求，我们要清醒地认识到，必须把加强环境保护摆上全局性的战略地位，作为基础性工作抓紧抓好。工欲善其事，必先利其器。对于未来的发展来说，良好的生态环境不可或缺。

从另一个角度来说，幸福感正成为人们的追求。而要想拥有幸福感，良好的生态环境依然是基础。未来的竞争，不仅是经济的竞争，也是幸福感的竞争，无论是经济发展还是生活幸福，生态环境，都是重要的作用力。

第二章 生态环境保护

2.2 交通建设对生态环境的影响

【整体感知】洞悉知识脉络

陆生生态环境的影响 { 长期影响（廊道与分隔效应、迫近效应、诱导效应、水文影响、土地利用的影响、生态敏感地区的影响、景观影响）

暂时影响（主要是指施工期间及其前后1~2年的短暂时间）

【教材精讲】拨开眼前迷雾

知识点 1 根据不同时期的主要工作内容，又分为设计阶段、施工阶段和营运阶段。设计阶段生态保护的主要内容是进行项目环境影响评价及根据生态学原理制订、设计生态保护措施和方案；施工阶段主要是实施项目的各种生态保护方案；营运阶段主要对公路沿线的生态工程进行管理和维护。

知识点 2 交通建设施工对生态环境的影响，从时间上区分，可大致分为长期影响和暂时影响。

知识点 3 交通建设施工对生态环境造成的短期影响，主要是指施工期间及其前后1~2年的短暂时间内造成的，并且随着施工行为的停止而自然恢复，或按有关法律法规要求进行人工设计、恢复。

知识点 4 为开辟施工铺道和作业场地，要清除地表植被，有可能影响珍稀物种的生长亦会加剧水土流失。

知识点 5 高填深挖、隧道等地段，可能影响地下水脉，造成泉流涸断，继而影响人畜饮水，或改变表层土壤的含水率，从而使植被类型发生变化。

【热点试题】滋润干渴心田

试题1【判断题】公路建设对野生动物的影响，主要表现在对动物栖息地生态环境的破坏和封闭的带状构筑物对动物的阻隔影响。（　　）

【答案】√

《交通建设工程施工环境保护监理》考试指导与模拟题解

试题2【多项选择题】交通建设施工对生态环境的影响，从时间上区分，可大致分为（　　）。

A. 长期影响　　　　B. 暂时影响　　　　C. 功能影响　　　　D. 施工影响

【答案】AB

【考点聚焦】拓展应试能力

考点1【多项选择题】为开辟施工铺道和作业场地，要清除地表植被，有可能影响（　　）。

A. 珍稀物种的生长　　B. 加剧水土流失　　C. 地下水　　D. 工程进度

【答案】AB

【知识卡片】遨游知识海洋

什么是"绿色生态交通"？

目前，许多中外学者对"绿色生态交通"进行了不同的定义，其中，较为广泛的被大众接受的描述是"通过对交通和生态环境有关的环节进行系统地研究、规划、管理，使交通不仅具有输送人流、物流、信息流，支撑和引导社会经济发展的功能，而且具备改善、美化、促进和优化周围环境生态条件的功能"。其实，不管是哪种定义，究其内涵，可以从解读"生态"和"绿色"的意义来帮助理解。

一是秉承"低碳、环保"的建设理念，充分考虑道路建设与周围自然环境及景观的协调性。在道路建设方面，需要占用大量沿线土地，使用传统型的建筑材料，影响道路沿线生态环境。"绿色生态交通"秉承低碳、环保的建设理念，创新建筑材料的生产，使用节能环保的建筑材料，最大限度节约资源，降低能耗，保护环境，将生态、绿色、环保、人文理念融入道路建设的各个环节中，用最小的环境代价实现道路建设目标。在道路设计方面，围绕绿色的生态环境来科学合理地设计交通线路，将道路的规划与周围自然生态环境一并考虑。同时，建设"绿色生态交通"区别于以往"为修路而修路"，改变以往只注重道路本身功能作用的传统观念，强调公路建设与周围自然环境及景观的协调统一。

值得学习的是，从20世纪中期开始，发达国家就已经将"低碳"、"环保"

第二章 生态环境保护

的理念成熟、紧密地关联到道路建设中，并建立了相应的道路环保法律体系、管理机制和环境保护技术。例如，在美国的《21世纪交通权法案》（1998年）中要求在道路设计、施工和运营过程中充分考虑环境保护问题。日本也早在1994年的《环境政策大纲》中规定将生态路建设作为一个主要的事业来推进。我国的交通建设环境保护工作起步虽晚，但是，近年来在国家政府的高度重视和推动下，道路"生态化"水平有了明显的提高。

二是建设绿色生态交通必须以道路绿化建设为主体。"绿化"一直以来都是和生态环境联系最为紧密的词语。交通要实现"生态化"，道路绿化的主要作用毋庸置疑。早在1992年，《美国土木工程施工指南》中就增加了专门的生物工程技术篇章，推广绿化在交通建设中的应用。良好的绿化具有美化城市作用，可以软化街道建筑硬环境，消除驾驶员视觉疲劳，同时，还可以改善道路沿线的环境质量，能庇荫、滞尘、减弱噪声、吸收有害气体、释放氧气。因此，建设生态交通一定要有绿色意识，把绿化建设作为主要工作来实施。

2.3 交通建设中生态环境保护措施

【整体感知】洞悉知识脉络

生态恢复与优化的原则
- 工程措施与生物措施并重
- 因地制宜
- 临时占地应不低于原生态功能
- 乡土和归化植物优先、外来物种慎用
- 建设和养护并重

【教材精讲】拨开眼前迷雾

  陆生生态环境保护、恢复与优化，应对永久用地和临时用地同样予以关注。永久用地包括交通建设项目周边绿化带、公路中央分隔带绿化、公路和港口附属小区园林绿化等环保工程；临时用地包括临时便道、临时营地、拌和站、预制厂等施工场地，以及大量的取弃土场。

  进行生态恢复与优化的原则如下：（1）"工程措施与生物措施并重"

的原则；(2)"因地制宜"的原则；(3)"临时占地应不低于原生态功能"的原则；(4)"乡土和归化植物优先、外来物种慎用"的原则；(5)"建设和养护并重"的原则。

【热点试题】滋润干渴心田

试题1 【多项选择题】下列（　　）属于生态恢复与优化技术在交通建设中的应用。

A. 植生带绿化技术　　　　　　　　B. 客土喷播技术
C. 常规种植技术　　　　　　　　　D. 管护技术

【答案】ABCD

【考点聚焦】拓展应试能力

考点1 【简答题】简述陆域交通建设生态保护、恢复与优化的原则。

【答案】(1)"工程措施与生物措施并重"的原则；(2)"因地制宜"的原则；(3)"临时占地应不低于原生态功能"的原则；(4)"乡土和归化植物优先、外来物种慎用"的原则；(5)"建设和养护并重"的原则。

【知识卡片】遨游知识海洋

GEG绿化植生带护坡新技术

GEG绿化植生带技术是护坡新技术，主要用于防治水流对坡面土壤的侵蚀，同时美化环境。该技术可用于堤坝等水工建筑物土质边坡及其他工程坡面土壤的防护和绿化，可长久地防止坡面冲刷和保持坡体稳定，能代替成本高昂的硬质护面。

GEG绿化植生带技术的核心是采用3~50旦尼尔、孔隙率高达70%~99.5%的多功能过滤毯状纤维、绿化辅料（含草种、灌木种子、培养料、保水剂、溶岩剂和肥料等）配方技术，运用针刺法和喷胶法生产各种不同类型的绿化植生带，以及一套严格的综合性施工工艺。

GEG绿化植生带是把种子和草坪生长所需成分定植在可自然降解的纸基、无纺布和高空隙毯状纤维带基上，形成各种草坪绿化系列产品。其类型可分为纸胶型、无纺布型、纤维型与保水型4种，其中纸胶型、无纺布型植生带适用于城市

第二章 生态环境保护

园林、运动球场及平地与缓坡绿化；纤维型植生带适用于水土流失严重地区与陡坡坡面的防护与绿化；保水型植生带适用范围与纤维型相似，但特别适用于干旱缺水地区。各种植生带施工时，直接铺于平整好的坡面上，覆盖细土，浇水养护，3~7天出芽，25天左右育成草坪。

该技术适用于农业灌渠边坡、水库坝坡、江河堤防、铁路和高速公路边坡等工程的防护和绿化，水土流失严重地区陡坡坡面防护，城市园林和运动场地等的绿化。用GEG绿化植生带取代硬质护坡，可节约资金60%左右。

第三章 水土保持

【目标导航】导引学习方向

1. 了解土壤侵蚀类型和区划、土壤侵蚀强度划分标准。
2. 了解交通建设项目水土保持的原则和目标、水土保持的生物措施。
3. 了解交通建设项目水土流失特点。
4. 熟悉水土保持有关概念。
5. 熟悉交通建设项目水土保持的影响。
6. 掌握交通建设项目水土保持工程措施。

【学法点拨】开启思维之门

1. 本部分主要介绍水土保持的基础知识,首先要熟悉水土保持和土壤侵蚀的基本概念,其次要了解交通建设项目水土流失特点,了解交通建设项目水土保持的原则和目标、水土保持的生物措施。

2. 学员要结合近年来典型的交通建设项目,熟悉交通建设项目水土保持的影响。

3. 学员在学习本部分内容时,可以结合建设项目的实际情况,将书本上介绍的交通建设项目水土保持工程措施与实际结合起来进行。

第三章 水土保持

3.1 水土保持基础知识

【整体感知】洞悉知识脉络

1. 水土流失≠土壤侵蚀（区别与联系）
2. 土壤侵蚀的分类

土壤侵蚀
- 水力侵蚀（包括面蚀、沟蚀和潜蚀）
- 雪蚀（雪崩引起积雪运动造成）
- 重力侵蚀（包括泻溜、崩塌、滑坡等）
- 风力侵蚀（土粒在风流动能的作用下产生的运移）
- 泥石流（介于水流和滑坡之间）
- 人为侵蚀

【教材精讲】拨开眼前迷雾

知识点1 水土流失是指在水力、重力、风力等外营力作用下，水土资源和土地生产力的破坏和损失，包括土地表层侵蚀和水土损失。

知识点2 土壤侵蚀是指土壤及其母质在水力、风力、冻融、重力等外营力作用下，被破坏、剥蚀、搬运和沉积的过程。

知识点3 按照产生侵蚀的外营力和影响侵蚀过程的因素，侵蚀可分为水力侵蚀、冰川侵蚀、雪蚀、风蚀和人为侵蚀。各种侵蚀可以单独出现，也可以综合起作用。

知识点4 就世界范围来说，对经济破坏最大的是水蚀和风蚀。

知识点5 土壤侵蚀类型主要有水力侵蚀、雪蚀、重力侵蚀、泥石流、风力侵蚀和人为侵蚀。

知识点6 按土壤侵蚀外营力的不同，可将全国土壤侵蚀区划分为水力侵蚀为主区、风力侵蚀为主区、冻融侵蚀为主区三个一级区。

知识点7 土壤侵蚀强度是地壳表层土壤在自然营力和人类活动综合作用下，单位面积和单位时段内被剥蚀并发生位移的土壤侵蚀量，以土壤侵蚀模数表示。

【热点试题】滋润干渴心田

试题1 【多项选择题】按土壤侵蚀外营力将全国土壤侵蚀区划分为3个一级区，下列（ ）选项是一级区。

A.水力侵蚀为主区　　　　　　　　　B.泥石流为主区
C.风力侵蚀为主区　　　　　　　　　D.冻融侵蚀为主区

【答案】ACD

试题2 【判断题】水土流失是指在水力、重力、风力等外营力作用下，水土资源和土地生产力的破坏和损失。（ ）

【答案】√

试题3 【判断题】东北大兴安岭山地及三北戈壁沙漠属于北方冻融土壤侵蚀区。（ ）

【答案】×

试题4 【判断题】土壤容许流失量是指在长时间内能保持土壤的肥力和维持土地生产力基本稳定的最大土壤流失量。（ ）

【答案】√

【考点聚焦】拓展应试能力

考点1 【单项选择题】（ ）是地壳表层土壤在自然营力和人类活动综合作用下，单位面积和单位时段内被剥蚀并发生位移的土壤侵蚀量，以土壤侵蚀模数表示。

A.土壤侵蚀强度　　　　　　　　　　B.土壤侵蚀量
C.年风蚀厚度　　　　　　　　　　　D.土壤侵蚀容许量

【答案】A

考点2 【多项选择题】按照产生侵蚀的外营力和影响侵蚀过程的因素，侵蚀可分为（ ）。

A.水力侵蚀　　B.冰川侵蚀　　C.雪蚀　　D.风蚀　　E.人为侵蚀

【答案】ABCDE

考点3 【多项选择题】各种侵蚀可以单独出现，也可以综合起作用。就世界范围来说，对经济破坏最大的是（ ）。

A.冰川侵蚀　　B.泥石流　　C.水蚀　　D.风蚀

第三章 水土保持

【答案】CD

【知识卡片】遨游知识海洋

土壤侵蚀——触目惊心的黑洞

中国科学院院士孙鸿烈在向全国人大常委会作专题讲座时透露，根据遥感调查，我国现有土壤侵蚀面积达357万平方公里，占国土面积的37.2%。年均土壤侵蚀总量45.2亿吨，约占全球土壤侵蚀总量的1/5。

孙院士还透露了一个数字：根据最近的科学考察，按现在的流失速度推算，50年后东北黑土区1400万亩耕地的黑土层将丧失殆尽。

在我们千方百计坚守18亿亩耕地红线，努力实现耕地占补平衡的时候，可曾想到有这么大量的国土正在被侵蚀！

据了解，我国土壤侵蚀、水土流失比较严重的地区包括东北黑土地区、西北黄土高原区、南方红壤丘陵区、沿河环湖滨海平原风沙区等。土壤侵蚀有两种：一种是自然因素，比如水力、风力、重力等；还有一种就是人为因素，滥垦滥伐、破坏植被、采矿、修路，移动了大量土体，却不注意水土保持，从而加剧了侵蚀。对于耕地来说，土壤侵蚀会造成土壤层厚度越来越薄，土壤肥力越来越差直至耕地面积减少。

土地是人类赖以生存的根本。耕地上的各种农作物给人类提供了生活生产必需的物质保证。肥沃的土壤都是经过几百甚至几千年才形成的，而一旦遭到严重破坏，想要恢复不是一件易事，需要花费大量的时间和金钱。以损毁、牺牲土地、环境为代价的"发展"，是与可持续发展战略目标相违背的。我们在竭力守护18亿亩耕地的同时，对侵蚀土地造成的损失绝不可掉以轻心！

3.2 交通建设对水土保持的影响

【整体感知】洞悉知识脉络

水土流失的特点 { 侵蚀时期短而集中
侵蚀类型复杂，方式多样
侵蚀发生具有潜在性和突发性
侵蚀区域差异大，强度剧烈

【教材精讲】拨开眼前迷雾

知识点1 交通建设项目水土流失的特点主要有：(1)侵蚀时期短而集中；(2)侵蚀类型复杂，方式多样；(3)侵蚀发生具有潜在性和突发性；(4)侵蚀区域差异大，强度剧烈。

知识点2 交通建设项目对水土保持的影响主要有：(1)破坏地表植被，产生新的裸露坡面，为水土流失提供了有利条件；(2)改变局部地貌和土壤结构，加剧水土流失；(3)取土、弃土、弃渣产生的水土流失；(4)临时工程和临时设施建设产生的水土流失；(5)路面排水处理不当，引起坡面直至下游冲刷而带来水土流失；(6)港口、航道护岸处置不当产生水土流失；(7)防波堤等水工建筑物边坡防护措施不当产生水土流失；(8)疏浚土陆域回填处置不当产生水土流失。

【热点试题】滋润干渴心田

试题1 【多项选择题】交通建设项目水土流失的特点主要有（　　）。

A. 侵蚀类型复杂，方式多样

B. 侵蚀时期短而集中

C. 侵蚀发生具有潜在性和突发性

D. 侵蚀区域差异大，强度剧烈

【答案】ABCD

试题2 【判断题】施工区、采石、取土、弃土（渣）区及临时材料堆放区是最易产生土壤侵蚀的地段。（　　）

第三章 水土保持

【答案】 √

【考点聚焦】拓展应试能力

考点1 【简答题】交通建设项目对水土保持的影响主要有哪些？

【答案】 (1)破坏地表植被，产生新的裸露坡面，为水土流失提供了有利条件；(2)改变局部地貌和土壤结构，加剧水土流失；(3)取土、弃土、弃渣产生的水土流失；(4)临时工程和临时设施建设产生的水土流失；(5)路面排水处理不当，引起坡面直至下游冲刷而带来水土流失；(6)港口、航道护岸处置不当产生水土流失；(7)防波堤等水工建筑物边坡防护措施不当产生水土流失；(8)疏浚土陆域回填处置不当产生水土流失。

【知识卡片】遨游知识海洋

我国现有的水土保持举措每年可减少土壤侵蚀量15亿吨以上

根据水利部组织的中国水土流失与生态安全科学考察测算，我国现有的治理水土流失的政策措施每年可以减少土壤侵蚀量15亿吨以上。

水利部部长陈雷说，近10年来我国对水土保持的投入力度不断加大，一系列治理水土流失的重点工程相继展开。2000年以来，国家就启动实施了黄土高原淤地坝、京津风沙源、东北黑土区、珠江上游南北盘江、丹江口库区、云贵鄂渝世行贷款和岩溶地区石漠化治理等一大批水土流失重点防治工程。同时还积极推进水土保持大示范区建设，初步建成面积在100平方公里以上、综合效益显著、示范带动作用强的大示范区62个，走上了以小流域治理为基础，大流域为骨干，集中连片、规模推进的发展之路。

同时，近10年来，我国还累计治理小流域1.6万多条，治理水土流失面积48万平方公里，近1.5亿人从中直接受益，2000多万山地丘陵地区群众的生计问题得到了解决。

根据我国水土流失与生态安全科学考察测算，我国现有的水土保持举措每年可以使土壤侵蚀量减少15亿吨以上，其中长江中上游年均减少1.5亿吨，黄河流域年均减少3亿吨。

3.3 交通建设项目水土流失的防治措施

【整体感知】洞悉知识脉络

中华人民共和国水土保持法 { 治理方针：预防为主，防治结合
原则 { ①谁开发谁保护，谁造成水土流失谁治理
②因地制宜、因害设防
③重点治理与一般防护相结合 }}

交通建设项目水土保持的指导方针 { 预防为主，开发建设与防治并重
综合的工程措施及生物措施
采取分区分散防治，重点治理与一般防护相结合
水土保持与工程建设相结合
交通建设水土保持管理与地方水土保持管理相结合 }

【教材精讲】拨开眼前迷雾

知识点1 《中华人民共和国水土保持法》确定了"预防为主，防治结合"的水土流失治理方针，以及"谁开发谁保护，谁造成水土流失谁治理"、"因地制宜、因害设防"、"重点治理与一般防护相结合"的原则。

知识点2 结合交通运输行业特点，交通建设项目水土保持的指导方针为：（1）预防为主，开发建设与防治并重；（2）积极采用综合的工程措施及生物措施，因地制宜，因害设防；（3）根据其工程建设特点采取分区分散防治，重点治理与一般防护相结合；（4）水土保持与工程建设相结合，恢复和改善工程范围内及周边影响范围的水土保持设施，保证主体工程安全运行；（5）交通建设水土保持管理与地方水土保持管理相结合。

知识点3 交通建设项目水土流失防治责任范围，包括项目建设区和直接影响区。

知识点4 路基防护的方法，一般可分为坡面防护和冲刷防护两类。坡面防护可分为抹面、喷浆、勾缝与灌浆；冲刷防护可分为护面墙、挡土墙、砌石护坡、抛石、石笼等。

第三章 水土保持

知识点 5 路堑坡面防护的常用工程措施，主要有：灰浆、三合土等抹面、喷浆、喷混凝土、浆砌片石护墙、锚杆喷浆护坡、挂网喷浆护坡等。

知识点 6 植物在水土保持上的作用主要表现在：(1)拦截雨滴；(2)调节地表径流；(3)改良土壤性状；(4)根系的土壤加强作用；(5)降低坡体孔隙水压力；(6)减低风速，防止风害等。

知识点 7 积极采用综合措施，依靠工程措施主要发挥坡面整体稳定的作用，依靠生物措施主要发挥坡面表层稳定和生态及景观效益，有机地将工程措施及生物措施相结合，是交通建设项目水土保持的指导方针之一。

【热点试题】滋润干渴心田

试题1 【单项选择题】《中华人民共和国水土保持法》确定了（　　）的水土流失治理方针。

A. 因地制宜、因害设防　　　　B. 预防为主，防治结合

C. 谁造成水土流失谁治理　　　D. 谁开发谁保护

【答案】B

试题2 【多项选择题】下列说法正确的是（　　）。

A. 路基防护的方法，一般可分为坡面防护和冲刷防护两类

B. 路堑坡面防护的常用工程措施，主要有：灰浆、喷浆、喷混凝土、挂网喷浆护坡等

C. 交通建设水土保持管理，应与地方水土保持管理相结合

D. 拦截雨滴是植物在水土保持上的作用主要表现之一

【答案】ABCD

试题3 【判断题】交通建设项目水土流失防治责任范围，包括：项目建设区和直接影响区。（　　）

【答案】√

【考点聚焦】拓展应试能力

考点1 【多项选择题】植物在水土保持上的作用主要表现在（　　）。

A. 拦截雨滴　　　　B. 调节地表径流　　　C. 改良土壤性状

D. 根系的土壤加强作用　　　E. 降低坡体孔隙水压力

【答案】ABCDE

考点2【多项选择题】交通建设项目水土流失防治责任范围包括（　　）。

A.项目建设区　　　B.服务区　　　C.生态脆弱区　　　D.直接影响区

【答案】AD

考点3【简答题】结合交通行业特点，交通建设项目水土保持的指导方针是什么？

【答案】（1）预防为主，开发建设与防治并重。

（2）积极采用综合的工程措施及生物措施，因地制宜，因害设防。

（3）根据其工程建设特点采取分区分散防治，重点治理与一般防护相结合。

（4）水土保持与工程建设相结合，恢复和改善工程范围内及周边影响范围的水土保持设施，保证主体工程安全运行。

（5）交通建设水土保持管理与地方水土保持管理相结合。

【知识卡片】遨游知识海洋

新《水土保持法》的五大亮点

2010年12月25日，十一届全国人大常委会第十八次会议全票表决通过了修改后的《中华人民共和国水土保持法》，于2011年3月1日正式施行。

修改后的水土保持法，在强化政府水土保持目标责任、强化水土保持规划的法律地位、突出水土保持预防保护、加强水土流失综合治理和强化违法行为的法律责任等方面均有重大突破。

强化了地方政府水土保持责任——新法第四条明确规定，国家在水土流失重点预防区和重点治理区，实行地方各级人民政府水土保持目标责任制和考核奖惩制度。

强化了水土保持规划的法律地位——原法仅规定了规划的编制主体和批准机关，过于简单和笼统，操作性不强。新法增加了"规划"专章，对水土保持规划的编制依据与主体、规划类别与内容、编制要求以及组织实施等作了明确规定。

突出了水土流失预防保护——新法"预防"一章明确要求，对容易造成人为水土流失的取土、挖砂、采石等活动，要求强化管理；对水土流失严重、生态脆弱的地区，限制或者禁止一切可能造成水土流失的生产建设活动；禁止毁林毁

第三章 水土保持

草，禁止铲草皮、挖树兜、采集发菜或者滥挖虫草、甘草、麻黄等活动；对开办可能造成水土流失的生产建设项目，要求选址、选线，避让水土流失重点预防区和重点治理区；对生产建设活动中排弃的砂、石、土以及矸石、尾矿、废渣等，要尽可能综合利用。

加强了水土流失综合治理——明确国家在水土流失重点预防区和重点治理区加强坡耕地改梯田、淤地坝等水土保持重点工程建设，加大生态修复力度。建立水土保持生态效益补偿制度，多渠道筹资，加大水土保持投入。建立激励机制，引导单位和个人参与水土流失治理。强化了对生产建设项目水土流失的治理要求。

强化了违法行为的法律责任——在处罚手段上增加了滞纳金制度、规定了行政代履行制度、强化了违法责任追究制度。在处罚力度上，提高了罚款标准，由原来的最高1万元提高到50万元，加重了违法成本。新法的罚款等处罚措施可由水行政主管部门直接实施。

第四章

声环境及振动环境保护

【目标导航】导引学习方向

1.了解噪声的基本概念、噪声与振动的计量。

2.了解施工噪声和振动污染源。

3.了解噪声与振动控制的主要原理、低噪声路面、绿化林带。

4.熟悉噪声的主观评价。

5.熟悉运营期交通噪声。

6.熟悉噪声与振动控制的一般原则和步骤、声屏障的设计原理。

7.掌握噪声与振动标准。

8.掌握噪声与振动的防治措施。

【学法点拨】开启思维之门

1.通过对本部分内容的学习,了解声和振动的基础知识,熟悉交通建设施工期和营运期声和振动对环境的影响,掌握相应的防治、减缓措施。

2.学习本部分内容,应从声和振动的基础知识入手,结合近年来交通建设工程的项目实际,重点掌握噪声限值和防治与减缓的措施。

第四章 声环境及振动环境保护

4.1 声及振动基础知识

【整体感知】洞悉知识脉络

1. 声≠噪声（狭义、广义概念）

2. 计量声音的物理量 { 声功率——声源在单位时间内辐射的总声能量
声强——单位时间内通过单位面积的声能
声压——某一瞬间介质中的压强相对于无声波时压强的改变量 }

3. 噪声标准 { 环境质量标准——声环境质量标准（公路、70、50）
污染控制标准——建筑施工场界噪声限值（公路、55、70、75、85、禁止）}

【教材精讲】拨开眼前迷雾

知识点 1 噪声是声波的一种，是声强、频率变化没有规律、杂乱无章、听起来不和谐的声音。从广义上来讲，凡是人们感觉不适、使人烦躁的声音都是噪声。

知识点 2 环境噪声污染是指所产生的环境噪声超过国家规定的环境噪声排放标准，并干扰他人正常生活、工作和学习的现象。

知识点 3 计量声音的物理量有：(1)声功率；(2)声强；(3)声压。

知识点 4 环境噪声的度量，不仅与噪声的物理量有关，还与人对声音的主观听觉感受有关；人耳对声音的感觉，不仅和声压级大小有关，而且也和频率的高低有关。

知识点 5 将某一段时间内连续暴露的不同A声级变化，用能量平均的方法表示该段时间内的噪声大小，这个声级称为等效连续A声级，简称等效声级，单位为分贝(dB)。

知识点 6 进行敏感点的环境噪声评价时，通常用等效连续A声级。

知识点 7 为控制噪声影响、合理采用控制技术，我国制定了一系列噪声标准。其中与公路交通有关的有《声环境质量标准》、《建筑施工场界噪声限值》，前者为环境质量标准，后者为污染控制标准。

《交通建设工程施工环境保护监理》考试指导与模拟题解

知识点 8 建筑施工场界噪声标准，详见表4-1所列。

建筑施工场界噪声标准　　　　　　　　　表4-1

施工阶段	主要噪声源	噪声限值(dB)	
		昼间	夜间
土石方	推土机、挖掘机、装载机等	75	55
打桩	各种打桩机等	85	禁止施工
结构	混凝土搅拌机、振捣棒、电锯等	70	55
装修	吊车、升降机等	65	55

【**热点试题**】滋润干渴心田

试题1【判断题】噪声是声波的一种，是声强、频率变化没有规律、杂乱无章、听起来不和谐的声音。（　　）

【答案】√

试题2【单项选择题】声压的范围很大，一般用（　　）来表示声功率、声强、声压。

A.统计声级　　B.等效连续A声级　　C.A声级　　D.分贝

【答案】D

试题3【多项选择题】噪声对人的生理、器官和心理等都会产生不良影响，主要表现为（　　）。

A.损伤听力　　B.对视力产生影响　　C.造成神经衰弱　　D.干扰睡眠

【答案】ABCD

试题4【多项选择题】计量声音的物理量主要有（　　）。

A.声压　　B.声强　　C.声功率　　D.分贝

【答案】ABC

【**考点聚焦**】拓展应试能力

考点1【多项选择题】为控制噪声影响、合理采用控制技术，我国制定了一系列噪声标准。其中与公路交通有关的有（　　）。

A.海水水质标准　　　　　　　　B.地表水环境质量标准

C.声环境质量标准　　　　　　　D.建筑施工场界噪声限值

【答案】CD

第四章 声环境及振动环境保护

考点2【多项选择题】 在土石方施工阶段,主要噪声源为推土机、挖掘机、装载机等,其昼间和夜间的噪声限值为( )。

A.70、55　　　　B.65、50　　　　C.75、55　　　　D.70、55

【答案】C

考点3【判断题】 人耳对声音的感觉不仅和声压级大小有关,而且也和频率的高低有关。( )

【答案】√

【知识卡片】遨游知识海洋

为什么月球上没有声音?

声音是空气中每秒20至2万次的振动。地球上有声音,是因为振动着的物体把振动传给空气,空气再把振动传播开来,形成声音。所以,声音存在的必要条件有两个:一个是要有声源,另一个是要有传播声音的媒质,二者缺一不可。月球上可以产生振动,但月球上没有空气,振源的振动传不出去,当然月球上就听不到声音了。那儿是一个十分寂静的世界。

要证明月球上没有声音并不难,我们可以做这样一个实验:将一只闹钟放在有抽气设备的玻璃罩里,当罩内的空气没有被抽出时,我们能听见闹钟的滴答声;当空气逐渐被抽出时,滴答声逐渐减弱;当空气十分稀薄时,滴答声就听不见了。如果没有空气把声音传出来,即使闹钟的滴答声一直在响,我们也听不见。

对于传播声音来说,月球上的条件与抽出空气的玻璃罩内的情况相似。所以月球上就是有振动,也没有声音。

1969年7月21日,人类首次登上月球。在月球上,两名宇航员虽然近在咫尺,也只能靠无线电来通话。

4.2 交通建设项目噪声及振动的影响

【整体感知】洞悉知识脉络

噪声源 { 基础（路基、场基）施工阶段——挖掘机、推土机、装载机、平地机、压路机
混凝土预制浇筑阶段——水泥混凝土拌和设备、振捣器
路面、场地面施工阶段——混凝土切缝机、起重机、沥青摊铺机
桥梁、港口泊位施工阶段——钻孔灌注桩机
管桩施工阶段——打桩机

【教材精讲】拨开眼前迷雾

知识点 1 除了打桩和爆破作业外，其他施工阶段的一般施工噪声的达标距离，在昼间约需60m，而在夜间则需200m，甚至更远。

知识点 2 大型施工场地的选址，应尽可能离开居民集中点200m以外，否则应停止夜间高噪声作业的施工。

知识点 3 车辆噪声大小与车速、载重量、新旧状况及保养状况、路况（路面性能、粗糙度及平整度）、路面纵坡等因素有关。

【热点试题】滋润干渴心田

试题1 【单项选择题】除了打桩和爆破作业外，其他施工阶段的一般施工噪声的达标距离，在昼间约需（　　），而在夜间则需200m，甚至更远。

A.60m　　　　B.70m　　　　C.80m　　　　D.90m

【答案】A

试题2 【单项选择题】影响车辆噪声强度的因素有（　　）。

A.边坡　　　B.中央分隔带　　　C.路拱　　　D.载重量

【答案】D

第四章 声环境及振动环境保护

【考点聚焦】 拓展应试能力

考点1 【单项选择题】 大型施工场地的选址，应尽可能离开居民集中点（　　）m以外，否则应停止夜间高噪声作业的施工。

A.100　　　　　B.200　　　　　C.300　　　　　D.400

【答案】 B

【知识卡片】 遨游知识海洋

德国治理交通噪声有良方

城市噪声污染是环境的一大公害，而车辆噪声是城市噪声中最主要的声源之一。据欧盟有关部门对12个成员国的调查显示，40%的居民每天生活在50分贝的噪声环境中，20%的人受到超过65分贝的交通噪声污染。

德国一向十分注重治理各种环境污染，在防止噪声污染方面也居欧洲各国之首。德国是世界上人均拥有汽车最多的国家之一，但城市交通噪声基本上控制在40分贝以下。究其原因，是德国各城市把先进技术与合理的规章制度有机结合起来，有效地降低了噪声对人们日常生活的干扰。

治理交通噪声污染，首先要从污染源入手，车辆噪声是最大的声源。车的噪声有两个方面：第一来自发动机的轰鸣声，第二是车轮与地面摩擦产生的噪声。德国交通部门规定，所有汽车，特别是大型公交车和运输卡车的发动机必须配备机舱隔音降噪声装置，以有效隔离、降低发动机噪声。德国城市中许多住宅密集地区的道路大量采用特殊的降噪声材料，在交通频繁的地段安装隔音屏。另外，科学研究表明，树木能有效阻挡和吸收声波，是天然的消音器。因此，德国邻近住宅区的高速公路旁和城市交通密集地段都栽种很多树木，特别是有较好的隔音、除噪声效果的泡桐、水杉、龙柏、槐树等。试验表明，成片的树林可降低噪声20～35分贝。此外，德国大多数民用建筑都是采用隔热、隔音等功能优良的新型复合材料。

在限制噪声污染方面，德国还颁布了各种法律规定，建立了一套完整的噪声污染投诉体系。众所周知，在德国没有紧急情况绝对不允许汽车鸣笛，在居民居住密集的地区对车速有严格的限制。仅在柏林市就有100多条街道晚22时至次日6

时车速不得超过30公里/小时，因为慢行的汽车比快速行驶的车辆少产生起码35分贝的噪声。德国政府还规定，受到噪声污染的家庭可从政府得到补贴，用于购建消音设备。

4.3 交通建设噪声与振动的防治措施

【整体感知】洞悉知识脉络

1.在防治交通噪声措施中，噪声与振动控制的措施有三大类：

第一类是法律、法规；

第二类是规划、管理，如调整项目选址、周边敏感建筑区域和功能规划；

第三类是声学技术措施，包括设置隔声设施，如堆筑工程弃方、建造声屏障、栽植绿化林带等，其原理可分为吸声、隔声、消声、减振及阻尼、消振、隔振、吸振、阻尼减振。

2.噪声控制的原则，应是首先降低声源噪声辐射，其次控制传播途径，最后接受者防护。

【教材精讲】拨开眼前迷雾

知识点 1 当声音遇到吸声材料（或吸声结构）时，部分声能转换成热能（或储存起来）而被吸收。吸声常用于室内混响声的降低。吸声材料（或结构）有阻性和抗性两种。吸声系数是被吸收的能量与入射声能之比，最小为0，最大为1，一般在0与1之间，吸声系数越大表示吸声性能越好。

知识点 2 在防治交通噪声措施中，噪声与振动控制的措施有三大类：第一类是法律、法规；第二类是规划、管理，如调整项目选址、周边敏感建筑区域和功能规划；第三类是声学技术措施，包括设置隔声设施如堆筑工程弃方、建造声屏障、栽植绿化林带等，其原理可分为吸声、隔声、消声、减振及阻尼、消振、隔振、吸振、阻尼减振。

知识点 3 《中华人民共和国环境噪声污染防治法》是实施噪声污染控制的基本法律。

知识点 4 声屏障可以定义为任何一个不透声的固体障碍物，它挡住声源到声

第四章 声环境及振动环境保护

音接受点（受声点）的传播，从而在屏障后面建立一个"声影区"，在声影区内，声音的强度比没有屏障时的衰减要大。

知识点5 在噪声传播的四个途径中，绕射是最重要的设计指标。

知识点6 声屏障的长度应大于其保护对象沿道路方向的长度。一般来讲，声屏障的外延长度应大于受保护对象到声屏障距离的3倍。声屏障如果不能做到足够长，则降噪量将大大减少。

知识点7 当要求降噪量大于10dB（A）时，要求声屏障的透射声衰减量一般应大于15dB（A），这就需使用密度高的材质，材料要求表面密度大于$10kg/m^2$。

知识点8 声屏障结构可采用土堤结构、砖石混凝土结构、木质结构、金属结构、合成材料结构等。

知识点9 低噪声路面也分为沥青混凝土和水泥混凝土两类，目前对沥青混凝土低噪声路面研究较多。沥青混凝土低噪声路面一种是多孔性沥青路面，另一种是有一定弹性的沥青混凝土路面。目前，我国多采用的是多孔性沥青路面。

知识点10 密集的绿化林带，最大附加衰减量一般不超过10dB（A）。窄的绿化林带降噪效果并不明显，实际上仅有心理作用。

【热点试题】滋润干渴心田

试题1 【判断题】窄的绿化林带降噪效果也很明显。（　　）
【答案】×

试题2 【判断题】在声影区内，声音的强度比没有屏障时的衰减要大。（　　）
【答案】√

试题3 【多项选择题】密集的绿化林带，最大附加衰减量一般不超过（　　）。
A.20 dB（A）　　　　　　　　B. 10dB（A）
C.15 dB（A）　　　　　　　　D.12 dB（A）
【答案】B

试题4 【多项选择题】下列（　　）属于声屏障的结构。
A. 砖石混凝土结构　　　　　　B. 木质结构
C. 金属结构　　　　　　　　　D. 土堤结构
【答案】ABCD

《交通建设工程施工环境保护监理》考试指导与模拟题解

 【考点聚焦】拓展应试能力

考点1 【单项选择题】一般来讲,声屏障的外延长度应大于受保护对象到声屏障距离的(　　)。

A.2倍　　　　　B.3倍　　　　　C.5倍　　　　　D.4倍

【答案】B

考点2 【单项选择题】(　　)是实施噪声污染控制的基本法律。

A.环境噪声污染防治法　　B.环境保护法　　C.大气污染防治法　　D.水法

【答案】A

考点3 【单项选择题】当要求降噪量大于10dB（A）时,需使用密度高的材质,材料要求表面密度大于(　　)。

A.5kg/m² 　　　B.8kg/m² 　　　C.10kg/m² 　　　D.15kg/m²

【答案】C

考点4 【单项选择题】在噪声传播的四个途径中,(　　)是最重要的设计指标。

A. 直接传给受声点　　　　　　　　　　B.反射

C. 直接透过声屏障到达屏蔽区　　　　　D.绕射

【答案】D

 【知识卡片】遨游知识海洋

欧美青睐低噪声环保道路

在交通发达的欧美国家,许多城市修建了低噪声环保道路,机动车在这种道路上行驶时几乎听不到噪声,较好地解决了以往道路噪声给市民带来的生活干扰。

目前,欧美许多国家的大城市各种车辆保有量正在迅速增加,道路噪声污染长期以来是一大社会公害,已成为城市环境治理中一个急待解决的问题。尤其是人口密集、交通繁忙的大城市,道路噪声问题十分突出,严重干扰了市民的日常生活。为此,各国政府高度重视并采取了许多措施减少噪声污染,如要求机动车禁鸣,限制高噪声车辆通行,降低车辆自身产生的噪声,提高道路的平整

第四章 声环境及振动环境保护

度，建设道路隔声和吸声屏障，控制住宅与道路的间距，大搞城市绿化等，均收到了成效。

近年来，欧美一些国家在治理道路噪声污染中又采取了一项重大举措：大力修建低噪声环保道路。柏林、伦敦、亚特兰大、墨西哥城等许多大城市纷纷修建了无公害低噪声环保道路。这种道路采用了多孔性低噪声彩色沥青铺设路面，从而降低了城市道路噪声污染。彩色沥青路面有若干抗磨耐压的小孔，具有较强的吸声功能，汽车轮胎在道路上高速行驶滚动时，不会因空气压缩产生强大的噪声。一些环保专家做过监测，一辆轿车在防噪声路面上行驶时，比在普通道路上行驶降低6~9分贝噪声，即去除它在行驶中产生的80%的噪声。这种路面除吸收机动车辆在行驶中产生的噪声外，还能吸收其他外界的噪声。此外，低噪声环保道路用彩色沥青铺设路面色彩亮丽夺目，像一条条长长的彩色地毯扮靓绿色城市，使城市更富有魅力。

采用防噪声沥青铺设城市道路的路面，每平方米投入资金比普通沥青路面多花费4美元左右，折合人民币30余元，但一些专家指出，修建低噪声道路是今后城市道路发展的必然方向。这种环保道路可大量减少城市居民因道路噪声而引发的多种疾病，有利于市民的身体健康，因此深受欧美各国市民的青睐。据英国皇家环境委员会介绍，在今后几年内，英国所有城市的道路将得到重新改造，将全部修建低噪声环保道路，以改善城市环境。

第五章 水环境保护

  【目标导航】 导引学习方向

1.了解水的循环。

2.了解水质和水质指标。

3.了解废水处理的基本方法、生活污水的处理、涉水施工的水环境污染主要防治措施、路面桥面径流和公路危险化学品运输污染控制。

4.熟悉水体污染与水体自净。

5.熟悉水质标准的标准值。

6.熟悉陆上施工对水环境的影响源和后果。

7.熟悉陆上施工的水环境污染主要防治措施。

8.掌握水质标准的分类（质量、排放标准）。

  【学法点拨】 开启思维之门

1.本部分内容主要介绍水的基础知识、水质标准的标准值、废水处理的基本方法等，这些知识是交通建设工程的基础。

2.学习本部分内容时，要在了解水的基本知识的基础上，重点掌握水质标准的分类，特别是质量、排放标准。

3.要熟悉陆上施工对水环境的影响源和后果，熟悉陆上施工的水环境污染主要

第五章 水环境保护

防治措施。

5.1 水环境基础知识

【整体感知】洞悉知识脉络

1.水的社会循环

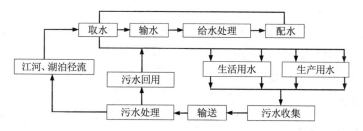

2.水的污染

分类（按形成原因）$\begin{cases}自然污染\\人为污染\end{cases}$

3.水体自净

分类 $\begin{cases}物理净化——稀释、扩散、混合和沉淀\\化学净化——氧化还原、酸碱反应、分解化合和吸附凝聚\\生物净化——氧化分解\end{cases}$

【教材精讲】拨开眼前迷雾

知识点1 社会循环中所形成的生活污水和各种工业废水是天然水体最大的污染来源。

知识点2 水污染按形成原因可分为自然污染和人为污染两大类。

知识点3 人为活动造成水污染的污染物来源主要包括以下几个方面：①工业废水；②生活废水；③农业废水；④废气；⑤废渣；⑥农药、化肥。

知识点4 水体自净是指在物理、化学和生物作用下，受污染的水体逐渐自然净化，水质复原的过程。

《交通建设工程施工环境保护监理》考试指导与模拟题解

知识点 5 水体自净的过程大致分为三类，即物理净化、化学净化和生物净化。它们同时发生，相互影响，共同作用。

【热点试题】滋润干渴心田

试题1【多项选择题】社会循环中所形成的（　　）是天然水体最大的污染来源。

A.生活污水　　B.各种工业废水　　C.海水　　D.河水

【答案】AB

试题2【多项选择题】水体自净是指在（　　）作用下，受污染的水体逐渐自然净化，水质复原的过程。

A.物理　　B.化学　　C.生物　　D.动水压力

【答案】ABC

【考点聚焦】拓展应试能力

考点1【多项选择题】水体自净的过程大致分为（　　），它们同时发生，相互影响，共同作用。

A.物理净化　　B.生化净化　　C.化学净化　　D.生物净化

【答案】ACD

考点2【多项选择题】下列（　　）选项属于人为活动造成水污染的污染物来源。

A.工业废水　　B.废渣　　C.化肥　　D.生活废水

【答案】ABCD

【知识卡片】遨游知识海洋

水向人类敲响了警钟

水是人类赖以生存的特殊资源。没有水就没有生命，当然更谈不上什么文明和发展。前不久在南非召开的可持续发展世界首脑会议将水危机列为未来10年人类面临的最严峻的挑战之一。根据大会公布的材料，目前全球24亿人缺乏充足的用水卫生设施，有11亿人不能喝上安全的饮用水。联合国预计，到2025年，将有

第五章 水环境保护

近一半人口生活在缺水地区，现在缺水或水资源紧张的地区正不断扩大。水已经向人类敲响了可怕的警钟。

其实，早在1977年，联合国水事会议就曾发出这样的警告："水不久将成为一项严重的社会危机，石油危机之后的下一个危机就是水。"世界银行1995年8月公布的一项调查统计报告也强调指出：拥有世界人口40%的26个国家正面临水资源危机，这些国家的农业、工业和人民的健康受到严重威胁；发展中国家约有10亿人喝不到清洁水，17亿人没有良好的卫生设施，80%的疾病由饮用不洁水引起，并造成每年2500万人死亡。

尽管我国水资源排名第四，但我国水资源人均占有量只有2300立方米左右。另外，我国水资源分布也极不均匀，长江以北水系流域面积占国土面积的63.5%，水资源却占全国的19%。目前我国农业灌溉每年平均缺水300多亿立方米，全国农村还有3000多万人饮水困难。全国有400多个城市缺水，全国城市日缺水量为1600万立方米，每年因为缺水影响工业产值2000亿元以上。随着我国社会和经济的发展，水的缺口也越来越大。

由联合国组织编写的《全球环境瞭望》一书日前面世。该书警告说，如果人们不改变目前"市场第一、金钱第一"的观念，到2032年，全球一半以上的国家将会严重缺水，中东地区95%的居民将没有水喝，亚洲65%的地方出现水资源严重缺乏的局面。报告还预测未来30年地球可能出现的4种演变趋势：一是社会按目前的发展趋向，追求"短期效益"，破坏生存环境，地球将面临灾难；二是发达国家出于自身安全需要，将所有移民拒之门外，世界将演变成贫富两极分化、生态环境决然不同的两个阵营；三是各国政府积极采取措施，保护各自的环境；四是放弃"短期行为和贪婪"，放弃战争，各国的内外政策围绕如何确保可持续发展的目标展开，各国相互帮助和协作，使整个地球环境逐步改善，这是人类的最佳选择。

5.2 水质指标及水质标准

【整体感知】洞悉知识脉络

1. 水质指标

分类 { 物理性水质指标——如温度、色度、嗅和味、浑浊度、透明度等
化学性水质指标——有毒的化学性水质指标、一般的化学性水质指标、
　　　　　　　　有关氧平衡的水质指标
生物性水质指标——细菌总数、总大肠菌群数、各种病原细菌、病毒等 }

2. 水质标准

分类 { 地表水环境质量标准（5类）
海水水质标准（4类）
生活饮用水水源水质标准（2级）
渔业水质标准
农田灌溉水质标准 }

【教材精讲】拨开眼前迷雾

知识点1 杂质按它们在水中的存在状态可分为三类：悬浮物、胶体和溶解物。

知识点2 水质指标项目繁多，可以分为三大类：物理性水质指标、化学性水质指标、生物性水质指标。

知识点3 感官物理性状指标，如温度、色度、嗅和味、浑浊度、透明度等。

知识点4 一般的化学性水质指标，如pH、碱度、硬度、各种阳离子、各种阴离子、总含盐量、一般有机物质等。

知识点5 有关氧平衡的水质指标，如溶解氧（DO）、化学需氧量（COD）、生化需氧量（BOD_5）、总需氧量（TOC）等。

知识点6 《地表水环境质量标准》（GB 3838—2002）依据地表水水域环境功能和保护目标，按功能高低依次划分为以下5类。

Ⅰ类：主要适用于源头水、国家自然保护区。

Ⅱ类：主要适用于集中式生活饮用水地表水源地一级保护区、珍稀水生生物栖

第五章 水环境保护

息地、鱼虾类产卵场、仔稚幼鱼的索饵场等。

Ⅲ类：主要适用于集中式生活饮用水地表水源地二级保护区、鱼虾类越冬场、洄游通道、水产养殖区等渔业水域及游泳区。

Ⅳ类：主要适用于一般工业用水区及人体非直接接触的娱乐用水区。

Ⅴ类：主要适用于农业用水区及一般景观要求水域。

知识点7 生活饮用水水源水质分为二级。一级水源水：水质良好。二级水源水：水质受轻度污染。

知识点8 为了保护水环境，除了规定地表水体中各类有害物质的允许标准值之外，还须控制地面水体的污染源，对污染物排放浓度作出规定。

知识点9 溶解氧量（DO）：指水体中所含溶解氧的量。天然水体中溶解氧浓度一般为5～10mg/L。

知识点10 化学耗氧量（COD）：又称化学需氧量。在规定条件下，使水样中能被氧化的物质氧化所需用氧化剂的量。以每升水消耗氧的克数（mg/L）表示。其值用于反映水体受有机物污染的程度。

知识点11 总需氧量（TOD）：水中有机物除含有机碳外，尚含有氢、氮、硫等元素。当有机物全部被氧化时，碳被氧化为二氧化碳，而氢、氮、硫则被氧化为水、一氧化氮、二氧化硫等。此时氧化所需要的氧量称为总需氧量。

知识点12 生化需氧量（BOD）：指在好氧条件下，微生物分解水体中有机物的生物化学过程中所需溶解氧的量，是反映水体中有机污染程度的综合指标之一。由于微生物分解有机物是一个缓慢的过程，往往需要20天以上时间，且与环境温度有关。实践中生物需氧量指标普遍采用20℃培养5天的生物化学过程需要氧的量为指标。它大约只占最终生化需氧量的65%～80%，记为BOD_5，以mg/L为单位。

【热点试题】滋润干渴心田

试题1【单项选择题】天然水体中溶解氧浓度一般为（　　）mg/L。

A. 3～5　　　　B. 5～10　　　　C. 10～15　　　　D. 15～20

【答案】B

试题2【多项选择题】各种杂质按它们在水中的存在状态可分为（　　）。

A.氰化物　　　B.悬浮物　　　C.胶体　　　D.溶解物

【答案】BCD

试题3 【多项选择题】属于水质的感官物理性状指标的是（   ）。
A.色度   B.嗅和味   C.透明度   D.浑浊度
【答案】ABCD

试题4 【判断题】Ⅳ类水主要适用于一般工业用水区及人体非直接接触的娱乐用水区。（   ）
【答案】√

【考点聚焦】拓展应试能力

考点1 【多项选择题】属于一般的化学性水质指标的是（   ）。
A.pH值   B.碱度   C.总含盐量   D.病毒
【答案】ABC

考点2 【多项选择题】有关氧平衡的水质指标主要有（   ）。
A.溶解氧（DO）   B.化学需氧量（COD）
C.生化需氧量（BOD_5）   D.总需氧量（TOC）
【答案】ABCD

考点3 【判断题】V类水主要适用于一般工业用水区及人体非直接接触的娱乐用水区。（   ）
【答案】×

考点4 【判断题】为了保护水环境，除了规定地表水体中各类有害物质的允许标准值之外，还须控制地面水体的污染源，对污染物排放浓度作出规定。（   ）
【答案】√

【知识卡片】遨游知识海洋

生活饮用水必须满足三项基本要求

从2007年7月1日起，新的《生活饮用水卫生标准》开始实施。在国家标准化管理委员会协调下，卫生部、建设部等部门组织各方专家共同参与，对1985年的标准进行了修订，推出了新的强制性国家标准。

生活饮用水应保证人群终身饮用安全，并应以此为原则确定水质指标限值。根据世界卫生组织定义，所谓"终身"是以人均寿命70岁为基数，以每天每人摄

第五章 水环境保护

入2升水计算。所谓"安全"是指终身饮用不会对人体健康产生危害。

新标准中明确规定，生活饮用水必须满足以下三项基本要求：保证流行病学安全，即要求生活饮用水中不得含有病原微生物，应防止介水传染病的发生和传播；水中所含化学物质和放射性物质不得对人体健康产生危害，不得产生急性或慢性中毒及潜在的远期危害（致癌、致畸、致突变）；生活饮用水必须确保感官性状良好，能被饮用者接受。

据世界卫生组织调查，人类疾病80%与水有关，水质不良可引起多种疾病。

饮水消毒是确保微生物安全的重要技术手段。目前，我国氯液虽然是主要的消毒剂，但氯氨、臭氧、二氧化碳的功能消毒剂也有应用。因此，新标准中消毒剂由1项增至4项。

为了防止饮水在管道输送时被再次污染，新标准要求在饮水出厂时保留一定的消毒剂余量，使之在饮用水出厂时和到达用户取水点之间仍保有一定的消毒能力。但消毒剂是化学物质，在消毒过程中会产生相应的消毒副产物。因此，新标准还扩充了对氯仿、溴酸盐等消毒副产物的卫生要求。

新标准中将水质指标分为常规指标与非常规指标两类。所谓"常规指标"是指能反映生活饮用水水质基本状况的水质指标；"非常规指标"是指相对局限存在于某地区或者不经常被检出的指标项目，可根据具体情况，降低检测频率和有选择地进行检测。这种将水质指标分类的方法是从我国经济条件出发的。

在106项指标中，42项常规指标，属水质监测有普遍意义的项目；64项非常规指标，由省级人民政府根据当地实际情况确定实施项目和日期，但最迟于2012年7月1日必须实施。

5.3 交通建设对水环境的影响

【整体感知】洞悉知识脉络

1. 隧道施工工艺水污染环节分析

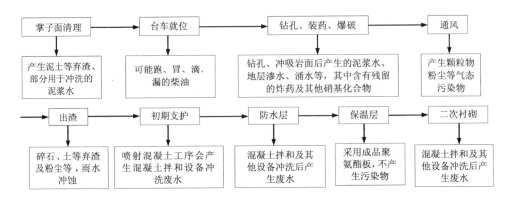

2. 桥梁钻孔灌注桩施工工艺污染物产生分析

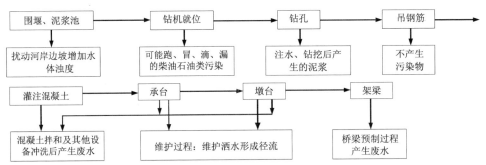

【教材精讲】 拨开眼前迷雾

知识点1 交通建设项目在施工过程中对水环境的影响主要来自施工作业中的生产废水、施工人员生活污水以及疏浚、吹填、抛泥、水下炸礁等作业对水体的污染。

知识点2 隧道施工过程中的施工废水主要来自于涌水。隧道施工废水中污染物质多为无机物，因此其COD含量小于100mg/L，SS成为主要的污染物，浓度可达1000mg/L。

知识点3 工地实验室除了少许的生活污水之外，在进行水泥强度、材料抗性、集料性能等实验时会产生生产废水，实验过程采用强酸强碱等化学药剂或放射源，使得实验室出水中不仅含有BOD_5、COD、悬浮物、石油类等常见污染物，而且含有酸碱性和化学污染性物质，直接排放对水环境会造成严重污染。

知识点4 汽车维修站及施工设备维修站的污水，常含有泥沙和油类物质，若不经过处理直接排入周围水体，必将造成水域的油类污染。

第五章　水环境保护

【热点试题】滋润干渴心田

试题1【多项选择题】交通建设项目在施工过程中对水环境的影响主要来自（　　）。

A. 生产废水　　　　　　　　　B. 生活污水

C. 水下炸礁等作业对水体的污染　　D. 实验室污水和废水

【答案】ABCD

试题2【多项选择题】实验室出水中含有（　　）常见污染物，而且含有酸碱性和化学污染性物质，直接排放对水环境会造成严重污染。

A. BOD_5　　　B. 悬浮物　　　C. 石油类　　　D. COD

【答案】ABCD

【考点聚焦】拓展应试能力

考点1【判断题】隧道施工过程中的施工废水主要来自于涌水。（　　）

【答案】√

考点2【判断题】施工设备维修站的污水，常含有泥沙和油类物质，若不经过处理直接排入周围水体，必将造成水域的油类污染。（　　）

【答案】√

【知识卡片】遨游知识海洋

四横三纵：构建水资源的"中国网"

我国南水北调工程分为东、中、西三线。

东线工程：从长江下游的江苏省扬州附近抽引长江水，利用京杭大运河及与其平行的河道逐级提水北上，并连接起调蓄作用的洪泽湖、骆马湖、南四湖、东平湖。出东平湖后分两路输水：一路向北，经隧洞穿越黄河，自流至河北、天津，输水主干线长1156公里；一路向东，经济南输水到烟台、威海，输水线路长701公里。工程分三期进行。2002年年底，东线一期工程已开工，2009年一期工程完工后，可向黄淮海平原和胶东地区的天津、河北、江苏、山东半岛年供水89亿吨，以解决津浦沿线和胶东地区的城镇工业用水和农业用水。规划2030年工程全部完工后，年均可向这一地区供水148亿吨。

西线工程： 在长江上游通天河、支流雅砻江和大渡河上游筑坝建库，开凿穿过长江与黄河的分水岭巴颜喀拉山的输水隧洞，调长江水入黄河上游，补充黄河水资源的不足，以解决涉及青海、甘肃、宁夏、内蒙古、陕西、山西等黄河上中游六省区和渭河关中平原的缺水问题。工程分三期建设，2011年开工一期工程，2050年工程全部完工后，年可调水总量为170亿吨。

在规划的长达50年间，南水北调工程静态总投资高达5000亿元人民币。

中国版图上南北流向的三条调水工程与东西流向的长江、淮河、黄河、海河纵横交叉，最终形成一个世界上罕见的水资源"中国网"。

这是当今世界上最宏伟的跨流域调水工程！

这是中国水利史乃至世界水利史上史无前例的工程！

这也是世界上一个人口最多、水资源不足世界人均四分之一的国家保持良好生存与可持续发展的最紧迫的工程！

5.4 交通建设水污染防治的主要措施

【**整体感知**】洞悉知识脉络

1. 废水处理的基本原理（物理法、化学法、生物法）。
2. 城市污水处理分为三个级别（污水一级处理、污水二级处理、污水三级处理）。
3. 径流集中处理系统常见三种体系（全封闭收集系统、部分封闭收集系统、择时封闭收集系统）。
4. 隧道施工废水处理流程如下：

第五章 水环境保护

 【教材精讲】 拨开眼前迷雾

知识点1 废水处理的基本原理可归纳为物理法、化学法、生物法等。

知识点2 城市污水处理通常分为三个级别，称为污水一级处理、污水二级处理、污水三级处理。

知识点3 一级处理是指应用物理处理方法，即用格栅、沉砂池、沉淀池等构筑物，去除污水中不溶解的污染物。处理的原理是通过物理法实现固液分离，将污染物从污水中分离去除。

知识点4 生活污水一级处理常用工艺为旱厕及化粪池。

知识点5 在公路收费站、服务区等小型生活小区的污水深度处理中，膜生物反应器可作为备选技术之一。

知识点6 公路建设应在水环境敏感路段设置径流水收集系统和沉淀池。

知识点7 公路建设应特别重视对饮用水水源地的保护，路线设计时，应尽量绕避饮用水水源保护区。

知识点8 为防范危险化学品运输带来的环境风险，对跨越饮用水水源二级保护区、准保护区和二类以上水体的桥梁，在确保安全和技术可行的前提下，应在桥梁上设置桥面径流水收集系统，并在桥梁两侧设置沉淀池，对发生污染事故后的桥面径流进行处理，确保饮用水安全。

知识点9 实际工作中，国家和地方环保部门有时根据具体情况，提出了更严格的保护要求。常要求在Ⅲ类以上水体的桥梁，以及邻水路基沿线，同样采用径流水收集系统和沉淀池措施。

知识点10 径流集中处理系统常见三种体系为：(1) 全封闭收集系统；(2) 部分封闭收集系统；(3) 择时封闭收集系统。

知识点11 自然净化处理工艺主要有污水土地处理、人工湿地和稳定塘等。

 【热点试题】 滋润干渴心田

试题1 【单项选择题】在一些干旱或半干旱地区的公路施工营地或已建成的公路服务设施内，如果使用人口较少，或无给排水设施，可以修建（ ）。

A.旱厕 B.稳定塘 C.改良式化粪池 D.缺氧池

【答案】A

《交通建设工程施工环境保护监理》考试指导与模拟题解

试题2【单项选择题】国家和地方环保部门有时根据具体情况,对污染提出了更严格的保护要求。常要求在（　　）以上水体的桥梁,以及邻水路基沿线,同样采用径流水收集系统和沉淀池措施。

A.Ⅰ类　　　　B.Ⅱ类　　　　C.Ⅲ类　　　　D.Ⅳ类　　　　E.Ⅴ类

【答案】C

试题3【多项选择题】自然净化处理工艺主要有（　　）。

A.厌氧-缺氧-好氧处理　　B.污水土地处理　　C.人工湿地　　D.稳定塘

【答案】BCD

试题4【判断题】公路建设应特别重视对饮用水水源地的保护,路线设计时,应尽量绕避饮用水水源保护区。（　　）

【答案】√

试题5【判断题】在公路收费站、服务区等小型生活小区的污水深度处理中,膜生物反应器可作为备选技术之一。（　　）

【答案】√

试题6【简答题】简述陆上施工水环境污染的主要防治措施。

【答案】(1)合理安排施工作业时间,选择先进的施工工艺。(2)对饮用水水源保护区等敏感水体区域的施工应提出限制性要求。(3)施工营地生活污水排放量较小,配备小型的生活污水处理器即可满足其处理要求。(4)施工废水通常要采用沉淀池进行自然沉淀处理,达标排放或采用蒸发池收集处置(敏感水体区域)。(5)汽车维修站及施工设备维修站的污水,通常采用隔油池进行处理。(6)当施工区域距自然保护区、水源保护地、水产养殖区或对水质有特殊要求的水体较近时,应考虑路面径流对水环境的污染。(7)隧道一般位于偏远山区,线长点多,缺乏环保技术人员,所以处理方法应基于方便、经济、环保等原则。

【考点聚焦】 拓展应试能力

考点1【多项选择题】废水处理的基本原理可归纳为（　　）。

A.物理法　　　B.化学法　　　C.混合法　　　D.生物法

【答案】ABD

考点2【判断题】一级处理是指应用物理处理方法,即用格栅、沉砂池、沉

第五章 水环境保护

淀池等构筑物,去除污水中不溶解的污染物。( )

【答案】√

考点3 【判断题】全封闭收集系统适用于一般敏感水体,或实施全封闭收集系统不安全、技术不可行的桥梁和路段。( )

【答案】×

考点4 【判断题】自然净化处理工艺主要有污水土地处理、人工湿地和稳定塘等。( )

【答案】√

【知识卡片】遨游知识海洋

确立"十二五"城镇污水处理的基本思路

"十二五"我国水污染防治的主要任务仍以总量削减为主,其中COD和氨氮是重点削减的污染物。在更加重视前端控制的同时,应进一步加强末端治理。城镇污水处理设施作为末端治理的重要一环,应着重加强以下方面的建设。

1.针对设施水平发展不平衡的特点,按需求有重点地建设污水处理设施。设市城市污水处理设施应注重提高现有能力利用水平,新增能力应突出重点。但由于区域性差异,有些地区城市污水处理设施建设水平相对较低,有的城市至今还没有污水处理厂,因此部分城市还存在新增污水处理设施建设需求。县城污水处理设施增量需求显著,应进一步提升处理能力。建制镇污水处理设施基础薄弱,需要加强建设。总之,应根据设市城市、县城和建制镇的不同发展阶段、水平和污水处理实际需求确定新增规模,并从总体上合理控制我国城镇污水处理设施建设的增长速度,提高发展质量和效果。要强调城市、县城和建制镇的平衡发展。防止出现部分地区能力过剩,另一部分地区又存在能力不足的局面。

2.注重设施建设质和量的统一。"十二五"既要依据实际需求合理确定新增建设规模,更要结合污水处理设施水平现状和水环境保护目标需要,通过现有设施能力挖潜,提高现有污水处理设施的运行负荷。根据经济发展条件,因地制宜地对部分水平落后设施进行必要的升级改造,以达到国家或地方规定的出水指标和排放标准要求。对国家和省级重点流域范围的新建污水处理设施,必须按照国家规范标准进行设计建设。针对我国城镇生活污水处理设施部分接纳工业废水的特点，规划及建设阶段应有针对性地提高设施的抗冲击负荷能力，确保污水经处理后达标排放。

3.加强管网建设，重视污泥稳定化处理、安全处置和合理利用。加强污水处理设施配套管网的前期规划和同步建设，使已建成的污水处理设施充分发挥效益，确保污水能够真正得到收集。根据地方实际情况，规划研究经济有效、合理可行的排水体制，切实提高污水处理设施的污染物削减效率。在污泥处理处置技术路线指导下，根据各地自然条件和经济发展水平差异，分类提出"十二五"污泥处理处置能力建设的重点和方向，提倡污泥合理利用，避免水体污染物的二次转移和污染。

4.设施建设应突出节水先行理念。在条件具备的前提下，优先建设污水再生利用设施，实现资源循环利用。特别对于北方缺水城市以及工业产业聚集区域，污水再生需求显著，应从总体规划和合理布局的角度，开展污水再生利用设施建设，并通过市场机制和经济调节手段，确保设施运行正常。在设施建设的同时，应加快制订适用于我国的污水再生利用指南，提供有关污水再生利用项目规划、设计和运行方面的指导。对有关的标准，特别是水质标准要进行评价，并根据评价的结果修改现有的标准或制定新的标准，以确保污水再生利用的安全性和可行性。

第六章 大气环境保护

【目标导航】导引学习方向

1.了解气象及地形条件对大气污染的影响。

2.了解环境空气质量标准、锅炉大气污染物排放标准。

3.熟悉大气污染物综合排放标准。

4.熟悉环境空气污染及其危害。

5.熟悉施工扬尘对环境的影响、沥青烟气及锅炉烟气对环境的影响、大气污染防治的主要措施。

6.掌握车辆及机械尾气、运输扬尘、沥青混凝土拌和扬尘及沥青烟气、灰土拌和与水泥混凝土拌和扬尘、堆场扬尘、锅炉烟气的防治。

【学法点拨】开启思维之门

1.环境空气污染是指大气中的污染物质，当其数量、浓度、毒性以及大气中持续时间等因素的综合作用结果，可能会使某些地区的生物体的生命和人类的健康、或生产活动受到影响。本部分内容主要介绍了大气环境的基本知识，通过学习，要了解环境空气质量标准、锅炉大气污染物排放标准。

2.大气环境保护的标准主要包括环境空气质量标准、大气污染物综合排放标准、锅炉大气污染物排放标准等。学习本部分内容时，要熟悉大气污染物综合排放标准，熟悉环境空气污染及其危害，熟悉施工扬尘对环境的影响、沥青烟气及锅炉烟气对环境的影响、大气污染防治的主要措施。

3.交通建设工程施工时，交通建设引发的对空气环境的污染主要来自施工扬尘、施工车辆尾气、动力船舶机械产生的尾气及沥青烟气，其中以扬尘和沥青烟气对周围环境的影响较为突出；同时，应特别关注对包括幼儿园、学校、医院、敬老院、居民集中区以及珍稀动植物保护区等在内的环境敏感点的影响和保护。因此，要重点掌握车辆及机械尾气、运输扬尘、沥青混凝土拌和扬尘及沥青烟气、灰土拌和与水泥混凝土拌和扬尘、堆场扬尘、锅炉烟气的防治。

6.1 大气环境基础知识

【整体感知】 洞悉知识脉络

1. 环境空气污染源 { 自然污染 / 人类活动产生的污染 }

2. 环境空气污染物 { 颗粒物质（烟尘、粉尘） / 气体污染物（着重关注交通常见污染物） }

3.微风、逆温和地形阻塞是造成山区空气污染严重的主要原因。

【教材精讲】 拨开眼前迷雾

知识点 1 在近地层大气中有氮、氧、氩、氖、氪、氙、氢等成分，其中氮、氧、氩占大气总量的99.96%。

知识点 2 大气污染源总的来说有两类：一类是自然污染，另一类是人类活动产生的污染物。

知识点 3 从污染物的物理性质来看，大气污染物可分为颗粒物质和气体污染物。烟尘、粉尘是固体颗粒物质，这些颗粒物质悬浮于大气中常称为气溶胶。

知识点 4 直径大于10μm的颗粒物质叫"降尘"，它可以在离污染源较短的距离之内落到地面。直径小于10μm的叫"飘尘"，它们可以在大气中停留数小时甚至几年。

第六章 大气环境保护

知识点5 主要交通污染物有粉尘、氮氧化物（NOx）、一氧化碳（CO）、碳氢化合物（CnHm）。

知识点6 在大气对流层中出现的气温随高度增加而升高的现象，称为逆温。

知识点7 微风、逆温和地形阻塞是造成山区空气污染严重的主要原因。

【热点试题】滋润干渴心田

试题1 【单项选择题】在近地层大气中有氮、氧、氩、氖、氪、氙、氢等成分，其中（　　）占大气总量的99.96%。

A. 氮、氧、氩　　B. 氧、氩、氖　　C. 氖、氪、氙　　D. 氮、氧、氙

【答案】A

试题2 【单项选择题】在大气对流层中出现的气温随高度增加而升高的现象，称为（　　）。

A.微风　　　　B.逆温　　　　C.湍流　　　　D.地形阻塞

【答案】B

【考点聚焦】拓展应试能力

考点1 【判断题】直径大于10μm的颗粒物质称为"飘尘"。（　　）

【答案】×

考点2 【多项选择题】常见的主要交通污染物是（　　）。

A. 粉尘　　　B. 一氧化碳　　　C. 碳氢化合物　　　D. 氮氧化物

【答案】ABCD

考点3 【多项选择题】（　　）是造成山区空气污染严重的主要原因。

A. 湍流　　　B. 微风　　　C. 逆温　　　D. 地形阻塞

【答案】BCD

【知识卡片】遨游知识海洋

为什么会发生大气污染？

在自然界，洁净的空气成分比较简单，通常氮气78%，氧气21%，氩气等0.93%，还有少量的二氧化碳、水蒸气和一些微量气体。但是，人类生活的自然

环境是不断变化的。地球自转运动、气象条件改变,都会使空气发生运动,这就使空气的成分发生变化。当大气中某些气体的异常增多,或者增加了新的气体成分时,就形成了大气污染。

自然界常常会发生大规模运动,这时也会发生大气污染。火山在爆发时,喷出无数的灰尘和二氧化硫;森林起火时,则会产生烟尘、硫氧化物、氮氧化物等空气污染物。尽管自然界的活动异常频繁,混入大气中的杂质不计其数,但由于自然界本身具有净化能力,天然污染物对人类并不构成很大的威胁。

现在人们所说的大气污染,主要是人类的生产和生活活动所造成。科学家发现,至少有100种大气污染对环境造成危害,其中对人类危害较大的有二氧化硫、氮氧化物、一氧化碳、氟氯烃等。空气是维持人类生存的重要的环境因素,一个成年每天的呼吸量很大,达15~20立方米,约为每天所需食物和饮用水量的10倍。因此,大气污染对人体危害极大,常常引起肺气肿、哮喘、支气管炎、肺癌等疾病。

人类的许多活动,尤其是工业生产和交通运输,已经给大气环境带来了严重的污染。每年因工业生产排放出的颗粒物达到5亿吨,颗粒物上还吸附了许多有毒有害的金属、无机物和有机物,成分非常复杂。不仅如此,人类排放的污染物还在大气中发生各种化学反应,生成更多的污染物,形成二次污染。

空气中天然存在的二氧化硫总质量不过1100万吨,而人为活动排入空气中的二氧化硫已经超过这个量的10倍。全世界因燃烧煤而排放的硫氧化物已达2亿吨,这使得全球许多地区的降雨变成酸性,大片大片的森林都被酸雨毁坏了。工业生产和生活中消耗煤、石油、天然气等燃料,释放出大量二氧化碳,地球大气中二氧化碳浓度从原来的315ppm上升到352ppm,引起全球温室效应,导致海平面上升,气候异常。

大气污染物排放得越来越多,在空气中积累,导致空气质量下降。这种变化不仅危害人类健康,而且已使全球气候变暖,臭氧层遭到破坏,严重地损坏了整个地球生态系统。目前,大气污染已经引起人们的高度重视,许多国家纷纷行动起来,研究对策,采取措施。相信不久的将来蔚蓝澄碧的蓝天将重现。

第六章 大气环境保护

6.2 大气环境保护相关标准

【整体感知】洞悉知识脉络

1.环境空气质量标准（功能区分类、标准分级、浓度限值）。

2.大气污染物综合排放标准（位于一类区的污染源执行一级标准；位于二类区的污染源执行二级标准；位于三类区的污染源执行三级标准。重点关注沥青烟、非甲烷总烃和苯并[a]芘）。

3.锅炉大气污染物排放标准（烟尘、二氧化硫、氮氧化物）。

【教材精讲】拨开眼前迷雾

知识点1 《环境空气质量标准》（GB 3095—1996）规定：一类区为自然保护区、风景名胜区和其他需要特殊保护的地区；二类区为城镇规划中确定的居住区、商业交通居民混合区、文化区、一般工业区和农村地区；三类区为特定工业区。

知识点2 环境空气质量标准分为三级。一类区执行一级标准；二类区执行二级标准；三类区执行三级标准。

知识点3 《大气污染物综合排放标准》（GB 16297—1996）适用于现有污染源大气污染物排放管理，以及建设项目的环境影响评价、设计、环境保护设施竣工验收及其投产后的大气污染物排放管理。

知识点4 根据《大气污染物综合排放标准》的规定，按污染源所在的环境空气质量功能区类别，执行相应级别的排放速率标准，即：位于一类区的污染源执行一级标准（一类区禁止新、扩建污染源，一类区现有污染源改建执行现有污染源的一级标准）；位于二类区的污染源执行二级标准；位于三类区的污染源执行三级标准。

知识点5 燃气、燃轻柴油、煤油锅炉烟囱高度应按批准的环境影响报告书（表）要求确定，但不得低于8m。

【热点试题】滋润干渴心田

试题1 【单项选择题】环境空气质量标准分为（　　）。
A.一级　　　　B.二级　　　　C.三级　　　　D.四级

【答案】 C

试题2【单项选择题】（　　）适用于现有污染源大气污染物排放管理，以及建设项目的环境影响评价、设计、环境保护设施竣工验收及其投产后的大气污染物排放管理。

A.大气污染物综合排放标准　　　　B.环境空气质量标准
C.锅炉大气污染物排放标准　　　　D.环境保护法

【答案】 A

试题3【判断题】根据《大气污染物综合排放标准》的规定，位于二类区的污染源执行一级标准。（　　）

【答案】 ×

【考点聚焦】 拓展应试能力

考点1【单项选择题】《环境空气质量标准》（GB 3095—1996）规定：（　　）为自然保护区、风景名胜区和其他需要特殊保护的地区。

A.一类区　　　B.二类区　　　C.三类区　　　D.四类区

【答案】 A

考点2【单项选择题】燃气、燃轻柴油、煤油锅炉烟囱高度应按批准的环境影响报告书（表）要求确定，但不得低于（　　）m。

A.6　　　B.7　　　C.8　　　D.9　　　E.10

【答案】 C

【知识卡片】 遨游知识海洋

三大全球性的大气环境问题

当今，世界各国最为关注的大气环境问题是：酸雨、臭氧层破坏和温室效应。

酸雨是指pH值小于5.6的雨、雪、雾、霜、露、雹、霰等各种形式的大气降水，是大气受污染的一种表现。有关资料表明，1980年地球上通过雨水降下的硫酸近3000万吨。硫酸与硝酸是由人为排放的二氧化硫（SO_2）和氮氧化物（NO_x）转化而成的。形成酸雨的主要物质是SO_2。酸雨是大气污染物排放、迁移、转化、成云和在一定气象条件下生成降雨的综合过程的产物。酸雨的危害

第六章 大气环境保护

极大，倘若降水酸度低于pH值5时，生态平衡就会遭到破坏，譬如河川、湖泊中的鱼类减少，树木枯萎而死，侵袭文物古迹和道路桥梁。我国酸雨以西南为最严重，重庆、贵阳、南宁、柳州等城市降水量年均的pH值分别为4.26、4.73、4.83、4.36，最低值达3.85，已低于欧洲酸化中心降雨的pH值。

控制酸雨的根本措施是减少SO_2和NOx的人为排放量。减少和防治SO_2，可采用燃料脱硫技术、排烟脱硫技术等措施。对NOx的防治，主要是改进燃烧装置，控制燃烧过程，对汽车尾气采用催化剂氧化或改用甲醇燃料代替汽油等。对于森林、土壤和湖泊的酸化，可施洒石灰石（$CaCO_3$粉末），另外，改良植物品种，提高树木的抗酸能力。

臭氧是人类的保护伞，在地面上空20～50公里的大气同温层中的臭氧层对来自太空的紫外线有遮挡的作用。臭氧层变薄，臭氧空洞的形成，就会使更多的紫外线辐射到地面，引起人类晒斑、雪盲症、视力损害、皮肤癌和皮肤老化等病症。南极上空的臭氧层遭破坏，形成了臭氧空洞。如今臭氧的浓度下降到1987年以来的最低水平。经估测，南极地区紫外线照射比一般高出10倍左右。目前，世界各国一方面呼吁减少氟里昂的排放量，另一方面都在寻找氟里昂的代用品，正在着手研究开发氢氟碳化物（HFC及HCFC）。

温室效应是指地球表面受到来自太阳的短波幅射增温后，又以长波辐射的形式向太空散射热量。然而一部分长波幅射热量会被大气中的温室气体吸收，从而使大气温度升高，即产生温室效应。由于大气中温室气体的增加，从20世纪末起，全球平均地面气温呈上升趋势，约每年上升0.5℃。

包含三个或三个以上原子的多原子分子气体，称为温室气体。大气中头号的温室气体是CO_2，居第二位的是H_2O，占据第三位的是CH_4，第四位是N_2O。因此，为了防止全球变暖必须要控制上述几种温室气体。

这三大全球性的问题关系着人类的未来，为了造福子孙后代，欲解决这些问题的金钥匙，就掌握在人类自己的手中。

6.3 交通建设对大气环境的影响

【整体感知】洞悉知识脉络

1.交通建设引发的对空气环境的污染有许多方面，主要来自施工扬尘、施工车辆尾气及沥青烟气，其中以扬尘和沥青烟气对周围环境的影响较为突出。

2.环境敏感点应特别关注幼儿园、学校、医院、敬老院、居民集中区以及珍稀动植物保护区等。

3.关注几个数字（70%，300m，50m）。

【教材精讲】拨开眼前迷雾

知识点1 交通建设引发的对空气环境的污染主要来自施工扬尘、施工车辆尾气、动力船舶机械产生的尾气及沥青烟气，其中以扬尘和沥青烟气对周围环境的影响较为突出；同时，应特别关注对包括幼儿园、学校、医院、敬老院、居民集中区以及珍稀动植物保护区等在内的环境敏感点的影响和保护。

知识点2 施工扬尘主要包括施工车辆行驶产生的扬尘、粉状建材运输和堆放产生的扬尘以及灰土、水泥混凝土和沥青混凝土等拌和时产生的扬尘。

知识点3 在同样路面清洁程度条件下，车速越快，扬尘量越大；而在同样车速情况下，路面越脏，则扬尘量越大。因此，限制车辆行驶速度及保持路面的清洁程度是减少汽车扬尘的最有效手段。

知识点4 如果施工阶段对汽车行驶路面进行洒水以保持路面湿润，可以使空气中粉尘量减少70%左右，从而收到很好的降尘效果。

知识点5 起尘风速与粒径和含水率有关。因此，减少露天堆放和保证一定的含水率及减少裸露地面是减少风力起尘的有效手段。

知识点6 灰土拌和应尽可能采取设置集中灰土拌和场方式进行，且距环境敏感点300m以上，以避免扬尘对环境敏感点的直接影响。

知识点7 《公路环境保护设计规范》（JTJ/T 006—98）规定沥青拌和站应设在当地主导风向下风向，且距离敏感点不宜小于300m。

知识点8 沥青摊铺时所产生的烟气，其污染物影响距离一般在50m之内。

第六章　大气环境保护

【热点试题】 滋润干渴心田

试题1【单项选择题】 灰土拌和应尽可能采取设置集中灰土拌和场方式进行，且距环境敏感点（　　）m以上，以避免扬尘对环境敏感点的直接影响。

A．50　　　　　B．100　　　　　C．200　　　　　D．300

【答案】 D

试题2【多项选择题】 交通建设引发的对空气环境的污染主要来自（　　）。

A．施工扬尘　　B．施工车辆尾气　　C．沥青烟　　D．机械通风

【答案】 ABC

试题3【判断题】 减少露天堆放和保证一定的含水率及减少裸露地面是减少风力起尘的有效手段。（　　）

【答案】 √

【考点聚焦】 拓展应试能力

考点1【判断题】 限制车辆行驶速度及保持路面的清洁程度是减少汽车扬尘的最有效手段。（　　）

【答案】 √

考点2【多项选择题】 在公路施工过程中，应注意对空气环境的污染影响，下列（　　）环境敏感点要特别关注。

A．幼儿园　　B．医院　　C．珍稀动植物保护区　　D．居民集中区

【答案】 ABCD

考点3【单项选择题】 沥青摊铺时所产生的烟气，其污染物影响距离一般在（　　）m之内。

A．50　　　　　B．40　　　　　C．30　　　　　D．20

【答案】 A

【知识卡片】 遨游知识海洋

什么是"生态交通"？

生态交通是指按自然生态、人文生态和经济生态原理规划、建设和管理的由

交通网络、交通工具和交通环境组成的生态型复合交通系统。它是通过对交通和生态环境有关的环节进行系统地研究、规划、管理，使交通不仅具有输送人流、物流、信息流，支撑和引导社会经济发展的功能，而且具备改善、美化、促进和优化周围环境生态条件的功能。生态交通应具备适应性、超前性和进化性。

对照上述定义不难看出，生态交通与以往的"交通"相比已有质的变化。因为，以往的交通，总会对环境产生一些负的外特性。比如：产生的噪声、排出的废气、侵占的土地、分割的空间等。在人们的理念上，认为这是必然的，是必须付出的代价，充其量也只是我们注意点、治理一下而已。而按"生态交通"的理念，则一方面要完成作为"交通"的特有功能，另一方面要克服交通负的外特性，一跃而成为对周围生态环境具备改善、美化、促进和优化的交通。

生态交通不再是只可以拉动经济，还是资源高效的、能源清洁的、环境友好的、生态健康的、行为文明的和景观美化的交通。所以，生态交通的实质是"交通的生态化"。

6.4 大气污染防治的主要措施

【整体感知】洞悉知识脉络

1. 本节中重点掌握施工运输、沥青混凝土拌和及沥青烟气、灰土拌和、水泥混凝土拌和、堆场扬尘的防治措施。

2. 关注几个数字（300m，100m，50m）。

【教材精讲】拨开眼前迷雾

知识点1 运输扬尘的防治：(1)加强运输管理，保证汽车安全、文明、按规定车速行驶。(2)科学选择运输路线。(3)运输道路应及时洒水，保持路面湿润。(4)粉状材料应罐装或袋装，粉煤灰采用湿装湿运。土、水泥、石灰等材料运输时禁止超载，并盖蓬布，如有洒落，应派人立即清除。

知识点2 沥青混凝土拌和扬尘及沥青烟气防治：(1)沥青混凝土集中拌和，合理安排沥青混凝土拌和场。采用先进的沥青混凝土拌和装置，并配备除尘设备、沥青烟气

第六章 大气环境保护

净化和排放设施。(2) 沥青混凝土拌和场不得选在环境敏感点上风向，与其距离应在300m以上。(3) 沥青摊铺时污染物影响距离一般在50m之内。沥青摊铺和拌和场操作人员应配备口罩、风镜等，实行轮班制，并定期体检。

知识点3 灰土拌和、水泥混凝土拌和扬尘防治：(1) 灰土和水泥混凝土采用集中拌和，采用先进的拌和装置，配套除尘设备。(2) 封闭装罐运输。(3) 尽量减少拌和场。拌和场不得选在环境敏感点上风向，与其距离应在300m以上。(4) 拌和场为操作人员配备口罩、风镜等，实行轮班制，并定期体检。

知识点4 堆场扬尘防治：(1) 粉状建材堆放地点选在环境敏感点下风向，距离100m以上。(2) 遇恶劣天气加蓬覆盖。(3) 控制堆存量并及时利用，必要时设围栏，或作洒水防尘。

【热点试题】滋润干渴心田

试题1【单项选择题】拌和场不得选在环境敏感点上风向，与其距离应在（　　）m以上。

A．50　　　　　　B．100　　　　　　C．200　　　　　　D．300

【答案】D

试题2【简答题】如何防治公路施工运输中的扬尘？

【答案】(1) 加强运输管理，保证汽车安全、文明、按规定车速行驶。

(2) 科学选择运输路线。

(3) 运输道路应及时洒水，保持路面湿润。

(4) 粉状材料应罐装或袋装，粉煤灰采用湿装湿运。土、水泥、石灰等材料运输时禁止超载，并盖蓬布，如有洒落，应派人立即清除。

试题3【简答题】如何防治堆场扬尘？

【答案】(1) 粉状建材堆放地点选在环境敏感点下风向，距离100m以上。

(2) 遇恶劣天气加蓬覆盖。

(3) 控制堆存量并及时利用，必要时设围栏，或作洒水防尘。

【考点聚焦】拓展应试能力

考点1【多项选择题】下列说法正确的是（　　）。

A．粉状建材堆放地点选在环境敏感点下风向，距离100m以上

B. 粉状材料应罐装或袋装，粉煤灰采用湿装湿运

C. 运输道路应及时洒水，保持路面湿润

D. 沥青摊铺和拌和场操作人员应配备口罩、风镜等，实行轮班制

【答案】ABCD

考点2 【简答题】如何进行沥青混凝土拌和扬尘及沥青烟气的防治？

【答案】（1）沥青混凝土集中拌和，合理安排沥青混凝土拌和场。采用先进的沥青混凝土拌和装置，并配备除尘设备、沥青烟气净化和排放设施。

（2）沥青混凝土拌和场不得选在环境敏感点上风向，与其距离应在300m以上。

（3）沥青摊铺时污染物影响距离一般在50m之内。沥青摊铺和拌和场操作人员应配备口罩、风镜等，实行轮班制，并定期体检。

考点3 【简答题】如何进行灰土拌和、水泥混凝土拌和扬尘的防治？

【答案】(1)灰土和水泥混凝土采用集中拌和，采用先进的拌和装置，配套除尘设备。

(2)封闭装罐运输。

(3)尽量减少拌和场。拌和场不得选在环境敏感点上风向，与其距离应在300m以上。

(4)拌和场为操作人员配备口罩、风镜等，实行轮班制，并定期体检。

【知识卡片】遨游知识海洋

为什么要发展"低碳交通"？

我国交通运输发展是一种粗放型的发展方式，主要依靠土地、资源等高投入。有资料表明，我国土地资源有限，农业耕地面积少，人均耕地面积不到世界平均水平的1/2。各种运输方式交通线路和港站建设都要占用大量土地资源。高速公路四车道每公里占用土地约110亩，六车道每公里占地约120亩，水运、航空、管道等方式的运输线路占地较少，但港站建设因规模不同也占用不等的土地。由于土地资源的紧缺性和有限性，要想满足不断增长的运输需求，单靠加大土地等投入的粗放式发展方式是不可持续的，必须转变发展方式。充分发挥各种方式的比较优势，选择交通发展最佳方式。

交通运输是目前能源消耗量最大，也是能源消耗增长最快的行业。有资料表明，我国各类汽车平均每百公里油耗比发达国家高20%以上，其中卡车运输的百公里油耗较

第六章　大气环境保护

国际平均水平高出近50%。据预测，如果全行业采用节能运输模式，全国公路运输行业营业性车辆汽柴油综合能耗将降低10%，可节约燃油800万吨左右。我国人均能源占有率很低(人均可开采石油资源仅相当于当前世界平均水平的7.7%)，石油进口对外依存度逐年提高，2008年升至52%，预计2020年将达到66%。

交通运输的发展需要能源的支撑，有效节约和合理利用不可再生的能源，既关系到交通可持续发展，又关系到我国的能源安全。转变交通运输发展方式，发展低能耗的交通运输方式，提高能源的利用效率已成为构建"两型"社会、促进交通运输永续发展的客观需要和必然选择。

交通运输作为主要碳排放源之一，是国际温室气体减排、缓解气候变化的重要领域。2009年国际能源署报告表明，全球二氧化碳排放量约有25%来自交通运输，美国的大气污染50%来自运输工具，日本也占到20%。预计到2050年全球交通运输业的能源消费量将翻一番。亚洲发展银行预计，在未来的25年内，全球交通源二氧化碳排放将增加57%，而由于发展中国家的汽车行业发展迅速，其排放增长将占到80%。

第七章 固体废物处置

【目标导航】 导引学习方向

1.了解固体废物的概念、来源、分类与危害。
2.熟悉固体废物分类、固体废物的环境影响。
3.熟悉固体废物处理原则与处理方法。
4.掌握固体废物处置与资源化。

【学法点拨】 开启思维之门

1.本部分简单介绍了交通建设中固体废物概念、来源、危害、分类,详细分析了固体废物对环境的影响、处理原则与处理方法,重点是掌握固体废物的处置方法与资源化。

2.交通建设中的固体废物主要产生于施工阶段,主要来源于以下几个方面:工程占地范围内清表产生建筑垃圾、表层弃土及废弃植物;道路建设产生弃土或弃渣;桥梁桩基础施工钻孔产生泥浆;房建工程产生建筑垃圾;施工营地产生生活垃圾;工程实验室产生危险固废;公路桥梁改扩建时旧建筑物的拆除废弃物;清理清洗废物;废旧电池、旧日光灯管;沥青拌和站排烟底灰等。

3.处理固体废物应本着"减量化"、"资源化"、"无害化"的"三化原则",充分从固废中回收利用再生资源,减少固体废物的产生量和危害性。

第七章 固体废物处置

7.1 固体废物基础知识

【整体感知】洞悉知识脉络

1.固体废物包括所有经过使用而被弃置的固态或半固态物质。
2.固体废物的来源大体上可分为两类:一类是生产废物;另一类是生活垃圾。
3.危险废物具有易燃性、腐蚀性、反应性、感染性、毒性、浸出毒性、急性毒性等独特性质。
4.交通建设固体废物主要产生于施工阶段。

【教材精讲】拨开眼前迷雾

知识点1 固体废物,是指在生产、生活和其他活动中产生的丧失原有利用价值或者虽未丧失利用价值但被抛弃或者放弃的固态、半固态和置于容器中的气态的物品、物质以及法律、行政法规规定纳入固体废物管理的物品、物质。从广义而言,固体废物包括所有经过使用而被弃置的固态或半固态物质,甚至还包括具有一定毒害性的液态或气态物质。

知识点2 固体废物具有时间性、空间性和持久危害性。

知识点3 就固体废物的时间性和空间性而言,一种过程的废物随着时空条件的变化,往往可以成为另一种过程的原料,所以固体废物又有"放在错误地点的原料"之称。

知识点4 固体废物的来源大体上可分为两类:一类是生产过程中所产生的废物称为生产废物;另一类是在产品进入市场后在流动过程中或使用消费后产生的固体废物,称生活垃圾。

知识点5 按化学性质,可分为有机废物和无机废物;按污染特性,可分为一般固体废物、危险废物以及放射性固体废物;按其形状一般可以分为固态的(粉状、粒状、块状)和半固体(浆状、泥状)废物;按固体来源,分为矿业废物、工业废物、城市垃圾、农业废物和放射性废物五类。实际工作中按来源分类较多,便于集中处理与处置。

知识点6 危险废物是指列入国家危险废物名录或者国家规定的危险废物鉴别

标准和鉴别方法认定的具有危险特性的废物。

知识点7 危险废物具有易燃性、腐蚀性、反应性、感染性、毒性、浸出毒性、急性毒性等独特性质。

知识点8 交通建设固体废物主要产生于施工阶段。就固体的处置与管理而言，按来源对固体废物分类较为方便，可分为生活垃圾、弃土弃渣和实验室垃圾。

知识点9 固体废物的性质多种多样，成分也十分复杂，对环境的危害很大。其主要的危害表现在以下几个方面：(1)占用土地，污染土壤；(2)污染水体；(3)污染大气，影响环境卫生。

【热点试题】 滋润干渴心田

试题1 【单项选择题】（　　）是指列入国家危险废物名录或者国家规定的危险废物鉴别标准和鉴别方法认定的具有危险特性的废物。

A.固体废物　　　B.危险废物　　　C.生活垃圾　　　D.固态废物

【答案】B

试题2 【多项选择题】危险废物具有（　　）独特性质。

A.易燃性　　　B.腐蚀性　　　C.感染性　　　D.浸出毒性

【答案】ABCD

试题3 【判断题】交通建设固体废物主要产生于运营阶段。（　　）

【答案】×

【考点聚焦】 拓展应试能力

考点1 【多项选择题】固体废物的性质多种多样，成分也十分复杂，对环境的危害很大。其主要的危害表现在（　　）方面。

A.影响环境卫生　　B.污染水体　　　C.污染大气　　　D.占用土地

【答案】ABCD

考点2 【多项选择题】固体废物的来源大体上可分为（　　）。

A.沥青　　　B.塑料　　　C.生活垃圾　　　D.生产废物

【答案】CD

考点3 【判断题】固体废物包括所有经过使用而被弃置的固态或半固态物质，甚至还包括具有一定毒害性的液态或气态物质。（　　）

第七章 固体废物处置

【答案】√

【知识卡片】遨游知识海洋

新固体废物污染防治法四看点

2004年12月29日,十届全国人大常委会第十三次会议通过了修订后的《中华人民共和国固体废物污染环境防治法》。该法于2005年4月1日起正式实施。新的固废防治法不仅针对工厂企业,而且与百姓的日常生活息息相关。

环境权益不容漠视——谁污染谁举证

近年来,固体废物对人们生产、生活造成的损害问题日益突出,污染损害赔偿纠纷也明显增加。但是,这样的案件中,受害者往往举证困难。对此,新的固废防治法作出规定,在污染损害赔偿纠纷中实行举证责任倒置。也就是说,因固体废物污染环境所引起的损害赔偿诉讼,要由加害人就法律规定的免责事由,及其行为与损害结果之间不存在因果关系承担举证责任。显然,这为保护受害者这一弱势群体合法的环境权益提供了有力的法律保障。

新法又规定,受到固体废物污染损害的单位和个人,有权要求依法赔偿损失。国家鼓励法律服务机构对固体废物污染环境诉讼中的受害人提供法律援助。当事人可以委托环境监测机构提供监测数据。

倡导绿色生产、绿色生活——往江河湖海丢垃圾犯法

随着生活消费水平的提高,生活垃圾越来越多了。怎样有效地回收再利用呢?对此,新法中明确,倡导有利于环境保护的生产方式和生活方式,鼓励单位和个人购买、使用再生产品和可重复利用产品。

一些外出游玩的人往往有这样的不良嗜好:一面饱览大好河山,一面将饮料瓶随手一丢。4月1日新法实施后,往江河湖海丢垃圾可不仅仅是公德心问题,还会触犯法律,受到相应处罚。

固废防治法还规定,在国务院和国务院有关主管部门及省、自治区、直辖市人民政府划定的自然保护区、风景名胜区、饮用水水源保护区、基本农田保护区和其他需要特别保护的区域内,禁止建设工业固体废物集中储存、处置的设施、场所和生活垃圾填埋场。

农村纳入新法视野——叫停露天焚烧秸秆

在城市不能随便丢垃圾，而农村往往缺乏垃圾处理场所，扔垃圾就随便得多。为此，固废防治法明确规定，禁止在人口集中地区、机场周围、交通干线附近以及当地人民政府划定的区域露天焚烧秸秆。从事畜禽规模养殖的，应当按照国家有关规定收集、储存、利用或者处置养殖过程中产生的畜禽粪便，防止污染环境。

生产者责任延伸——对过度包装坚决说"不"

每年中秋节的月饼大战，都让老百姓对越来越精美的包装咋舌：木盒的、铁盒的、描金的、绘银的，盒子快比月饼值钱了。新法实施后，这样的过度包装将受到限制，从法律上鼓励人们使用易回收包装物。

针对过度包装问题，修订后的固废防治法规定，国务院标准化行政主管部门应当根据国家经济和技术条件、固体废物污染环境防治状况以及产品的技术要求，组织制定有关标准。同时，生产、销售、进口依法被列入强制回收目录的产品和包装物的企业，必须按照国家有关规定对该产品和包装物进行回收。

7.2 固体废物对环境的影响

 【整体感知】 洞悉知识脉络

1. 就产生的数量及环境影响的大小而言，固体废物影响主要发生于施工期。
2. 公路工程施工期的弃土弃渣要进行综合处理。
3. 工程实验室废弃物性质比较复杂，含有酸、碱、易燃性和放射性，应按危废收集处理处置。

 【教材精讲】 拨开眼前迷雾

知识点 1 交通建设固体废物对环境的影响依其固体的来源、性质及数量的显著差异，可分为施工期和营运期。就产生的数量及环境影响的大小而言，固体废物影响主要发生于施工期。

知识点 2 施工期固体废物主要来源于以下几个方面：工程占地范围内清表产

第七章 固体废物处置

生建筑垃圾、表层弃土及废弃植物；道路建设产生弃土或弃渣；桥梁桩基础施工钻孔产生泥浆；房建工程产生建筑垃圾；施工营地产生生活垃圾；工程实验室产生危险固废；公路桥梁改扩建时旧建筑物的拆除废弃物；清备清洗废物；废旧电池、旧日光灯管；沥青拌和站排烟底灰等等。

知识点 3 不管是施工期还是营运期，对交通建设产生的生活垃圾必须收集处理。

知识点 4 公路工程施工期的弃土弃渣一般为无机固体，无毒无害，但其随意堆放不仅会侵占土地资源，而且极易由雨水冲蚀产生水土流失，造成河流淤积，水质变差，影响水生生境。工程清表的有机部分如不及时收集堆积，雨水冲刷进入水体会造成有机质污染，水质变差。

知识点 5 工程实验室废弃物性质比较复杂，含有酸、碱、易燃性和放射性，属于危险固废，进入环境中会造成土壤、水体或大气的严重污染，严重时可能危及生命安全，应按危废进入收集处理处置。

【热点试题】 滋润干渴心田

试题 1 【多项选择题】下列（　　）是属于公路建设施工期产生的固体废物。
A.弃土弃渣　　　B.泥浆　　　C.生活垃圾　　　D.拆除废弃物
【答案】ABCD

试题 2 【判断题】工程实验室废弃物性质比较复杂，含有酸、碱、易燃性和放射性，属于危险固废。（　　）
【答案】√

【考点聚焦】 拓展应试能力

考点 1 【判断题】就产生的数量及环境影响的大小而言，固体废物影响主要发生于施工期。（　　）
【答案】√

考点 2 【多项选择题】施工期固体废物主要来源于以下（　　）方面。
A.表层弃土　　　B.废弃植物　　　C.弃土或弃渣
D.生活垃圾　　　E.废旧电池
【答案】ABCDE

【知识卡片】遨游知识海洋

瑞士苏黎世市集中回收利用绿色垃圾

苏黎世于2005年加入"2000瓦社会"项目，并将加大可再生能源应用比例作为实现项目目标的一个重要手段。在此背景下，苏黎世市议会2010年3月决定与苏黎世天然气股份公司合作，共同投资800万瑞士法郎建立股份公司，由市政府控股，将餐厨垃圾融入该市有机垃圾回收利用范围。

根据计划，苏黎世将建成封闭式发酵与堆肥设施替代现有的开放式有机垃圾堆肥设施，并将产生的沼气加工成生物燃气，注入到苏黎世天然气管网后用于公共供暖。餐厨垃圾将不再与其他家庭垃圾混合焚烧处理。

位于威尔德赫尔茨的有机垃圾发酵与堆肥厂的改造工作预计于2013年完成，每年可生产约900万立方米沼气，在当地再加工后可获得550万立方米生物燃气。通过苏黎世天然气公司管网，这些燃气将为该市提供5500多万千瓦时能源，满足约5500户住宅供暖需求。与此同时，由于使用了封闭式的发酵与堆肥设施，还解决了原来该厂开放式设施产生异味、影响周边居民生活的问题。

苏黎世市政府还决定，自2013年起把该市居民的餐厨垃圾与其他有机物垃圾一起收集。届时市民将与城市市政公司签订合同，获得新的绿色垃圾回收容器，处理费用按容器容积每年收取150到840瑞士法郎，餐厨垃圾无需与其他绿色垃圾分开放置。

7.3 固体废物处理与资源化

【整体感知】洞悉知识脉络

1. "三化"原则 $\begin{cases} 减量化 \\ 资源化 \\ 无害化 \end{cases}$

第七章　固体废物处置

2.常见的固体废物的处理法 $\begin{cases} 物理法 \\ 化学法 \\ 生化法 \\ 物化法 \end{cases}$

【教材精讲】拨开眼前迷雾

知识点1 对固体废物处理应本着"减量化"、"资源化"、"无害化"的"三化原则"，充分从固废中回收利用再生资源，减少固体废物的产生量和危害性。

知识点2 减量化的基本任务是通过适宜的手段减少和减小固体废物的数量和容积。

知识点3 资源化的基本任务是采取工艺措施从固体废物中回收有用的物质和能源。

知识点4 无害化处理的基本任务则是将固体废物通过工程处理，达到不损害人体健康，不污染周围的自然环境。

知识点5 固体废物处理指通过物理、化学、生物等不同方法，使固体废物转化为适于运输、储存、资源化利用以及最终处置的一种过程。

知识点6 常见的固体废物的处理法可归纳为物理法、化学法、生化法和物化法。填埋则是进行固体废物处置的最终途径。

知识点7 交通建设可采用堆肥法对生活垃圾进行处理。

知识点8 交通建设固体废物的产生源比较多，包括弃土弃渣、沥青废料、建筑垃圾、清表植物、泥浆、生活垃圾、实验室固废等。

知识点9 对生活垃圾资源化处理的关键是分类收集。

知识点10 对公路改扩建工程产生的沥青废弃料，应尽量采用沥青冷(热)再生技术进行回收利用。主要包括厂拌热再生技术、就地热再生技术、厂拌冷再生技术、就地冷再生技术、乳化沥青冷再生混合技术、泡沫沥青冷再生技术等。

【热点试题】滋润干渴心田

试题1【多项选择题】固体废物处理应本着（　　）原则，充分从固废中回收利用再生资源，减少固体废物的产生量和危害性。

　　A.危险化　　　　B.减量化　　　　C.资源化　　　　D.无害化

【答案】BCD

试题2 【判断题】交通建设可采用堆肥法对生活垃圾进行处理。（　　）

【答案】√

【考点聚焦】拓展应试能力

考点1 【多项选择题】常见的固体废物的处理法可归纳为（　　）。

A.物理法　　　　B.化学法　　　　C.生化法　　　　D.物化法

【答案】ABCD

考点2 【多项选择题】下列说法正确的是（　　）。

A. 对生活垃圾资源化处理的关键是分类收集

B. 交通建设可采用堆肥法对生活垃圾进行处理

C. 减量化的基本任务是通过适宜的手段减少和减小固体废物的数量和容积

D. 对公路改扩建工程产生的沥青废弃料，应尽量采用沥青冷（热）再生技术进行回收利用

【答案】ABCD

考点3 【判断题】填埋则是进行固体废物处置的最终途径。（　　）

【答案】√

【知识卡片】遨游知识海洋

给垃圾戴上"绿帽子"

2008年12月，根据澳大利亚科学家的最新研究成果，在垃圾填埋场地表种植树木，可有效抑制垃圾因腐化产生温室气体。

垃圾填埋既经济又简便，因而当前世界绝大多数国家和城市仍在使用这种方式处理大量废弃物，但当水分与填埋在地下的垃圾接触后，有机物会进行生物降解，排放出温室气体。

以往人们大多采用在地表附着高密度黏土层的方式避免水分渗入地下，或在填埋场建造废气收集系统来捕捉废弃物生物降解后排出的温室气体。然而，在气候较为干旱的地区，土层由于丧失水分而开裂，外部降水则可轻易渗透至地下，导致附着高密度黏土层的方式无法真正起到作用；而废弃收集系统的建造成本又相当高昂，同样不适

第七章 固体废物处置

宜作为抑制温室气体排放的普遍方法。

而将适宜密集种植植被的表层土壤置于填埋场地表,其上种植的植物则可起到储水作用,有效拦截水分渗入垃圾填埋区域地下土层。表层土壤的厚度和植物种类都会对储水效果产生重要影响。研究人员经测试发现,厚度约1400毫米的表层土壤,其甲烷排放量较厚度约700毫米的土壤要减少45%。目前,研究组正对桉树、洋槐等19种树种进行种植试验,以确定水分拦截能力最高的植被。

第八章 社会环境保护概述

 【目标导航】导引学习方向

1.了解经济社会环境、物理社会环境与心理社会环境。

2.了解经济社会环境的影响、物理社会环境的影响与心理社会环境的影响。

3.熟悉依法保护人民权益，保护耕地、森林和重要矿产资源，先落实预案再施工减轻不利影响，考虑社会长远发展，适当提高构筑物补偿标准，保护景观和文化遗产。

 【学法点拨】开启思维之门

1.本部分内容相对来说比较难理解，特别是对物理社会环境和心理社会环境的介绍。

2.从以往的多次考试来看，本部分可出的题型较少。

3.学习本部分内容时，除了掌握书本上的知识以外，建议大家可以参考有关介绍社会环境保护的书籍。

第八章 社会环境保护概述

8.1 社会环境的概念

【整体感知】洞悉知识脉络

影响社会环境的4个因素 { 政治因素 / 经济因素 / 文化因素 / 讯息因素 }

【教材精讲】拨开眼前迷雾

知识点1 社会环境主要分为4个因素：政治因素、经济因素、文化因素、讯息因素。

知识点2 结合交通建设项目对资源、当地经济以及人们心理产生影响的特点，分析社会环境的影响时，一般可从经济社会环境、物理社会环境和心理社会环境等三方面进行研究。

知识点3 物理社会环境一般包括：聚落环境、工业和资源环境、农业和林业环境、文化环境、医疗、军事等其他社会环境。

知识点4 心理社会环境是指人的思想行为、法律、科教、文艺、道德、宗教、价值观念、风俗习惯、语言等；以及讯息来源和传输情况，讯息的真实公正程度等。

【热点试题】滋润干渴心田

试题1【多项选择题】结合交通建设项目对资源、当地经济以及人们心理产生影响的特点，分析社会环境的影响时，一般可从（　　）方面进行研究。

A. 经济社会环境　　　　　　　　B. 物理社会环境
C. 心理社会环境　　　　　　　　D. 以上都不对

【答案】ABC

试题2【判断题】心理社会环境是指人的思想行为、法律、科教、文艺、道德、宗教、价值观念、风俗习惯、语言等。（　　）

【答案】√

《交通建设工程施工环境保护监理》考试指导与模拟题解

【考点聚焦】拓展应试能力

考点1 【多项选择题】社会环境主要分为（   ）因素。

A.政治　　　　　B.文化　　　　　C.讯息　　　　　D.经济

【答案】ABCD

考点2 【多项选择题】物理社会环境是指构成社会环境中的物质性因素，一般包括（   ）。

A.工业和资源环境　　　　　　　B.农业和林业环境

C.聚落环境　　　　　　　　　　D.经济社会环境

【答案】ABC

【知识卡片】遨游知识海洋

"十二五"规划：建设资源节约型、环境友好型社会

《国民经济和社会发展第十二个五年规划纲要（草案）》提出，面对日趋强化的资源环境约束，必须增强危机意识，树立绿色、低碳发展理念，以节能减排为重点，健全激励与约束机制，加快构建资源节约、环境友好的生产方式和消费模式，增强可持续发展能力，提高生态文明水平。

一是要积极应对全球气候变化。坚持减缓和适应气候变化并重，充分发挥技术进步的作用，完善体制机制和政策体系，提高应对气候变化能力。要控制温室气体排放，增强适应气候变化能力，广泛开展国际合作。

二是要加强资源节约和管理。落实节约优先战略，全面实行资源利用总量控制、供需双向调节、差别化管理，大幅度提高能源资源利用效率，提升各类资源保障程度。要大力推进节能降耗，加强水资源节约，节约集约利用土地，加强矿产资源勘查、保护和合理开发。

三是要大力发展循环经济。按照减量化、再利用、资源化的原则，减量化优先，以提高资源产出效率为目标，推进生产、流通、消费各环节循环经济发展，加快构建覆盖全社会的资源循环利用体系。要推行循环型生产方式，健全资源循环利用回收体系，推广绿色消费模式，强化政策和技术支撑。

四是要加大环境保护力度。以解决饮用水不安全和空气、土壤污染等损害群

第八章 社会环境保护概述

众健康的突出环境问题为重点,加强综合治理,明显改善环境质量。要强化污染物减排和治理,防范环境风险,加强环境监管。

五是要促进生态保护和修复。坚持保护优先和自然修复为主,加大生态保护和建设力度,从源头上扭转生态环境恶化趋势。要构建生态安全屏障,强化生态保护与治理,建立生态补偿机制。

8.2 交通建设对社会环境的影响

【整体感知】洞悉知识脉络

1. 整体来看,交通建设将促进我国社会经济的健康发展。
2. 对聚落环境的影响形式主要包括分隔、拆迁和再安置的社会环境的影响。

【教材精讲】拨开眼前迷雾

知识点1 当前的历史阶段,交通建设将促进我国社会经济制度向着党和国家制定的社会经济改革与发展的既定目标前进,在合理配置社会中各种经济体制、实现社会主义初级阶段的市场化目标,以及完善城乡结构、密切城乡距离等方面,为经济体制优化、经济制度和谐提供基础设施"硬件条件"。

知识点2 交通建设的目的就是提高人们出行和交往的便捷程度,从总体上讲有利于出行和交往;但是在建设过程中以及建设后局部地域对出行和交往有不利影响。

知识点3 对聚落环境的影响形式主要包括分隔、拆迁和再安置的社会环境的影响。

知识点4 由于工程建设产生的各种有利和不利、短期和长期的影响,以及出现的占地、就业、补偿等多样机会,必定对周边人群的心理产生正面和负面的影响。

【热点试题】滋润干渴心田

试题1 【判断题】由于工程建设产生的各种有利和不利、短期和长期的影响,以及出现的占地、就业、补偿等多样机会,必定对周边人群的心理产生正面和

负面的影响。（　　）

【答案】√

【考点聚焦】拓展应试能力

考点1　【多项选择题】对聚落环境的影响形式主要包括（　　）的社会环境的影响。

A.补偿　　　　B.分隔　　　　C.拆迁　　　　D.再安置

【答案】BCD

【知识卡片】遨游知识海洋

交通建设"大跃进"带来的环境危机

从更深层和更长远的角度来看，交通建设"大跃进"带来的环境危机，也许比它的经济问题更为严重。

高速公路、高速铁路、地铁、机场等交通建设与运营的环境影响主要表现在以下方面：噪声、地面振动、电磁干扰；产生污水、废水、固体废物的排放与污染；开挖与弃渣破坏地表植被与地貌，诱发水土流失和地质灾害，对生态环境、生物栖息地、生物多样性产生破坏；侵占国家划定的自然保护区、风景名胜区、国家公园、遗产地、文物保护单位，造成对自然与文化景观的破坏；侵占农业用地，大量拆迁，造成对原住居民利益的损害；因高速公路、高速铁路的封闭性与出入口有限，造成居民享用权利的被限制与差异化，产生公共资源的分配不公；等等。

8.3　交通建设社会环境保护措施和相关许可手续的办理

【整体感知】洞悉知识脉络

1. 名木古树的移植，珍惜动物的保护。
2. 交通建设施工中的临时用地。

第八章 社会环境保护概述

【教材精讲】 拨开眼前迷雾

知识点1 交通建设社会环境保护应该按照工程建设基本程序依法进行评估、设计和批准，在实施中按照批准文件要求结合实际采取切实可行的保护措施。

知识点2 交通建设施工中临时占用土地用作施工便道、拌和场、施工营地、预制场、取弃土场（弃渣场）等称为工程临时用地。

知识点3 监理工程师应协助交通建设方，会同林业部门尽最大可能进行名木、古树和珍稀动植物资源的移植、保护和线路局部避让，对于保护价值不大确需砍伐的，必须依法办理手续后实施。

知识点4 在建设过程中，监理工程师督促承包人按照环境影响评价文件及相关文件规定，进行施工并保护好景观资源和社会文化环境；在环境保护专项验收和交通建设项目竣工验收时都必须对人文景观的保护情况进行查验。

知识点5 在交通建设中，如发现文物，监理工程师督促承包人保护现场并立即报告当地文物行政部门；文物属国家所有，任何单位或者个人不得哄抢、私分、藏匿。

【热点试题】 滋润干渴心田

试题1 【多项选择题】下列说法正确的是（　　）。
A. 监理工程师应协助交通建设方，会同林业部门尽最大可能进行名木、古树和珍稀动植物资源的移植、保护
B. 发现文物，监理工程师督促承包人保护现场并立即报告当地文物行政部门
C. 发现古树，设计部门经过慎重考虑立即改线
D. 文物属公共财产，任何单位或者个人不得哄抢、私分、藏匿

【答案】ABD

【考点聚焦】 拓展应试能力

考点1 【单项选择题】在交通建设工程中，如发现文物，下列说法正确的是（　　）。
A. 施工人员继续施工
B. 监理工程师督促承包人保护现场并立即报告当地文物行政部门

C.设计部门经过慎重考虑立即改线

D.文物属私有财产，任何单位或者个人不得哄抢、私分、藏匿

【答案】B

【知识卡片】遨游知识海洋

环保部公布首个生活噪声标准

2008年10月1日起，医院病房、住宅卧室、宾馆客房等需要保证安静的房间内，夜间(22:00至次日6:00)噪声不得超过30分贝，白天(6:00至22:00)最高限制为40分贝。而20至40分贝之间的声音相当于人们轻声说话。

国家环保部2008年9月18日首次公布了《社会生活环境噪声排放标准》，其中明确规定了文化娱乐场所或商业经营活动中排放的噪声限值。

据了解，社会生活噪声是指商业、娱乐、宣传等活动中使用的设备、设施所产生的噪声。按照规定，以居住、学校、文教机关为主的区域，其室内噪声白天不得高于45分贝，夜间不得高于35分贝。如果居民处于居住、商业、工业混杂区及商业中心区，他所在地区的医院病房、住宅卧室、宾馆客房等以休息睡眠为主、需要保证安静的房间，夜间噪声不得超过30分贝，白天不得超过40分贝。

此外，新标准针对这些社会生活噪声，对其周围不同的环境功能区，同时提出了噪声排放源边界的噪声限值。如果周边为居民住宅、医疗卫生、文化教育等区域，那么社会噪声的边界限制为白天(6点到22点)55分贝，夜间(22点到6点)45分贝。

环保部18日还同时公布了《工业企业厂界环境噪声排放标准》，其厂界外噪声限值与社会噪声基本相符。居民可登录国家环保部网站查询噪声标准，来判断所处区域的噪声是否超标。

第九章 环境影响评价、水土保持方案及竣工环境保护验收

环境影响评价、水土保持方案及竣工环境保护验收

【目标导航】导引学习方向

1.了解交通建设项目环境影响评价的基本概念、分类管理、评价机构、评价程序、审批权限和时间。

2.了解水土保持方案的意义和作用、分类管理、方案审批规定、实施规定、防治目标。

3.了解交通建设竣工环境保护验收的定义。

4.了解交通建设项目水土保持设施验收。

5.熟悉水土保持方案主要内容。

6.熟悉环境影响评价内容。

7.熟悉交通建设竣工环境保护验收的工作程序、验收方法、验收范围与验收重点、验收监测与调查的主要工作内容、提交材料、申报时间、申请竣工验收的时限及延期验收规定。

8.掌握环境影响评价文件的执行。

9.掌握水土保持文件的执行。

10.掌握交通建设竣工环境保护验收的验收条件。

【学法点拨】开启思维之门

1.本部分介绍了环境影响评价、水土保持方案和竣工环境保护验收三个专题的

内容，在学习过程中，学员要掌握与环境保护监理工作有关的交通建设环保和水保管理的规定与要求。

2.学习环境影响评价时，要熟悉环境影响评价的分类管理、工作程序，掌握环境影响评价的内容与执行，并且结合《中华人民共和国环境影响评价法》进行复习。

3.学习水土保持方案时，要熟悉水土保持方案主要内容，掌握水土保持文件的执行，并且结合《中华人民共和国水土保持法》进行复习。

4.学习竣工环境保护验收时，要熟悉交通建设竣工环境保护的工作程序、验收方法、验收范围与验收重点、验收监测与调查的主要工作内容、提交材料、申报时间、申请竣工验收的时限及延期验收规定，重点掌握交通建设竣工环境保护验收的验收条件，并且结合《建设项目竣工环境保护验收管理办法》进行复习。

9.1 交通建设项目环境影响评价

【整体感知】洞悉知识脉络

1.建设项目环境影响评价与竣工环境保护验收是环境保护管理制度。
2.水土保持方案与水土保持设施验收是水土保持管理制度。
3.环境影响评价和水土保持方案明确了建设项目的环保和水保工作内容，是现场环境监理工作的重要依据之一。
4.按照环境要素，环境影响评价可以分为大气环境影响评价、水环境影响评价、声环境影响评价、生态环境影响评价和固体废物环境影响评价。

【教材精讲】拨开眼前迷雾

知识点1 建设项目环境影响评价与竣工环境保护验收是《中华人民共和国环境保护法》、《建设项目环境保护管理条例》和《中华人民共和国环境影响评价法》确立的环境保护管理制度。

知识点2 水土保持方案与水土保持设施验收是《中华人民共和国水土保持法》和《中华人民共和国水土保持法实施条例》规定的水土保持管理制度。

知识点3 环境影响评价和水土保持方案明确了建设项目的环保和水保工作内容，是现场环境监理工作的重要依据之一。

第九章 环境影响评价、水土保持方案及竣工环境保护验收

知识点 4 竣工环境保护验收和水土保持设施验收是对建设项目的环保和水保工作成效进行检验，是环境监理工作需要达到的总体目标之一。

知识点 5 交通建设项目环境影响评价，是指对交通建设项目实施后可能造成的环境影响进行分析、预测和评估，提出预防或者减轻不良环境影响的对策和措施，进行跟踪监测的方法与制度。

知识点 6 《中华人民共和国环境保护法》和其他环境保护法律还规定："建设项目防治污染的设施，必须与主体工程同时设计，同时施工，同时投产使用（称为"三同时制度"）。

知识点 7 按照评价对象，环境影响评价可以分为规划环境影响评价和建设项目环境影响评价。

知识点 8 按照环境要素，环境影响评价可以分为大气环境影响评价、水环境影响评价、声环境影响评价、生态环境影响评价和固体废物环境影响评价。

知识点 9 在中华人民共和国境内建设的对环境有影响的建设项目必须编制环境影响评价文件。环境影响评价文件的编制实行分类管理的办法。

知识点 10 可能造成重大环境影响的，应当编制环境影响报告书，对产生的环境影响进行全面评价。

知识点 11 可能造成轻度环境影响的，应当编制环境影响报告表，对产生的环境影响进行分析或者专项分析。

知识点 12 对环境影响很小，不需要进行环境影响评价的，应当填报环境影响登记表。

知识点 13 公路建设项目中三级以上等级公路、1000m以上的独立隧道、主桥长度1000m以上的独立桥梁需编制环境影响报告书，涉及环境敏感区的三级以下等级公路需编制环境影响报告表，其他公路填报环境影响登记表。

知识点 14 交通建设项目的环境影响评价工作，由建设单位自主选择熟悉交通建设项目施工工艺、污染物排放和生态损害及其防治对策，具备交通建设项目工程分析能力，依法取得相应的资格证书，并向交通管理部门办理备案手续的机构承担。

知识点 15 建设项目环境影响评价文件实行分级审批的办法，报有审批权的环境保护行政主管部门审批。

知识点 16 建设单位应当在交通建设项目可行性研究阶段报批交通建设项目环境影响评价文件。

《交通建设工程施工环境保护监理》考试指导与模拟题解

知识点17 建设项目的环境影响报告书应当包括下列内容：建设项目概况；建设项目周围环境概况；建设项目对环境可能造成影响的分析、预测和评估；建设项目环境保护措施及其技术、经济论证；建设项目对环境影响的经济损益分析；对建设项目实施环境监测的建议；环境影响评价结论。

知识点18 交通建设项目环境影响评价文件经批准后，建设项目的性质、规模、地点、采用的施工工艺发生重大变动或者超过5年后开工建设的，应当重新办理报批手续。

知识点19 建设项目的环境影响报告书一经环境保护主管部门批复，则环境影响报告书和环境影响报告书的批复文件一起，成为建设项目环境管理的法律性文件，需要在建设项目实施过程中落实执行，作为环境保护监理的实施依据之一。

知识点20 环境影响评价文件经批准后，公路项目的主要控制点发生重大变化、路线的长度调整30%以上、服务区数量和选址调整，需要重新报批可行性研究报告，以及防止生态环境破坏的措施发生重大变动，可能造成环境影响向不利方面变化的，建设单位必须在开工建设前依法重新报批环境影响评价文件。

【热点试题】 滋润干涸心田

试题1 【多项选择题】建设项目环境影响评价在项目的设计、施工和运营中有着重要的作用。下列说法正确的是（　　）。

A.通过环境影响评价可以保证建设项目选址和布局的合理性

B.指导环境保护设计，强化环境管理

C.预防因规划和建设项目实施后可能对环境造成不利影响

D.促进经济、社会和环境的协调发展，实施可持续发展战略

【答案】ABCD

试题2 【多项选择题】依照《建设项目环境影响评价分类管理名录》的分类，公路建设项目中（　　）需编制环境影响报告书。

A.三级以上等级公路　　　　　　B.1000 m以上的独立隧道

C.主桥长度1000m以上的独立桥梁　　D.四级公路

【答案】ABC

试题3 【判断题】交通建设项目环境影响评价，是指对交通建设项目实施后可能造成的环境影响进行分析、预测和评估，提出预防或者减轻不良环境影响的对

第九章 环境影响评价、水土保持方案及竣工环境保护验收

策和措施，进行跟踪监测的方法与制度。（　　）

【答案】√

试题4 【单项选择题】环境影响评价文件的编制实行（　　）的办法。

A.分层管理　　　B.分类管理　　　C.统一管理　　　D.项目管理

【答案】B

试题5 【单项选择题】可能造成重大环境影响的，应当编制（　　），对产生的环境影响进行全面评价。

A.环境影响报告表　　　　　　B.环境影响登记表
C.环境保护措施与建议　　　　D.环境影响报告书

【答案】D

试题6 【单项选择题】可能造成轻度环境影响的，应当编制（　　），对产生的环境影响进行分析或者专项分析。

A.环境影响报告表　　　　　　B.环境影响登记表
C.环境影响报告书　　　　　　D.环境保护措施与建议

【答案】A

 【考点聚焦】拓展应试能力

考点1 【单项选择题】交通建设项目的环境影响评价工作，由（　　）自主选择具备交通建设项目工程分析能力，依法取得相应的资格证书，并向交通管理部门办理备案手续的机构承担。

A.设计单位　　　B.监理单位　　　C.建设单位　　　D.养护单位

【答案】C

考点2 【单项选择题】建设项目环境影响评价文件实行（　　）的办法，报有审批权的环境保护行政主管部门审批。

A.分级审批　　　B.分类审批　　　C.统一审批　　　D.直接审批

【答案】A

考点3 【单项选择题】不需要进行可行性研究的交通建设项目，建设单位应当在交通建设项目（　　）报批交通建设项目环境影响评价文件。

A.开工前　　　B.开工后　　　C.施工期　　　D.竣工验收阶段

【答案】A

《交通建设工程施工环境保护监理》考试指导与模拟题解

考点4【单项选择题】交通建设项目环境影响评价文件经批准后,建设项目的性质、规模、地点、采用的施工工艺发生重大变动或者超过（　　）开工建设的,应当重新办理报批手续。

A.3年后　　　　B.4年后　　　　C.5年后　　　　D.6年后

【答案】C

考点5【单项选择题】环境影响评价文件经批准后,公路项目的主要控制点发生重大变化、路线的长度调整（　　）以上、服务区数量和选址调整,需要重新报批可行性研究报告。

A.10%　　　　B.25%　　　　C.30%　　　　D.35%

【答案】C

考点6【多项选择题】按照环境要素,环境影响评价可以分为（　　）。

A.大气环境影响评价　　B.水环境影响评价　　C.声环境影响评价
D.生态环境影响评价　　E.固体废物环境影响评价

【答案】ABCDE

考点7【多项选择题】建设项目防治污染的设施,必须与主体工程按照"三同时制度"执行,"三同时制度"是指（　　）。

A.同时规划　　B.同时设计　　C.同时施工　　D.同时投产使用

【答案】BCD

考点8【简答题】简述环境影响评价的内容。

【答案】(1)建设项目概况；(2)建设项目周围环境概况；(3)建设项目对环境可能造成影响的分析、预测和评估；(4)建设项目环境保护措施及其技术、经济论证；(5)建设项目对环境影响的经济损益分析；(6)对建设项目实施环境监测的建议；(7)环境影响评价结论。

【知识卡片】遨游知识海洋

"十二五"时期规划环评工作的主要任务

1. 推进战略环评,提高从宏观层面解决环境问题的能力和水平

一是紧紧围绕"十二五"时期国家和地方区域发展战略,着重抓好经济快速

第九章 环境影响评价、水土保持方案及竣工环境保护验收

增长区、基础性与战略性产业的主要分布区、节能减排和环境质量改善的重点区、具有全局性的生态服务功能区等重点区域和关系区域经济发展、资源消耗大、对生态环境影响较大重点行业的战略环评，推动形成与资源环境承载能力相适应的产业布局和国土空间开发格局。

二是以战略环评为抓手，切实发挥战略环评对地方发展和产业转型升级的宏观决策的支撑作用，完善环境保护参与综合决策的机制；加强基础理论和方法研究，不断探索适合国情战略环评新思路、新模式，拓展和丰富战略环评内涵。

2. 抓好重点领域规划环评，集中力量解决布局性、结构性关键环境问题

一是严格执行《关于加强产业园区规划环境影响评价有关工作的通知》（环发〔2011〕14号）的规定，着重抓好化工石化园区和其他排放挥发性有机物、重金属等有毒有害物质的高环境风险产业园区规划环评，促进布局优化、结构升级和节能减排。

二是严格执行《关于进一步加强港口总体规划环境影响评价工作的通知》（环办〔2010〕38号）的规定，着重抓好地区性重点港口的规划环评，从源头预防港口开发建设的环境污染和生态破坏。

三是贯彻落实"生态优先、统筹考虑、适度开发、确保底线"的基本原则，着重抓好流域梯级开发、航道建设等涉及江河湖泊开发利用的规划环评，促进流域的全面协调可持续发展。

四是抓好经济发展快、资源环境与城市发展矛盾突出的区域重点城市的规划环评，科学规划城市功能定位和优化空间布局，提高环境承载力对城市发展的优化调控作用，不断改善城市的环境质量和水平。

五是统筹资源能源开发和生态环境安全，着重抓好资源富集、开发强度较大、环境容量较小、生态环境脆弱的资源能源开发区域的规划环评，推动形成有利于维护区域资源能源安全又不损害生态安全的资源开发格局。

六是结合西部大开发、东北地区等老工业基地振兴、中部崛起和东部地区率先发展的区域发展总体战略的实施，重点加强"两高一资"行业的规划环评，防止落后产能向中西部转移，避免出现新的布局性和结构性环境问题。

3. 加强能力建设，构建科学严谨、扎实有效的基础支撑体系

一是加强机构建设。建立健全管理制度，配备专职人员负责规划环评管理工

作;加大对技术评估机构建设的支持力度,提升技术支撑能力。

二是增强队伍能力建设。继续加强环评管理人员和环评技术人员培训,不断创新培训模式,丰富培训内容,提升规划环评人员的业务能力。

三是推动理论和技术方法研究。开展规划环评的理论和技术方法研究,交流先进理念和经验,推进规划环评的理论创新和技术进步。

9.2 交通建设项目水土保持方案

【整体感知】 洞悉知识脉络

1. 水土保持方案编制主要依据《中华人民共和国水土保持法》、《开发建设项目水土保持方案管理办法》的有关规定。
2. 建设项目水土保持方案文件分为水土保持方案报告书和水土保护方案报告表。
3. 根据水土保持"三同时"制度的要求,建设项目主体工程验收时,应同时验收水土保持设施。
4. 水土保持文件也是环境保护监理的实施依据之一。

【教材精讲】 拨开眼前迷雾

知识点1 根据《中华人民共和国水土保持法》、《开发建设项目水土保持方案管理办法》的有关规定,开发建设项目在可研阶段编制水土保持方案,制定并实施有效的防治措施,使建设新增水土流失得到有效控制,生态环境得到改善。

知识点2 建设项目的水土保持方案应当包括下列内容:建设项目概况;建设项目周围环境概况;项目建设过程水土流失预测;水土流失防治责任范围、防治分区、水保功能评价、水土保持措施及设计;水土保持方案实施进度安排;水土保持工程投资概算及效益分析;方案实施保证措施。

知识点3 建设项目水土保持方案文件分为水土保持方案报告书和水土保护方案报告表。

知识点4 凡征占地面积在1hm²以上或者挖填土石方总量在10000m³以上的开发建设项目,应当编报水土保持方案报告书;其他开发建设项目应当编报水土保持方案报告表。

第九章 环境影响评价、水土保持方案及竣工环境保护验收

知识点 5 根据《中华人民共和国水土保持法》，交通建设项目应编制水土保持方案报告书。

知识点 6 国家审批立项的项目其方案由水利部审批；地方审批立项的项目其方案由相应级别的水行政主管部门审批；乡镇、集体、个体项目的方案由所在地县级水行政主管部门审批；跨地区项目的方案由上一级水行政主管部门审批。

知识点 7 根据水土保持"三同时"制度的要求，建设项目主体工程验收时，应同时验收水土保持设施。

知识点 8 水土流失防治一般以扰动土地整治率、水土流失总治理度、土壤流失控制比、拦渣率、林草植被恢复率、林草覆盖率等作为指标要求，并作为水保设施竣工验收的依据。

知识点 9 水土保持文件也是环境保护监理的实施依据之一。

【热点试题】滋润干渴心田

试题1 【单项选择题】对于国家审批立项的项目，其水土保持方案由（　　）审批。

A. 水利部
B. 地县级水行政主管部门
C. 省级水行政主管部门
D. 交通运输部

【答案】A

试题2 【多项选择题】（　　）的开发建设项目，应当编报水土保持方案报告书。

A. 征占地面积在1hm²以下
B. 征占地面积在1hm²以上
C. 挖填土石方总量在10000m³以下
D. 挖填土石方总量在10000m³以上

【答案】BD

试题3 【判断题】根据水土保持"三同时"制度的要求，建设项目主体工程验收时，应同时验收水土保持设施。（　　）

【答案】√

试题4 【判断题】水土保持文件不是环境保护监理的实施依据。（　　）

【答案】×

《交通建设工程施工环境保护监理》考试指导与模拟题解

【考点聚焦】拓展应试能力

考点1【多项选择题】下列说法正确的是（   ）。

A.国家审批立项的项目其方案由水利部审批

B.地方审批立项的项目其方案由相应级别的水行政主管部门审批

C.乡镇、集体、个体项目的方案由所在地县级水行政主管部门审批

D.跨地区项目的方案由上一级水行政主管部门审批

【答案】ABCD

考点2【多项选择题】水土流失防治一般以（   ）作为指标要求，并作为水保设施竣工验收的依据。

A.扰动土地整治率　　B.水土流失总治理度　　C.土壤流失控制比

D.拦渣率　　　　　　E.林草覆盖率

【答案】ABCDE

考点3【判断题】建设项目的水土保持方案报告书一经水行政主管部门批准就具有强制实施的法律效应。（   ）

【答案】√

考点4【简答题】建设项目的水土保持方案的内容是什么？

【答案】(1)建设项目概况；(2)建设项目周围环境概况；(3)项目建设过程水土流失预测；(4)水土流失防治责任范围、防治分区、水土保持功能评价、水土保持措施及设计；(5)水土保持方案实施进度安排；(6)水土保持工程投资概算及效益分析；(7)方案实施保证措施。

【知识卡片】遨游知识海洋

新《水土保持法》实施

《中华人民共和国水土保持法》（以下简称新《水土保持法》）已于2010年12月25日第十一届全国人大常务委员会第十八次会议修订通过，以中华人民共和国主席令第39号公布，2011年3月1日起正式实施。新《水土保持法》的颁布施行，是我国水土保持建设又一个重要里程碑，它标志着我国依法防治水土流失进入了一个新的发展阶段。

第九章　环境影响评价、水土保持方案及竣工环境保护验收

1. 新《水土保持法》进一步强化了政府和部门责任。一是要求县级以上人民政府将水土保持工作纳入本级国民经济和社会发展规划，并安排专项资金开展水土流失预防和治理；二是确立了地方政府的水土保持目标责任制和考核奖惩制度，在水土流失重点预防区和重点治理区实行地方政府水土保持目标责任制和考核奖惩制度；三是进一步明确水行政主管部门和其他有关部门的水土保持职责。

2. 新《水土保持法》进一步强化了规划的法律地位。一是增设"规划"一章，就规划的编制原则、程序、内容、审批、实施等作出规定；二是明确水土保持规划一经批准，应当严格执行；三是明确水土保持规划作为开展水土流失预防和治理、水土保持方案编制、水土保持补偿费征收的依据；四是要求基础设施建设、矿产资源开发等规划应有水土流失预防和治理的对策和措施，并在规划报请审批前征求本级水行政主管部门的意见。

3. 新《水土保持法》进一步强化了预防保护制度。一是将预防为主、保护优先作为水土保持工作方针，全面完善和细化了预防保护措施，同时明确任何单位和个人都有保护水土资源、预防和治理水土流失的义务，国家鼓励和支持社会力量参与水土保持工作；二是增加了对一些容易导致水土流失、破坏生态环境的行为予以禁止或者限制的规定；三是明确水行政主管部门审批水土保持方案并成为独立的行政许可；四是完善了水土保持方案制度，合理界定了编报范围和对象，强化了预防措施；五是完善了水土保持设施验收制度。

4. 新《水土保持法》进一步强化了综合治理。一是明确在水土流失重点治理区要加强国家水土保持重点工程建设；二是完善了水土保持投入保障机制，确立了水土保持生态补偿机制和补偿费制度；三是明确不同水土流失类型区和生产建设活动的水土保持技术路线；四是引导和鼓励全社会以多种方式参与水土流失治理；五是鼓励和支持保护性耕作等有利于水土保持的措施。

5. 新《水土保持法》进一步强化了监督和监测职责。一是加强了各级水行政主管部门、流域机构及其水行政监督检查人员的水土保持监督检查职责；二是强化了水土保持监督管理的方式和手段；三是明确水土保持调查和公告制度；四是确立了生产建设项目水土保持监测工作及监测资质制度；五是要求县级以上人民政府要保障水土保持监测经费。

6. 新《水土保持法》进一步强化了法律责任。一是增加了法律责任的种类，从

行政、刑事、民事三方面对多种违法行为设置了法律责任；二是丰富了处罚手段，在处罚手段上，增加了滞纳金制度，强化了对单位(法人)、直接负责的主管人员和其他直接责任人员的违法责任追究和违法行政行为的责任追究制度，对各类违法行为直接由水行政主管部门实施处罚，增强了可操作性；三是加大了对违法行为的处罚力度，提高了罚款标准，由原来的最高1万元提高到50万元，提高了违法成本。

9.3 交通建设竣工环境保护验收

【整体感知】洞悉知识脉络

1.交通建设项目的建设单位、设计单位、施工单位、环境影响报告书（表）编制单位、环境保护验收调查报告（表）的编制单位应当参与验收。

2.国家对建设项目竣工环境保护验收实行公告制度。

3.环保设施竣工验收，应当与主体工程竣工验收同时进行。

【教材精讲】拨开眼前迷雾

知识点 1 交通建设项目竣工环境保护验收是指交通建设项目竣工后，环境保护行政主管部门依据《建设项目竣工环境保护验收管理办法》，根据环境保护验收监测或调查结果，并通过现场检查等手段，考核该交通建设项目是否达到环境保护要求的活动。

知识点 2 根据《建设项目竣工环境保护验收管理办法》第十六条中对环境保护验收条件的规定，以及水土保持验收相关要求，验收条件主要包括以下方面：

(1)建设前期审查、审批手续完备，技术资料与环境保护、水土保持档案资料齐全；

(2)环境保护设施、水土保持设施及其他措施等已按批准的环境影响评价文件、水土保持文凭和设计文件的要求建成或者落实；(3)环境保护设施安装质量符合国家和有关部门颁发的专业工程验收规范、规程和检验评定标准；(4)具备环境保护设施正常运转的条件，包括经培训合格的操作人员，健全的岗位操作规程及相应的规章制度，原料、动力供应落实，符合交付使用的其他条件；(5)污染物排放符合环境影响评价文件中提出的标准及核定的污染物排放总量控制指标的要求；(6)各项生

第九章　环境影响评价、水土保持方案及竣工环境保护验收

态保护措施按环境影响评价文件规定的要求落实，项目建设过程中受到破坏并可以恢复的环境已按规定采取了恢复措施；水土保持指标满足水保要求；(7) 环境监测项目、点位、机构设置及人员配备，符合环境影响评价文件和有关规定的要求；(8) 环境影响评价文件提出需对环境保护敏感点进行环境影响验证、施工期环境保护措施落实情况进行工程环境监理的，已按规定要求完成。

知识点3　建设项目竣工后，需要进行试生产或试运行的建设项目首先向环境保护行政主管部门申请试生产、试运行；在试生产、试运行的3个月内，建设单位向环境保护行政主管部门提出竣工环境保护验收申请，并委托有资质的服务机构进行环境保护验收监测或验收调查，申请材料齐备、环境保护行政主管部门受理后，将在规定的期限内组成验收组或验收委员会进行现场检查和审议，提出验收意见并完成审批。

知识点4　交通建设项目的建设单位、设计单位、施工单位、环境影响报告书（表）编制单位、环境保护验收调查报告（表）的编制单位应当参与验收。

知识点5　国家对建设项目竣工环境保护验收实行公告制度。环境保护行政主管部门应定期向社会公告建设项目竣工环境保护验收结果。

知识点6　验收范围：(1) 与交通建设项目有关的各项环境保护设施，与交通建设项目有关的各项水保设施；(2) 环境影响评价文件和有关项目设计文件规定应采取的其他各项环境保护措施，水土保持文件和有关项目设计文件规定应采取的各项水土保持措施。

知识点7　《建设项目竣工环境保护执行报告》，由建设单位自行编制。

知识点8　建设项目竣工环境保护验收实施分类管理的办法：(1) 对编制环境影响报告书的交通建设项目，为建设项目竣工环境保护验收申请报告，并附环境保护验收调查报告；(2) 对编制环境影响报告表的交通建设项目，为建设项目竣工环境保护验收申请表，并附环境保护验收调查表；(3) 填报环境影响登记表的交通建设项目，为建设项目竣工环境保护验收登记卡。

知识点9　建设单位应最迟在建设项目整体正式验收两个月前按要求填写《建设项目竣工环境保护执行报告》及《建设项目竣工环境保护验收申请报告》（申请登记表、登记卡）并附环境保护验收调查报告（调查表），并报环境保护行政主管部门。

知识点10　环保设施竣工验收，应当与主体工程竣工验收同时进行。需要进行

《交通建设工程施工环境保护监理》考试指导与模拟题解

试生产的建设项目，建设单位应当自建设项目投入试生产之日起3个月内，向审批该建设项目环境影响报告书或者环境影响报告表的环境保护行政主管部门，申请该建设项目需要配套建设的环境保护设施竣工验收。

【热点试题】滋润干渴心田

试题1　【单项选择题】交通建设项目竣工环境保护验收是指交通建设项目竣工后，（　　）依据《建设项目竣工环境保护验收管理办法》，根据环境保护验收监测或调查结果，并通过现场检查等手段，考核该交通建设项目是否达到环境保护要求的活动。

A.环境保护行政主管部门　　　B.环境影响报告书（表）编制单位
C.监理单位　　　　　　　　　D.施工单位

【答案】A

试题2　【多项选择题】在验收监测中，以下（　　）应进行达标排放监测。

A.排放到环境中的废水　　　　B.排放到环境中的各种废气
C.交通噪声　　　　　　　　　D.固体废物

【答案】ABC

试题3　【简答题】简述环境保护管理检查的内容。

【答案】（1）建设项目从立项到试生产各阶段执行环境保护法律、法规、规章制度的情况。

（2）环境保护审批手续及环境保护档案资料。

（3）环保组织机构及规章管理制度。

（4）环境保护设施建成及运行记录。

（5）环境保护措施落实情况及实施效果；"以新带老"环保要求的落实。

（6）环境保护监测计划，包括：监测机构设置、人员配置、监测计划和仪器设备。

（7）排污口规范化、污染源在线监测仪的安装，测试情况检查。

（8）事故风险的环保应急计划，包括配备、防范措施、应急处置等。

（9）施工期、试运行期扰民现象的调查；固体废物种类、产生量、处理处置情况、综合利用情况。

（10）按行业特点确定的检查内容，诸如清洁生产、移民工程、海洋生态保护等特殊内容。

第九章 环境影响评价、水土保持方案及竣工环境保护验收

试题 4 【简答题】简述交通建设项目竣工环境保护执行报告的内容。

【答案】(1) 建设项目的基本情况，包括项目立项、投资概算、环境影响评价、环保初步设计、施工建设、开工运行、主要经济技术指标、主要工程量等。

(2) 建设项目主要污染物排放情况。

(3) 环保设施基本情况，包括环评及其批复要求的落实情况，各项环保设施是否正常稳定持续运转，各项环保设施的处理工艺、处理能力、处理效率及排放情况，环保设施如投资及其占总投资的比例等，并附环境保护措施及投资一览表。

(4) 各类污染物是否按环评及其批复的要求进行排放，环境敏感点上是否达到经批复的环评要求。

(5) 生态恢复、绿化及固体废弃物综合利用情况。

(6) 企业环境管理组织机构及环保规章制度。

(7) 环境保护工作存在的问题及完善计划。

【考点聚焦】拓展应试能力

考点1 【单项选择题】建设单位应最迟在建设项目整体正式验收（　　）前按要求填写《建设项目竣工环境保护执行报告》。

A.一个月　　　　B.三个月　　　　C.两个月　　　　D.四个月

【答案】C

考点2 【多项选择题】下列（　　）应当参与交通建设项目的验收。

A.建设单位　　　B.设计单位　　　C.施工单位　　　D.监理单位

E.环境影响报告书（表）编制单位

【答案】ABCE

考点3 【多项选择题】建设项目申请竣工环境保护验收时，要提交（　　）材料。

A.建设项目竣工环境保护执行报告

B.建设项目竣工环境保护验收管理办法

C.建设项目水土保持方案管理办法

D.建设项目竣工环境保护验收申请报告

【答案】AD

考点4 【判断题】国家对建设项目竣工环境保护验收实行准入制度。（　　）

《交通建设工程施工环境保护监理》考试指导与模拟题解

【答案】×

考点5 【简答题】简述交通建设竣工环境保护验收的条件。

【答案】(1) 建设前期审查、审批手续完备,技术资料与环境保护、水土保持档案资料齐全。

(2) 环境保护设施、水土保持设施及其他措施等已按批准的环境影响评价文件、水土保持文凭和设计文件的要求建成或者落实。

(3) 环境保护设施安装质量符合国家和有关部门颁发的专业工程验收规范、规程和检验评定标准。

(4) 具备环境保护设施正常运转的条件,包括:经培训合格的操作人员,健全的岗位操作规程及相应的规章制度,原料、动力供应落实,符合交付使用的其他条件。

(5) 污染物排放符合环境影响评价文件中提出的标准及核定的污染物排放总量控制指标的要求。

(6) 各项生态保护措施按环境影响评价文件规定的要求落实,项目建设过程中受到破坏并可以恢复的环境已按规定采取了恢复措施;水土保持指标满足水保要求。

(7) 环境监测项目、点位、机构设置及人员配备,符合环境影响评价文件和有关规定的要求。

(8) 环境影响评价文件提出需对环境保护敏感点进行环境影响验证、施工期环境保护措施落实情况进行工程环境监理的,已按规定要求完成。

【知识卡片】遨游知识海洋

生态文明的实质是要摆正人与自然的关系

"十七大"报告明确提出,要"建设生态文明,基本形成节约能源资源和保护生态环境的产业结构、增长方式、消费模式",使"生态文明观念在全社会牢固树立"。生态文明作为全面建设小康社会的奋斗目标首次写入党的政治报告,这是我们党对社会主义现代化建设规律认识的新发展。

生态文明是人类文明的一种新形态。它以尊重和维护自然为前提,以人与人、人与自然、人与社会和谐共生为宗旨,以建立可持续的生产方式和消费方式为内涵,引导人们走上持续和谐的发展道路。生态文明强调人的自觉与自律,强调人与自然环境的相互依存、相互促进。建设生态文明、追求人与自然和谐的过程是人类

第九章　环境影响评价、水土保持方案及竣工环境保护验收

不断认识自然、适应自然的过程，也是人类不断修正自己的错误、改善与自然的关系和完善自然的过程。

人与自然的关系反映着人类文明与自然演化的相互作用及其结果。人类的生存与发展依赖于自然，同时，文明的进步也影响着自然的结构、功能与演化。但是，令人叹惜的是，由于盲目自大，人类对自然的征服和统治变成了对自然的掠夺和破坏，对自然资源无节制地大规模消耗，带来了污染物的大量排放，最终造成自然资源迅速枯竭和生态环境日趋恶化，能源危机、环境污染、水资源短缺、气候变暖、荒漠化、动植物物种大量灭绝……灾难性恶果直接威胁到人类的生存与发展，人与自然和谐也面临着有史以来最严峻的挑战。

从20世纪60年代开始，人类对自身与自然关系的反思和认识迅速升温。1972年，联合国发表了《人类环境宣言》，郑重声明只有一个地球，人类在开发利用环境的同时，也承担着维护自然的义务。90年代以后，以《里约热内卢环境与发展宣言》、《21世纪议程》为代表的一系列具有里程碑意义的纲领性文件的问世，标志着实现人与自然和谐发展已成为全球共识。

人类是大自然中的一员，人类起源于自然、生存于自然、发展于自然，人与自然本是一个须臾不可分离的有机整体，与自然和谐相处、和谐发展是人类发展的题中应有之义。整体是基，共处是形，和谐是本。破坏自然就是损害人类自己，保护自然就是呵护人类自己，改善自然就是发展人类自己。当今世界，人与自然和谐相处、和谐发展的关键，是要端正人的思维、校正人的认识、调整人的发展行为。人与自然关系发展演变到今天，自然界已经受到了人类活动的太多伤害。如果只是一味地坐等自然界的自行修复而不是给自然界恢复的机会，就难以从根本上重新建立人与自然之间新的平衡与和谐。因此，人类不仅要严格地保护自然，尽快地恢复自然，更重要、更急迫的是要在尊重自然规律的前提下，充分发挥人的主观能动性，运用自然规律科学地修复自然，在更高的层次上实现人与自然的和谐。从这个意义上讲，在建设生态文明、促进人与自然和谐发展的进程中，保护自然是基础，恢复自然是目标，改善自然是关键。

9.4 交通建设项目水土保持设施验收

【整体感知】 洞悉知识脉络

1. 水土保持设施验收的合格条件。
2. 水土保持设施验收工作的主要内容。

【教材精讲】 拨开眼前迷雾

知识点1 按照水利部令的要求，交通建设项目属于编制水土保持方案报告书的项目，在进行项目总体竣工验收之前，应完成水土保持设施验收，验收合格条件包括：(1) 交通建设项目水土保持方案审批手续完备，水土保持工程设计、施工、监理、财务支出、水土流失监测报告等资料齐全；(2) 水土保持设施按批准的水土保持方案报告书和设计文件的要求建成，符合主体工程和水土保持的要求；(3) 治理程度、拦渣率、植被恢复率、水土流失控制量等指标达到了批准的水土保持方案和批复文件的要求及国家和地方的有关技术标准；(4) 水土保持设施具备正常运行条件，且能持续、安全、有效运转，符合交付使用要求。水土保持设施的管理、维护措施落实。

知识点2 水土保持设施验收工作的主要内容为：检查水土保持设施是否符合设计要求，施工质量，投资使用和管理维护责任落实情况，评价防治水土流失效果，对存在问题提出处理意见等。

【热点试题】 滋润干渴心田

试题1 【简答题】 简述水土保持设施验收工作的主要内容。

【答案】 检查水土保持设施是否符合设计要求，施工质量、投资使用和管理维护责任落实情况，评价防治水土流失效果，对存在问题提出处理意见等。

【考点聚焦】 拓展应试能力

考点1 【简答题】 简述水土保持设施验收的合格条件。

【答案】(1) 交通建设项目水土保持方案审批手续完备，水土保持工程设计、施工、监理、财务支出、水土流失监测报告等资料齐全。

第九章 环境影响评价、水土保持方案及竣工环境保护验收

(2) 水土保持设施按批准的水土保持方案报告书和设计文件的要求建成,符合主体工程和水土保持的要求。

(3) 治理程度、拦渣率、植被恢复率、水土流失控制量等指标达到了批准的水土保持方案和批复文件的要求及国家和地方的有关技术标准。

(4) 水土保持设施具备正常运行条件,且能持续、安全、有效运转,符合交付使用要求。水土保持设施的管理、维护措施落实。

【知识卡片】遨游知识海洋

《水土保持法》关键词语解读

1. 水土保持

水土保持是指防治水土流失、保护、改良与合理利用山区、丘陵区和风沙区水土资源、维护和提高土地生产力,以利于充分发挥水土资源的经济效益和社会效益,建立良好生态环境的综合性科学技术。简单地说,水土保持是指对自然因素和人为活动造成水土流失所采取的预防和治理措施。

2. 水土保持方案

水土保持方案是指为避免因自然因素和人为活动造成水土流失所采取的预防、治理措施、方法。

3. 编制水土保持方案的对象

所有开发建设项目都应该填报水土保持登记表、编制水土保持方案报告书或报告表。通俗地说,所有开发建设项目的业主在项目施工前都应该依法填报登记或编制水土保持方案报告书或报告表。除填报登记表外,业主应委托有资质单位编制水土保持方案报告书或报告表。

4. 水土保持方案审批

开发建设项目单位或个人,其委托编制的水土保持方案一般应在可行性研究阶段编制完成并办理审批手续。县级立项的报县水利局审批,市级立项的报市水利局审批,省级立项的报省水利厅审批,国家立项的报水利部审批。

5. 水土保持方案的监督检查

开发建设项目的单位或个人在施工过程中,水行政主管部门有权对其进行检

查监督，即检查监督施工单位在开发建设过程中是否按水土保持方案采取措施做好水土流失防治工作。

开发建设项目水土保持监督检查分开工建设前、施工过程中、主体工程竣工验收前三个阶段进行。

因技术原因对造成水土流失无力治理的开发建设项目，建设单位可以缴纳水土流失防治费，由水行政主管部门组织代为治理。

所有开发建设项目的单位或个人都应依法缴纳水土保持设施补偿费，征收标准为按占用或损坏的设施面积每平方米1~2元。

6.水土保持设施验收

开发建设项目土建工程完成后，应当及时完成水土保持设施验收。

建设单位应当会同水土保持方案编制单位，依据批复的水土保持报告书、设计文件的内容、工程量，对水土保持设施完成情况进行检查，编制《水土保持方案实施工作总结报告》和《水土保持设施竣工验收技术报告》报水行政主管部门，由水行政主管部门负责组织验收。

填报登记表和编制水土保持报告表的开发建设项目可以不编制上述报告，可以在工程竣工验收的同时一并进行水土保持设施验收。

第十章 交通建设工程施工环境保护监理概述

第十章 交通建设工程施工环境保护监理概述

 【目标导航】导引学习方向

1. 了解交通建设工程施工环境保护监理产生的背景。
2. 了解环境保护监理组织设置原则。
3. 了解监理人员素质要求。
4. 熟悉施工环境保护监理模式。
5. 熟悉施工环境保护监理的依据。
6. 熟悉施工环境保护监理原则和应协调的关系。
7. 熟悉施工环境保护监理应特别关注的问题。
8. 掌握施工环境保护监理的概念与任务。
9. 掌握施工环境保护监理工作程序。
10. 掌握施工环境保护监理工作内容及方式。
11. 掌握施工环境保护监理工作制度。
12. 掌握公路施工环境保护监理文件的构成与资料体系。

 【学法点拨】开启思维之门

1. 本部分内容是交通建设工程施工环境保护监理的基础知识,主要介绍了交通建设工程施工环境保护监理的概念、任务、依据、体系、模式、工作程序、工作内容、工作方式以及工作制度等，并对环境保护监理文件和资料体系作了具体说明。

2.本部分内容较多，知识点较丰富，并且从以往的考试来看，本部分可出的题目也不少，但是相对简单，学员很容易掌握。

3.本部分内容的的重中之重是要求学员掌握施工环境保护监理的概念与任务，掌握施工环境保护监理工作程序，掌握施工环境保护监理工作内容及方式，掌握施工环境保护监理工作制度，掌握公路施工环境保护监理文件的构成与资料体系。

10.1 交通建设工程施工环境保护监理产生的背景

【整体感知】洞悉知识脉络

1.我国对建设项目的环境管理实行建设项目"环境影响评价"和"三同时"两项制度。

2.环保监理工作已成为公路水运工程监理工作内容的重要组成部分。

【教材精讲】拨开眼前迷雾

知识点1 根据《中华人民共和国环境保护法》和《建设项目环境保护管理条例》的规定，我国对建设项目的环境管理实行建设项目"环境影响评价"和"三同时"两项制度。

知识点2 为有效控制工程施工阶段的环境影响，全过程监控交通建设中的环境问题，根据国内试点工作的经验，原交通部决定在交通行业内广泛开展环保监理工作，先后发布《关于开展交通工程环境监理工作的通知》(交环发〔2004〕314号)、《关于在公路水运工程建设监理中增加施工安全监理和施工环保监理内容的通知》(交质监发〔2007〕158号)，明确了环保监理工作已成为公路水运工程监理工作内容的重要组成部分，纳入工程监理管理体系，环保与质量、安全、进度、费用等共同构成一个完整的建设工程项目目标体系。

【热点试题】滋润干渴心田

试题1 【判断题】环保监理工作已成为监理工作内容的重要组成部分，纳入工程监理管理体系，环保与质量、安全、进度、费用等共同构成一个完整的建设工

第十章 交通建设工程施工环境保护监理概述

程项目目标体系。（ ）

【答案】√

试题2 【单项选择题】为有效控制工程施工阶段的环境影响，全过程监控交通建设中的环境问题，部决定在交通行业内广泛开展环保监理工作，并于（ ）年发布《关于开展交通工程环境监理工作的通知》。

A.2002　　　　　B.2003　　　　　C.2004　　　　　D.2005

【答案】C

【考点聚焦】拓展应试能力

考点1 【多项选择题】我国对建设项目的环境管理实行建设项目（ ）制度。

A.招标与投标　　B.施工监理　　　C.环境影响评价　　　D."三同时"

【答案】CD

考点2 【多项选择题】下列说法正确的是（ ）。

A.施工期环境保护监理是联系项目环境影响评价和环境保护竣工验收的桥梁

B.施工期环境保护监理是落实环境影响评价文件的重要手段

C.施工期环境保护监理是环境影响评价工作在工程建设中的延续

D.我国对建设项目的环境管理实行建设项目"环境影响评价"和"项目法人"两项制度

【答案】ABC

【知识卡片】遨游知识海洋

邵怀高速公路百余名环境监理工程师护航环保

邵阳至怀化高速公路是国家重点建设项目"五纵七横"国道主干线上海至瑞丽高速公路的一段，主线长155.69公里，连接线长18.38公里，于2003年11月正式开工，2007年建成通车。沿线森林茂密，山势陡峻，地形地质复杂，广泛分布的红壤、黄红壤、山地黄棕土、紫色砂土、石灰土和水稻土等质地松散，在雨水和河流冲刷下易产生水土流失。在高速公路的建设开发中，怎样才能避免或尽可能减少对原有生态环境、水资源的破坏？

作为全国仅有的3条高速公路环境监理试点之一，邵怀高速公路从开工建设之初就制定了环保工作整体思路：工程与环保并重，环保适度超前，特别是在施工过程中采取有效措施保护生态植被，减少水土流失。

为此，邵怀高速公路建设开发有限公司、邵怀高速公路总监办成立了环境保护办公室，并与交通部环境保护办公室联合举办了环境监理培训班，围绕提升环保理念，建设环保、生态邵怀高速公路的主题，邀请环保专家授课，对考试合格的学员由交通运输部环保办颁发了结业证书，共有122名环境监理工程师通过考试持证上岗。

高速公路项目各工作组、监理处均配备了一名专职环境监理工程师，代表业主单位全程跟踪监督水土保持总体目标实施情况。比如按邵怀高速公路环境监理办公室规定，主体工程凡裸露的边坡和平面均须进行绿化，植被覆盖率达到90%以上；施工便道、取弃土（渣）场、预制场、拌和站、临时设施区等临时用地植被覆盖率须达到70%。环境监理工程师要对施工临时便道、取弃土（渣）场防止水土流失的防护、排水施工方案进行审查；监督路基施工，原则上不留松土过夜，确需临时堆放较长时间的松土，督促施工方进行草籽撒播，确保植被恢复；对永久性环保工程实行全过程监理等。环境监理工程师有权根据《邵怀高速公路环保实施指南》、《邵怀高速公路环境监理方案》和《关于邵怀高速公路各合同段编制"施工单位环保措施实施计划"的指导意见》等规章制度，针对施工中存在的环保问题下达监理工作指令，让施工方限期整改。

放眼正在建设中的邵怀高速公路，蜿蜒之处郁郁葱葱，赏心悦目，沿线丰美而脆弱的自然生态得到了有效保护，真正实现了工程与自然环境的和谐统一。

10.2 交通建设工程施工环境保护监理的概念、任务和监理模式

【整体感知】洞悉知识脉络

1.环境保护监理一般分为"环境达标监理"和"环保工程监理"两类，两者既有区别又有联系。

第十章 交通建设工程施工环境保护监理概述

2.施工环境保护监理模式 { 独立式环境监理 / 包容式环境监理 / 结合式环境监理

【教材精讲】拨开眼前迷雾

知识点1 施工环境保护监理，是指具有相应资质的监理单位受建设单位的委托，依法承担其建设项目施工期间的环境监督管理工作，代表业主对承包人在施工活动中污染防治和生态保护与恢复等情况进行监督管理，确保各项环保措施落实的专业化服务活动。

知识点2 交通建设工程施工环境保护监理是根据《中华人民共和国环境保护法》及相关法律法规，针对施工过程环境保护的全方位、全过程的监理，一般分为"环境达标监理"和"环保工程监理"两类。

知识点3 环境达标监理的主要任务是对工程建设过程中污染环境、破坏生态的行为进行监督管理，防止或减少施工过程污染物排放和生态破坏，实现污染物达标排放或符合生态保护要求，如噪声、废气、污水、固体废物等污染物排放达标、水土流失、生态恢复、自然保护区、水源区和风景名胜区保护等符合要求。

知识点4 环保工程监理的主要任务是对工程的环保配套设施进行施工监理，落实项目环境影响评价文件中的环保设施要求，确保"三同时"的实施，如临时用地复垦、水土保持、景观绿化等生态工程、路桥面雨水径流收集、服务区污水处理、声屏障、消烟除尘设施等。

知识点5 施工环境保护监理的目标主要有以下4个方面：一是主体工程施工过程中的噪声（振动）、废气、污水、固体废弃物等排放达到国家相应标准；二是生态环境保护、水土保持等措施符合建设项目环境影响评价文件和水土保持方案的要求；三是声屏障、绿化、污水处理等环保工程设施施工符合相应规范和合同规定；四是施工期不发生重大环境污染和生态破坏事件。

知识点6 在我国进行的环境监理实践中，从环境监理的目标、功能及其与工程监理协作的角度考虑，目前有独立式环境监理、包容式环境监理和结合式环境监理。

知识点7 环境保护监理组织设置原则：（1）效率原则；（2）责、权、利统一原则；（3）分工合作原则；（4）灵活性原则。

《交通建设工程施工环境保护监理》考试指导与模拟题解

 【热点试题】滋润干渴心田

试题1 【多项选择题】属于交通建设环保工程监理范围的是（　　）。
A.水污染防治工程　　　　B.噪声控制工程
C.路面工程　　　　　　　D.土地复垦工程
【答案】ABD

试题2 【判断题】交通建设工程施工环境保护监理是根据《中华人民共和国环境保护法》及相关法律法规，针对施工过程环境保护的全方位、全过程的监理。（　　）
【答案】√

试题3 【论述题】论述独立式环境监理、包容式环境监理和结合式环境监理的概念与特点。

【答案】（1）包容式环境监理模式是工程监理企业接受业主委托，在依法完成工程施工监理任务的同时，承担其业务范围内的环境监督管理工作，对承包人在施工活动中污染防治和生态保护与恢复等情况进行监督管理，同步实现工程质量、环境质量及"三同时"控制，或者说各工程监理单位完全负责各自标段内的环境监理工作。这种模式一般需在项目监理部设置一个环境保护职能部门，负责工程项目环保监理的规划和组织落实，环境监理工作由各专业监理工程师共同承担。

包容式环境监理的优点是与工程监理结合紧密，便于开展工作，进行工程质量、工程进度和环境保护同步控制，有利于环境监理各项工作有效实施。但就目前我国工程监理人员和管理体系的实际情况，还需要全面对工程监理人员进行环境保护教育，健全环境监理的各项管理制度，完善环境监理的工作程序，明确工程监理与环境监理的业务分工，才能发挥包容式环境监理在交通建设施工环境监理中的优势。

（2）独立式环境监理模式是由专业环境监理企业接受业主委托，依法承担其建设项目施工期间的环境监督管理工作，独立对承包人在施工活动中污染防治和生态保护与恢复等情况进行监督管理，落实项目各项环保措施的专业化服务活动。环境监理机构直接受业主（项目办）领导，与工程监理呈并列关系。环境监理工程师由生态、环境工程、大气、水污染等专业人员担任。

独立式环境监理模式的优点是环境监理人员比较集中，专业化程度高，对监理过程中发现的环境问题能及时、集中进行讨论研究，及时解决，总结经验，并实现环境影响评价工作在施工阶段的延续；缺点是监理投入大、环境监理工程师往往受

第十章 交通建设工程施工环境保护监理概述

工程专业知识的限制、不能及时判断或发现施工过程中会出现哪些环境污染问题，对某些容易破坏环境或造成环境污染的施工过程监理力度不够，降低环境监理的实施效果，并且同工程监理的某些工作重复。

（3）项目监理部设置环保职能部门，由环境监测、环境工程等专业监理工程师担任环境监理工作，在总监的领导下，编制有关环境监理方案和计划，对承包人在施工活动中污染防治和生态保护与恢复等情况进行监督管理。为了增强环境监理同工程监理的协作，环保职能部门和项目监理部其他职能部门之间实现资源共享，以弥补环境监理力度不足的弊端，增强环境监理实施效果。

结合式环境监理组织机构模式吸取了独立式环境监理组织模式中监理人员比较集中、专业化程度高的优点，能将环境监理同工程监理有机地结合起来，加强环境监理同工程监理的协作关系。但仍然需要全面对工程监理人员进行环境保护教育，健全环境监理的各项管理制度，并明确工程监理与环境监理的业务分工与合作，否则就会退变成"独立式环境监理"，自行其事、独尽其职。

【考点聚焦】拓展应试能力

考点1 【单项选择题】交通建设工程由于项目组成复杂、工程规模庞大、环境状况多变，一般采用（　　）环境监理较为普遍、合理。

A.包容式　　　　B.结合式　　　　C.独立式　　　　D.混合式

【答案】A

考点2 【多项选择题】属于交通建设环境达标监理范围的是（　　）。

A.施工现场　　　　B.生活营地　　　　C.施工道路

D.料场　　　　　　E.取弃土场

【答案】ABCDE

考点3 【多项选择题】环境保护监理组织设置的原则有（　　）。

A.重点治理与一般治理相结合原则　　　　B.效率原则

C.分工合作原则　　　　D.责、权、利统一原则　　　　E.灵活性原则

【答案】BCDE

考点4 【简述题】简述交通建设工程施工环境保护监理的分类和任务。

【答案】（1）交通建设工程施工环境保护监理是根据《中华人民共和国环境保护法》及相关法律法规，针对施工过程环境保护的全方位、全过程的监理，一般分

为"环境达标监理"和"环保工程监理"两类。

(2) 环境达标监理的主要任务是对工程建设过程中污染环境、破坏生态的行为进行监督管理，防止或减少施工过程污染物排放和生态破坏，实现污染物达标排放或符合生态保护要求，如噪声、废气、污水、固体废物等污染物排放达标，水土流失、生态恢复、自然保护区、水源区和风景名胜区保护等符合要求。

(3) 环保工程监理的主要任务是对工程的环保配套设施进行施工监理，落实项目环境影响评价文件中的环保设施要求，确保"三同时"的实施，如临时用地复垦、水土保持、景观绿化等生态工程、路桥面雨水径流收集、服务区污水处理、声屏障、消烟除尘设施等。

考点5 【简述题】 简述交通建设施工环境保护监理目标的内容。

【答案】 (1) 主体工程施工过程中的噪声（振动）、废气、污水、固体废弃物等排放达到国家相应标准。

(2) 生态环境保护、水土保持等措施符合建设项目环境影响评价文件和水土保持方案的要求。

(3) 声屏障、绿化、污水处理等环保工程设施施工符合相应规范和合同规定。

(4) 施工期不发生重大环境污染和生态破坏事件。

【知识卡片】 遨游知识海洋

鄂东长江公路大桥施工期环境保护措施

施工活动对沿线的环境尤其是敏感的环境将产生不同程度影响。项目承包商在项目施工期有责任保护环境。施工期缓解环境影响的措施应写入招标文件并纳入工程承包合同中，以保证施工过程中实施。

1. 减缓对社会环境的影响措施

在路线经过的城镇宣传专栏进行宣传，设立告示牌，使项目沿线居民进一步了解项目建设的重要意义，向受影响群众宣传有关建设征地、拆迁安置政策等，争取广大群众对项目建设带来的暂时干扰的理解和体谅。施工现场的入口设置广告牌，写明工程承包者、施工监督单位以及当地环保局的热线电话号码和联系人的姓名，以便群众受到施工带来的噪声、大气污染、交通以及其他不利影响时与有关部门进行联系。

第十章 交通建设工程施工环境保护监理概述

加强与当地交通管理部门的使用，对施工物资运输进行规划，制订合理的运输方案和运输路线，尽量减少从村庄附近经过，以减少施工车辆对村民的干扰和污染影响。

本工程拆迁安置由建设单位统一安排，按国家有关土地和房屋拆迁补偿政策，向被拆迁的居民赔偿一定的征用土地费和拆迁补偿费。

2. 减缓生态环境影响措施

大桥工程建设管理部门应充分认识到保护江豚、中华鲟等珍稀水生保护动物的重要性，加强对承包人、施工人员的宣传教育工作，严禁施工人员利用水上作业之便捕捞珍稀水生保护动物。

合理进行施工组织，桥墩水下施工尽量选择在冬季枯水季节进行，施工期间为减少大桥施工对水生珍稀动物正常活动的影响，施工单位应优化施工工艺，尽量控制和减少污染物排放，抓紧施工进度，尽量缩短水上作业的时间。

桥梁桩基施工采用较先进施工工艺，施工期间禁止捕捞、垂钓湖中的鱼类。施工人员生活污水设置干厕——化粪池收集后用作农肥。施工过程中的生产废水应设置临时沉淀处理后方可排放，生活污水和生产废水不得排入方家湖塘中。

3. 水环境保护措施

施工单位应将工程取土与施工泥浆处理有效结合起来，即在取土的同时考虑施工泥浆用于取土场回填的可能性，取土时尽量取平并挖深，取土完成后将施工泥浆注入，待干后覆盖原取土场表面熟土，恢复林地。

大桥南岸施工人员生活污水经化粪池处理后排入附近沟渠。北岸采取干厕——化粪池收集后用作农肥。

混凝土拌和产生少量含悬浮物SS的废水，采取临时沉淀池处理。

4. 减缓施工噪声影响的措施

尽量采用低噪声机械，工程施工所用的施工机构设备应事先对其进行常规工作状态下的噪声测量，超过国家标准的机械应禁止其入场施工。施工过程中还应经常对设备进行维修保养，避免由于设备性能差而使噪声增强现象的发生。

对距居民区150m以内的施工现场，噪声大的施工机具在夜间（22:00-6:00）禁止施工作业。对于必须连续施工作业的工点，施工单位应视具体情况及时与环保部门取得联系，按规定申领夜间施工证，同时发布公告最大限度地争取民众支持。

建设单位应责成施工单位在施工现场张贴通告和投诉电话,并且在接到报案后应及时与当地环保部门取得联系,以便及时处理各种环境纠纷。

5. 环境空气保护措施

在地面风速大于四级时禁止灰土拌和施工作业,石灰等散体材料装卸必须采取降尘措施。对拌和设备应进行较好的密封,并加装二级除尘装置。

施工散料运输车辆采用加盖蓬布和湿法相结合的方式,减少扬尘对大气的污染,物料堆放时加盖蓬布。

公路施工设置的储料场、沥青拌和站、灰土拌和站、混凝土搅拌站应远离居民区、学校等保护目标,置于居民居住区下风向150m以外较为空旷的位置,减少物料扬尘和有害气体对居民的污染影响。

选用密封式、配有消烟除尘装置并能满足达标排放要求的沥青拌和设备。施工结束后应进行沥青拌和站的清场工作,产生的废料可由沥青供应商回收焚烧处理或送至地方环保局指定的处理场所进行处理,不得作为场地恢复的填充材料就地填埋。

6. 船舶事故风险的防治措施

大桥施工期,建设单位应在桥位上下游的港口、码头张贴告示,或通过长江海事部门、报纸通告过往该江段的各种船只有关大桥施工作业区情况。

10.3 施工环境保护监理的依据

【整体感知】洞悉知识脉络

1. 施工环境保护监理的依据较多,共有9个方面。

2. 建设单位委托开展施工过程环境保护监理的合同,以及有关的补充协议,是监理单位开展工作的直接依据。

【教材精讲】拨开眼前迷雾

知识点 1 实行施工环境保护监理,目前我国还没有制定出专门的法律法规。

第十章 交通建设工程施工环境保护监理概述

根据原交通部下发的《关于开展交通工程环境监理工作的通知》（交环发〔2004〕314号）和《关于在公路水运工程建设监理中增加施工安全监理和施工环保监理内容的通知》（交质监发〔2007〕158号），明确了施工环境保护监理工作已成为公路水运工程监理工作内容的重要组成部分，纳入工程监理管理体系，因此环境保护监理的强制性由施工监理的有关规定来保障。

知识点2 施工环境保护监理的依据主要有：(1)国家有关的法律与法规；(2)国家有关的条例、办法与规定等；(3)地方性法规与文件；(4)国家环境标准；(5)公路水运工程标准规范；(6)环境影响评价和水土保持报告及批复、环境行动计划等；(7)工程设计文件；(8)监理合同、施工合同以及有关补充协议；(9)施工过程的会议纪要与文件。

知识点3 建设项目的环境影响评价和水土保持报告及其批复，是施工环境保护监理工作最重要的依据之一，其中针对施工期提出的环境保护重点区域、污染防治措施、水保措施，它是施工环境保护监理工作最重要的依据之一，是施工环境保护监理工作关注的重点，也是必须达到的底线。

知识点4 建设单位委托开展施工过程环境保护监理的合同，以及有关的补充协议，都明确规定了环境保护监理单位的权利、责任和义务，是监理单位开展工作的直接依据。

知识点5 在施工过程中根据实际情况形成的有关环保问题的会议纪要、有关文件，可以作为环境保护监理的依据。

【热点试题】滋润干渴心田

试题1 【单项选择题】在利用世界银行或亚洲开发银行贷款修建的交通建设项目，还应编制（　　），这也是此类工程施工过程环境保护监理工作的依据之一。

A.地质灾害危险性评估报告

B.环境行动计划

C.文物考古调查勘探评价

D.地震安全性评估报告

【答案】B

试题2 【判断题】在施工过程中根据实际情况形成的有关环保问题的会议纪要、有关文件，可以作为环境保护监理的依据。（　　）

《交通建设工程施工环境保护监理》考试指导与模拟题解

【答案】√

【考点聚焦】拓展应试能力

考点1【单项选择题】（　　）是监理单位开展工作的直接依据。

A.监理合同及有关的补充协议

B.工程设计文件

C.环境影响评价和水土保持报告及批复

D.国家环境标准

【答案】A

考点2【判断题】在施工过程中根据实际情况形成的有关环保问题的会议纪要、有关文件，不能作为环境保护监理的依据。（　　）

【答案】×

考点3【简答题】简述施工环境保护监理的依据。

【答案】(1)国家有关的法律与法规；(2)国家有关的条例、办法与规定等；(3)地方性法规与文件；(4)国家环境标准；(5)公路水运工程标准规范；(6)环境影响评价和水土保持报告及批复、环境行动计划等；(7)工程设计文件；(8)监理合同、施工合同以及有关补充协议；(9)施工过程的会议纪要与文件。

【知识卡片】遨游知识海洋

新《公路工程施工监理规范》发布

原交通部2006年11月2日发布的《公路工程施工监理规范》(JTG G10—2006)(以下简称为新监理规范或新规范)，自2007年1月1日起施行，原《公路工程施工监理规范》(JTJ 077—95)(以下简称为旧监理规范或旧规范)同时废止。新旧监理规范比较，新规范增加了环保、安全等内容，并在人员及结构、监理定位等方面均有调整和补充。因此，新监理规范对我们的监理工作提出了更高的要求。

新监理规范在"总则"中明确规定："工程项目监理合同必须明确双方职责与权限"、"按照监理合同约定的职责与权限，对工程质量、安全、环保、费用、进度实施监督管理"、"建设单位必须严格执行国家工程建设质量管理、

第十章　交通建设工程施工环境保护监理概述

安全生产、环境保护等法规，创造合法、规范、有序的监理工作环境"。这样规定，对监理单位提出了增加监管的范围，同时，也对建设单位提出了新的要求。上面所说的职责与权限，强调应在监理合同中约定，即：监理合同应明确是否包括质量、安全、环保、费用、进度以及合同其他事项监理，其变更、调整或处罚的范围和权限应量化，以保证监理机构依法、依合同，公正、有效地开展监理。新监理规范明确增加对安全、环保的监督和管理，是依据安全生产管理条例和环保有关文件而规定的。这样通过增加了监管范围，即：对工程进行了更全面的监理，从而使监理工作更加标准化和规范化，使公路工程施工监理制度更进一步地得到落实，同时也使公路工程建设得到了更全面的发展。

新监理规范在"施工准备阶段监理"中强调：施工准备阶段是施工监理的重要工作阶段。同时强调试验是监理工作的最重要手段。要求监理试验室应设置总监办中心试验室和驻地办试验室，并明确中心试验室以试验为主，驻地办试验室以现场抽检和试件制备为主。同时还要求监理工程师对施工单位工地试验室应进行认真的审查。

新监理规范在"施工阶段监理"中，仍把"质量监理"放在首位，增加了"施工安全监理"和"施工环境保护监理"。关于"费用监理"和"进度监理"与旧规范的"工程费用的监理"和"工程进度监理"则大同小异，只有部分条文进行了补充，如：5.4.1计量与支付的先决条件是确认工程质量合格和各项试验检测资料齐全有效，还应符合安全和环保监理的各项规定。至于增加"施工安全监理"中提出的："监理单位应当审查施工组织设计中的安全技术措施或者专项施工方案是否符合工程建设强制性标准"是根据国务院关于《建设工程安全生产管理条例》而制订的。同时，强调安全生产技术措施或专项施工方案经审查合格后方可同意工程开工。在"施工环境保护监理"中则规定：监理工程师审查施工组织设计中的施工环境保护措施的主要依据是设计文件和项目环境影响评价报告，符合要求的视为合格，可同意工程开工。

新监理规范的出台，标志着我国公路工程建设又进入了一个崭新的发展阶段，它是我们每个监理工程师开展监理活动的指南，是我国公路工程建设的行业标准，它将为保证工程质量和落实监理制度，促使监理工作更加标准化和规范化而发挥规范应有的作用。

10.4 施工环境保护监理的原则与人员素质要求

【整体感知】洞悉知识脉络

1. 严格监理、优质服务、公正科学、廉洁自律的监理原则。
2. 从事施工环境保护监理工作的监理工程师,不仅要有一定的环境保护和工程技术方面的专业技术能力,而且要有一定的组织协调能力。

【教材精讲】拨开眼前迷雾

知识点1 监理人员应当遵循"严格监理、优质服务、公正科学、廉洁自律"的监理原则,坚持守法、诚信、公正、科学的准则。

知识点2 从事施工环境保护监理工作的监理工程师,不仅要有一定的环境保护和工程技术方面的专业技术能力,能够对工程建设进行监督管理,提出合理的意见,而且要有一定的组织协调能力,能够帮助工程建设有关各方共同达成建设过程的环保任务。

知识点3 在交通工程建设中,与监理单位有关的环境保护职责和关系如下:

(1) 政府环境保护主管部门依据环境保护法律法规,对工程施工过程中的环境影响实施监督执法。

(2) 建设单位是工程环境保护的主体之一,应全面执行国家有关环境保护的方针、政策和法律法规,并对工程建设的环境保护工作负总责。

(3) 工程监理单位受建设单位的委托,对工程施工过程中污染环境、破坏生态的行为以及建设项目配套的环保工程进行监督管理,以确保各项环保措施满足公路水运工程施工环境保护的要求。

(4) 施工单位应遵守国家和地方有关环境保护法律法规、标准规范及合同规定的环保条款,按照与建设单位签订的承包合同的规定接受施工环境保护监理。

【热点试题】滋润干渴心田

试题1 【多项选择题】下列说法正确的是（　　）。

A. 政府环境保护主管部门对施工过程中的环境影响实施监督执法

第十章 交通建设工程施工环境保护监理概述

B.建设单位应对工程建设的环境保护工作负总责

C.工程监理单位对工程施工过程中污染环境、破坏生态的行为以及环保工程进行监督管理

D.施工单位应按照与建设单位签订的合同的规定接受施工环境保护监理

【答案】ABCD

试题2 【简答题】在交通工程建设中,与监理单位有关的环境保护职责和关系有哪些?

【答案】(1)政府环境保护主管部门依据环境保护法律法规,对工程施工过程中的环境影响实施监督执法。

(2)建设单位是工程环境保护的主体之一,应全面执行国家有关环境保护的方针、政策和法律法规,并对工程建设的环境保护工作负总责。

(3)工程监理单位受建设单位的委托,对工程施工过程中污染环境、破坏生态的行为以及建设项目配套的环保工程进行监督管理,以确保各项环保措施满足公路水运工程施工环境保护的要求。

(4)施工单位应遵守国家和地方有关环境保护法律法规、标准规范及合同规定的环保条款,按照与建设单位签订的承包合同的规定接受施工环境保护监理。

 【考点聚焦】拓展应试能力

考点1 【多项选择题】作为施工监理的一部分,从事施工环境保护监理活动同样应当遵循( )的监理原则,坚持守法、诚信、公正、科学的准则。

A.严格监理 B.优质服务
C.公正科学 D.廉洁自律

【答案】ABCD

考点2 【多项选择题】交通建设监理人员应该具有( )方面的知识结构,以及能够适应工作要求的业务素质和能力。

A.环保 B.工程
C.管理 D.职业道德

【答案】ABCD

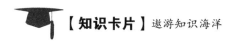

交通建设监理人员自律

1. 监理从业人员必须遵纪守法，自觉履行职业道德准则，行为规范，尽职尽责，坚持工作的服务性、公正性、科学性，严格按合同约定，为工程提供优质监理服务。

2. 不能以个人名义承揽监理业务，不在施工企业或材料、设备生产供应等单位兼职；不为所监理的项目指定施工队伍和材料、设备、构配件供应商；不向施工企业索取钱物，不收受施工企业的任何礼金和礼品，不参与、不干预施工企业正常的用人安排。

3. 不得转借、出卖、伪造、涂改监理资格证书以及其他相关资信证明。

4. 坚持原则，公正、客观、实事求是地处理施工质量问题。评定工程质量及统计工程数量，要以准确的测试数据和资料为依据，并对自己签认的各种证据负责。

5. 遵守公共关系准则，同行间相互尊重、相互支持、友好合作。不损害同行的声誉，不妨害同行的工作。

6. 按照聘用合同的规定在聘用单位从事监理工作，不擅自离聘，对因个人擅离职守给工程和聘用单位造成的损失承担经济责任。

7. 积极参加监理技术业务培训和职业道德教育，不断学习、掌握新知识、新技术、新法规，努力提高技术、业务能力和职业道德水平，增强法律意识、合同意识、质量意识和服务意识。

第十章 交通建设工程施工环境保护监理概述

10.5 施工环境保护监理的工作程序

【整体感知】洞悉知识脉络

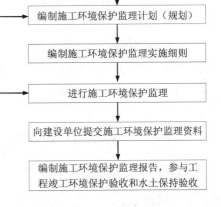

1. 组织施工环境保护监理交底会和有关协调会
2. 审核施工组织设计中的环境保护实施方案
3. 审核工程材料、设备的环境性能指标
4. 组织相关人员进行业务培训

1. 督促施工单位履行承包合同中的环境保护条款
2. 现场检查、监督并发布各项指令、文件及协调管理
3. 结合环境监测数据，及时调整环保监控力度
4. 进行环保工程和有关事项的验收、计量和支付事宜
5. 编写工作纪录、监理日志、监理月报、监理工作报告、监理工作总结等

【教材精讲】拨开眼前迷雾

知识点 1 施工环境保护监理一般应按照下列工作程序进行：(1) 依据监理合同、设计文件、环评报告与水土保持方案及批复以及施工合同、施工组织设计等编制施工环境保护监理计划（规划）；(2) 按照施工环境保护监理计划（规划）、工程建设进度、各项环保对策措施编制施工环境保护监理实施细则；(3) 依据编制的施工环境保护监理计划（规划）和实施细则，开展施工期环境保护监理，检查承包人制订的环境保护措施的落实情况；进行验收、计量与支付；(4) 工程交工阶段编写施工环境保护监理总结报告，整理监理档案资料，提交建设单位；(5) 参与工程竣工环境保护验收和水土保持验收。

【热点试题】滋润干渴心田

试题 1 【多项选择题】下列（　　）是施工环境保护监理工作的程序。
A. 编制施工环境保护监理计划　　B. 开展施工期环境保护监理
C. 参与工程竣工环境保护验收　　D. 参与水土保持验收

《交通建设工程施工环境保护监理》考试指导与模拟题解

【答案】ABCD

【考点聚焦】拓展应试能力

考点1 【简答题】简述施工环境保护监理一般应遵循的工作程序。

【答案】（1）依据监理合同、设计文件、环评报告与水土保持方案及批复以及施工合同、施工组织设计等编制施工环境保护监理计划（规划）。

（2）按照施工环境保护监理计划（规划）、工程建设进度、各项环保对策措施编制施工环境保护监理实施细则。

（3）依据编制的施工环境保护监理计划（规划）和实施细则，开展施工期环境保护监理，检查承包人制订的环境保护措施的落实情况；进行验收、计量与支付。

（4）工程交工阶段编写施工环境保护监理总结报告，整理监理档案资料，提交建设单位。

（5）参与工程竣工环境保护验收和水土保持验收。

【知识卡片】遨游知识海洋

浙江要求高速公路、大型水运项目需配备环保工程师

浙江省交通部门近日决定，高速公路和大型水运项目根据工程实际情况要配备1名专职或兼职的环境保护副总监理工程师。

浙江省交通厅在发出的通知中指出，该省公路水运建设项目逐步开展了施工环境保护监理，并取得了一定成绩。但是，也有部分项目的环境保护监理工作不够全面、深入。

据了解，公路水运工程施工环境保护监理是对工程施工环境保护的全方位、全过程的监理，负责使噪声、废气、污水等污染物排放达标，尽最大可能减少水土流失和生态环境破坏；负责对建设项目配套的水处理设施、声屏障、绿化工程、自然保护区、水源保护区以及风景名胜保护区的保护等环保工程进行施工监理。

浙江省交通厅指出，监理工程师必须严格审查承包人的施工组织设计、分项（分部）工程开工申请报告是否按设计文件和环境影响评价报告的有关要求制订了施工环境保护措施，不符合要求的，不得同意工程开工。监理工程师在巡视、旁站中如发现施工中存在违规情况严重的，要求承包人暂时停工。而且，省、市

第十章 交通建设工程施工环境保护监理概述

> 交通工程质监部门要加大检查频率和监督力度,将检查结果纳入监理企业信用评价,并与监理招标投标、监理企业资质复查等挂钩。

10.6 施工环境保护监理的工作内容及方式

【整体感知】洞悉知识脉络

1. 环保达标监理的工作方式以日常巡视为主。
2. 施工环境保护监理的工作内容包括施工准备阶段、施工阶段、交(竣)工及缺陷责任期三大部分。
3. 出现重大环境污染或生态破坏事故的处理程序。

【教材精讲】拨开眼前迷雾

知识点1 监理工程师对施工活动中的环境保护工作按照施工进程实施动态管理。

知识点2 环保达标监理的工作方式以日常巡视为主,辅以必要的环境监测,以便及时调整环保监控力度。

知识点3 施工准备阶段的环境保护监理工作:(1)参加设计交底,熟悉环评报告和设计文件,了解工程建设项目的具体环保目标;(2)审查施工单位的施工组织设计和开工报告,对环保实施方案提出审查意见,包括施工中须保护的环境敏感点、具体的环保措施、环保管理制度和环保专业人员等;(3)审查施工单位的临时用地方案是否符合环保要求,临时用地的恢复计划是否可行;(4)审查施工单位的环保管理体系是否责任明确,切实有效;(5)参加第一次工地会议,对工程建设项目的环保目标和环保措施提出要求。

知识点4 施工阶段的环境保护监理工作:(1)对工地进行巡视或旁站监理;(2)向施工单位发出环保工作指令;(3)检查环境保护措施和成果;(4)协助环保主管部门和建设单位处理突发环保事件;(5)建立、保管环境保护监理资料档案;(6)参加工地例会。

知识点5 交、竣工阶段及缺陷责任期的环境保护监理工作:(1)参加交工检查,

《交通建设工程施工环境保护监理》考试指导与模拟题解

确认现场清理工作、临时用地的恢复和取（弃）土场的复绿等是否达到环保要求；（2）评估环保任务或环保目标的完成情况，对尚存的主要环境问题提出继续监测或处理的方案和建议；（3）定期检查施工单位对环保遗留问题整改计划的实施，并根据工程具体情况，建议施工单位对整改计划进行调整；（4）检查已实施的环保达标工程和环保工程，对交工验收后发生的环保问题或工程质量缺陷及时进行调查和记录，并指示施工单位进行环境恢复或工程修复；（5）检查施工单位的环保资料是否满足竣工环保验收的要求；（6）整理施工环境保护监理竣工资料；（7）参与竣工环境保护验收和水土保持验收。

知识点 6 空气质量监测项目有NO_2、CO、TSP等三项，必要时还可监测SO_2。

知识点 7 地表水水质一般监测项目有pH、悬浮物（SS）、化学需氧量（COD）、生化需氧量（BOD）、氨氮、石油类等6项。

知识点 8 当工程施工过程中，出现重大环境污染或生态破坏事故时，应按如下程序处理：(1)施工单位在发生事故后，应立即停止施工作业，并采取有效措施防止事故扩大。除在规定时间口头报告监理工程师外，并尽快提出事故初步调查结果的书面报告，报告应初步反映该工程名称、部位、污染事故原因、应急环保措施等。该报告经监理工程师签署意见，总监审核批准后报建设单位。(2)监理工程师立即报告建设单位，及时向当地环保主管部门汇报，同时书面通知施工单位暂停该工程的施工，并督促施工单位根据环保主管部门有关意见，采取有效的环保措施。(3)监理工程师和施工单位对污染事故继续深入调查，并和有关方面商讨，提出事故处理的初步方案后报建设单位，交环保主管部门研究处理。(4)监理工程师对事故处理情况进行总结，督促施工单位做好善后工作。

【热点试题】滋润干渴心田

试题1 【判断题】监理过程中如发现环境污染和生态破坏等情况，监理工程师应立即通知施工单位限期整改。（　　）

【答案】√

试题2 【简答题】简述施工阶段的环境保护监理工作的内容。

【答案】(1)对工地进行巡视或旁站监理。

(2)向施工单位发出环保工作指令。

(3)检查环境保护措施和成果。

第十章 交通建设工程施工环境保护监理概述

（4）协助环保主管部门和建设单位处理突发环保事件。

（5）建立、保管环境保护监理资料档案。

（6）参加工地例会。

试题3 【简答题】 简述施工准备阶段的环境保护监理工作的内容。

【答案】（1）参加设计交底，熟悉环评报告和设计文件，了解工程建设项目的具体环保目标。

（2）审查施工单位的施工组织设计和开工报告，对环保实施方案提出审查意见，包括施工中须保护的环境敏感点、具体的环保措施、环保管理制度和环保专业人员等。

（3）审查施工单位的临时用地方案是否符合环保要求，临时用地的恢复计划是否可行。

（4）审查施工单位的环保管理体系是否责任明确，切实有效。

（5）参加第一次工地会议，对工程建设项目的环保目标和环保措施提出要求。

试题4 【简答题】 简述交、竣工阶段及缺陷责任期的环境保护监理工作内容。

【答案】（1）参加交工检查，确认现场清理工作、临时用地的恢复和取（弃）土场的复绿等是否达到环保要求。

（2）评估环保任务或环保目标的完成情况，对尚存的主要环境问题提出继续监测或处理的方案和建议。

（3）定期检查施工单位对环保遗留问题整改计划的实施，并根据工程具体情况，建议施工单位对整改计划进行调整。

（4）检查已实施的环保达标工程和环保工程，对交工验收后发生的环保问题或工程质量缺陷及时进行调查和记录，并指示施工单位进行环境恢复或工程修复。

（5）检查施工单位的环保资料是否满足竣工环保验收的要求。

（6）整理施工环境保护监理竣工资料。

（7）参与竣工环境保护验收和水土保持验收。

【考点聚焦】拓展应试能力

考点1 【单项选择题】 监理工程师对施工活动中的环境保护工作按照施工进程实施（　　）。

A.静态管理　　　　B.综合管理　　　　C.动态管理　　　　D.分类管理

【答案】C

考点2 【多项选择题】空气质量一般监测的项目有（   ）。
A.二氧化氮　　B.总悬浮颗粒物　　C.一氧化碳　　D.氨氮
【答案】ABC

考点3 【多项选择题】地表水水质一般监测项目有（   ）。
A.pH　　B.悬浮物（SS）　　C.化学需氧量（COD）
D.生化需氧量（BOD）　　E.石油类
【答案】ABCDE

考点4 【判断题】环保工程作为交通建设工程的附属工程，其施工监理的内容与主体工程的施工监理相同。（   ）
【答案】√

考点5 【简答题】当工程施工过程中，出现重大环境污染或生态破坏事故时，如何处理？

【答案】(1)施工单位在发生事故后，应立即停止施工作业，并采取有效措施防止事故扩大。除在规定时间口头报告监理工程师外，并尽快提出事故初步调查结果的书面报告，报告应初步反映该工程名称、部位、污染事故原因、应急环保措施等。该报告经监理工程师签署意见，总监审核批准后报建设单位。

(2)监理工程师立即报告建设单位，及时向当地环保主管部门汇报，同时书面通知施工单位暂停该工程的施工，并督促施工单位根据环保主管部门有关意见，采取有效的环保措施。

(3)监理工程师和施工单位对污染事故继续深入调查，并和有关方面商讨，提出事故处理的初步方案后报建设单位，交环保主管部门研究处理。

(4)监理工程师对事故处理情况进行总结，督促施工单位做好善后工作。

 【知识卡片】遨游知识海洋

要修路更要保生态

交通是经济发展的命脉，"要致富，先修路"、"经济发展，交通先行"，可以说，交通是经济发展的必然选择，其对经济的积极影响自然不必多言。但是，任何事物都有两面性，道路建设的另一面就是对生态环境不可避免的影响甚至是破坏。

"不进入就是最大的保护"、"不破坏就是最好的保护"，不少道路的建

第十章　交通建设工程施工环境保护监理概述

者都提出了这样的原则。越来越多的人开始注重道路建设中的环境治理和生态保护，如遵循"宁桥毋填，宁隧毋挖"的原则、对沿线植物移植和回迁等等，这值得充分肯定。但是，要做到彻彻底底地"不进入"、"不破坏"，却并非易事。

什么是真正的"不进入"？不进入，就是完全避让。但事实上，在自然保护区或生态敏感区附近修路，要做到"不进入"几乎是不可能的，除非付出巨大的经济代价，绕道而行也就改变了道路规划者的规划路线，并非其所愿。可以说，在自然保护区或生态脆弱区，完全避让几近于彻底放弃修路。

为什么要提出"不进入"？原因很明了，修路不可避免地会给沿途生态带来一定的影响甚至是破坏。多数道路都要穿过农田、鱼塘、森林、河流、沼泽等多种生态系统，能"不进入"就不会干扰这些生态系统，产生的生态影响自然会小很多。

有人提出，沿途的生态损失可以完全量化，损失并不像人们想象的那么严重。诚然，将其按照内在价值、生态价值、旅游价值等各种价值核算，生态损失确实可以计算出来。由于高速公路沿线会修建新的绿化带，带来新的生态价值，于是，生态专家对有些公路的评估发现，高速公路甚至会使生态价值增加。可是，这里却忽视了一个问题：生态影响不仅仅是生态价值的损失。

道路对生态系统的最大影响是破坏了生态系统的完整性，这种破坏是难以量化而且无法预估的。道路的通达给动物带来阻隔，进而影响植物的生长，最终将影响土地、河流的生态状况。一个生态系统的破坏又会传导给邻近的生态系统，蝴蝶效应因此而启动。可以这样说，道路对生态系统影响的重大往往在于对未来的不确定性。

由于修路对生态系统总会有难以预估的影响，我们能做的最大贡献就是科学规划、减少干扰。有些地区适合修建公路，就构建密集的路网，而有些地区生态脆弱不适合修路，那就要在修路问题上慎之又慎。从小磨高速公路的环保实践上，我们可以领悟到：对于生态环境的保护，再多的努力、再大的投入都是值得的。

10.7 施工环境保护监理的工作制度

 【整体感知】洞悉知识脉络

1. 施工环境保护监理工作的6项制度。
2. 工作记录制度的7项内容。

 【教材精讲】拨开眼前迷雾

知识点1 施工环境保护监理工作制度主要有：(1)文件审核、审批制度；(2)工作记录制度；(3)报告制度；(4)会议制度；(5)函件来往制度；(6)人员培训制度。

知识点2 施工环境保护监理记录是信息汇总的重要渠道，是监理工程师作出决定的重要基础资料，其内容主要有：(1)会议记录；(2)监理日记；(3)环境监理月报；(4)气象及灾害记录；(5)质量记录；(6)承包人的有关环境保护报告或请示，正式例行报告、报表、各种正式函件、口头承诺等；(7)交、竣工文件。

知识点3 监理工程师对承包人某些方面的规定或要求，必须通过书面形式通知。情况紧急需口头通知时，随后必须以书面函件形式予以确认。

 【热点试题】滋润干渴心田

试题1 【单项选择题】下列（　　）不是施工环境保护监理的工作制度。
A.工作记录制度　　B.会议制度　　C.奖惩制度　　D.函件来往制度
【答案】C

试题2 【简答题】简述交通建设施工环境保护监理工作记录制度的内容。
【答案】(1)会议记录；(2)监理日记；(3)环境监理月报；(4)气象及灾害记录；(5)质量记录；(6)承包人的有关环境保护报告或请示，正式例行报告、报表、各种正式函件、口头承诺等；(7)交、竣工文件。

 【考点聚焦】拓展应试能力

考点1 【多项选择题】下列（　　）属于交通建设施工环境保护监理工作制度。
A.报告制度

第十章 交通建设工程施工环境保护监理概述

B.会议制度

C.文件审核、审批制度

D.工作记录制度

【答案】ABCD

考点2 【简答题】简述施工环境保护监理工作的制度。

【答案】(1)文件审核、审批制度；(2)工作记录制度；(3)报告制度；(4)会议制度；(5)函件来往制度；(6)人员培训制度。

【知识卡片】遨游知识海洋

世界地球日

2011年的2月22日是第42个世界地球日。今年的主题是"珍惜地球资源，转变发展方式"。

世界地球日活动起源于美国。1969年，美国民主党参议员盖洛德·尼尔森提议，在全国各大学校园内举办环保问题讲演会。当时25岁的哈佛大学法学院学生丹尼斯·海斯很快就将尼尔森的提议变成了一个在全美各地展开大规模社区性活动的具体构想，并得到很多青年学生的支持。1970年4月22日，美国首次举行了声势浩大的"地球日"活动。这是人类有史以来第一次规模宏大的群众性环境保护运动。

作为人类现代环保运动的开端，"地球日"活动推动了多个国家的环保立法工作。1990年4月22日，全世界140多个国家、2亿多人同时在各地举行多种多样的环境保护宣传活动。这项活动得到了联合国的首肯。其后，每年的4月22日被确定为"世界地球日"。

举办"世界地球日"活动的宗旨是唤起人类爱护地球、保护家园的意识，促进资源开发与环境保护的协调发展。我国从20世纪90年代起，每年4月22日都举办世界地球日活动，并根据当年的情况确定活动主题。2011年的主题旨在借助地球日活动平台，提高公众对国土资源国情的认识，普及有关科学技术知识，引导全社会积极参与节约利用资源、促进经济发展方式转变的实践。

10.8 公路施工环境保护监理文件

【整体感知】洞悉知识脉络

1.施工环境保护监理文件的构成(监理计划、监理实施细则、监理总结报告)。
2.施工环境保护监理资料体系。

【教材精讲】拨开眼前迷雾

知识点1 施工环境保护监理计划是施工监理计划的组成部分之一,是监理工程师全面开展施工环境保护监理工作的指导性文件。

知识点2 施工环境保护监理计划应明确环境保护监理工作范围、内容、方式和目标,一般应包含以下内容:(1)工程项目概况;(2)实行环境保护监理的依据;(3)环境保护监理的范围;(4)工作内容、工作目标和工作方式;(5)监理单位组织机构、人员安排、岗位职责;(6)人员、设施或设备的进出场计划;(7)环境保护监理程序和工作要点。

知识点3 施工环境保护监理实施细则是在监理计划的基础上,由各专业监理工程师针对建设项目各分项工程编制的操作性文件。

知识点4 施工环境保护监理文件的构成:(1)施工环境保护监理计划;(2)施工环境保护监理实施细则;(3)施工环境保护监理工作总结报告。

知识点5 环保达标监理的资料主要有:(1)日常工作记录;(2)环境保护会议记录;(3)环境保护教育和培训记录;(4)环境保护监理通知单(回复单);(5)环境保护监理工作联系单;(6)环境保护监理检验申请批复单;(7)临时用地环境影响报告单;(8)临时用地(取弃土场)整治恢复报告单;(9)拌和场排放达标检验报告单;(10)环境污染事故处理文件;(11)环境保护月报;(12)与建设单位、施工单位往来函件;(13)工程建设环境保护文件;(14)环境监测报告;(15)水土保持监测报告(建设单位委托有资质单位编制);(16)施工单位、监理单位竣工环保总结报告及其他资料;(17)工程交、竣工文件。

知识点6 环境监测报告包括两部分:一部分是由建设单位委托有资质的环境监测单位定期进行监测后,由监测部门分期提交的监测结果报告;另一部分是监理

第十章 交通建设工程施工环境保护监理概述

单位根据现场情况自主进行监测的结果报告。两者都应进行归档。

知识点 7 施工环境保护监理月报应包含两大部分内容,即环保达标监理内容和环保工程监理内容。后者主要是工程内容,可以参照工程监理月报格式书写,前者应包括以下内容:(1)本月主要施工内容;(2)本月生态保护和污染防治情况,上月遗留的环保问题以及处理情况;(3)环保监测的结果;(4)施工单位环保管理体系运行情况;(5)本月环境保护存在的问题,以及处理计划;(6)下月施工计划,以及根据下月施工内容提出的污染防治计划。

【热点试题】滋润干渴心田

试题1 【单项选择题】(   )是施工监理计划的组成部分之一,是监理工程师全面开展施工环境保护监理工作的指导性文件。

A.施工环境保护监理计划

B.施工环境保护监理实施细则

C.施工环境保护监理工作总结

D.环境保护月报

【答案】A

试题2 【简答题】简述交通建设施工环境保护监理月报的内容。

【答案】施工环境保护监理月报应包含两大部分内容,即环保达标监理内容和环保工程监理内容。后者主要是工程内容,可以参照工程监理月报格式书写,前者应包括以下内容:

(1)本月主要施工内容。

(2)本月生态保护和污染防治情况。上月遗留的环保问题以及处理情况。

(3)环保监测的结果。

(4)施工单位环保管理体系运行情况。

(5)本月环境保护存在的问题,以及处理计划。

(6)下月施工计划,以及根据下月施工内容提出的污染防治计划。

试题3 【简答题】简述施工环境保护监理计划应包含的内容。

【答案】(1)工程项目概况;(2)实行环境保护监理的依据;(3)环境保护监理的范围;(4)工作内容、工作目标和工作方式;(5)监理单位组织机构、人员安排、岗位职责;(6)人员、设施或设备的进出场计划;(7)环境保护监理程序和工作要点。

《交通建设工程施工环境保护监理》考试指导与模拟题解

  【考点聚焦】 拓展应试能力

考点1 【单项选择题】 （　　）是在监理计划的基础上，由各专业监理工程师针对建设项目各分项工程编制的操作性文件。

　　A.施工环境保护监理计划　　　　　　B.施工环境保护监理实施细则
　　C.施工环境保护监理工作总结　　　　D.环境保护月报

【答案】 B

考点2 【简答题】 简述交通建设环保达标监理的资料体系。

【答案】 （1）日常工作记录；（2）环境保护会议记录；（3）环境保护教育和培训记录；（4）环境保护监理通知单（回复单）；（5）环境保护监理工作联系单；（6）环境保护监理检验申请批复单；（7）临时用地环境影响报告单；（8）临时用地（取弃土场）整治恢复报告单；（9）拌和场排放达标检验报告单；（10）环境污染事故处理文件；（11）环境保护月报；（12）与建设单位、施工单位往来函件；（13）工程建设环境保护文件；（14）环境监测报告；（15）水土保持监测报告（建设单位委托有资质单位编制）；（16）施工单位、监理单位竣工环保总结报告及其他资料；（17）工程交、竣工文件。

  【知识卡片】 遨游知识海洋

《公路安全保护条例》正式颁布

　　2011年3月7日，温家宝总理签署了国务院第593号令，发布了《公路安全保护条例》（以下简称《条例》），自2011年7月1日起施行。时值"十二五"开局之年，《条例》的颁布施行，标志着我国公路保护工作在规范化、法制化方面又迈上了一个新台阶，对于依法开展公路保护工作，确保公路的完好、安全和畅通，进一步促进我国公路事业又好又快发展将起到十分重要的作用。《条例》是我国第一部专门对公路保护进行规范的行政法规。它的颁布施行，对于依法保障公路路网有效运转，更好地发挥公路在国民经济发展、社会主义新农村建设以及人民群众安全、便捷出行方面的作用，具有非常重要的意义。

　　《公路安全保护条例》主要有以下几方面的亮点：

　　进一步提高公共交通网络的公共服务能力，细化了对公路线路本身的保护，强化了公路管理机构养护单位等主体对公路安全保护的责任，进一步提高了公路

第十章 交通建设工程施工环境保护监理概述

信息的服务质量和路网监测的力度,这是一个在体制方面的补充。

车辆超限治理的长效机制的建立。长期以来高速公路和公路超载一直是治理的难点,这一次从源头治理、路面监控和法律责任三个方面都加强了治理。加强源头治理方面,在车辆生产和销售环节就对于超载超限运输车辆的规格、尺寸、负荷以及质量限值做了明确的规定,超过限值不许生产,生产了也不许销售。另外,对于不符合规定的车辆,公安机关不予办理车辆登记。在货运站的装载环节,规定道路运管机构应当加强对这些场所的监管,对于不符合国家有关载运标准的车辆,不准进行装载服务。

进一步完善路面的监控网络。随着高速公路网络的建立,路面监控设施进一步的加强,尤其是一些摄像头的监控对于超载车辆也进行了实时监控。

加大了对于超限处罚力度,一直以来对于超限处罚缺少严格的法律规定,这次条例总结了公路的经验,对于道路运输企业、车辆驾驶人等运输主体,根据非法从事的数量频率规定要吊销资质证,责令停业整顿,视法律责任进行不同数量的处罚,加大了法律的威慑力。

针对近年来重大突发事件,尤其是冰雪自然灾害与地震等灾害,《条例》对于公路突发事件的应急预案制度也作了详细的规定,要求县以上人民政府及交通运输管理部门公路管理部门明确指挥救援的事项,规定了公路突发事件的应急处置措施,对开展公路突发事件的监测预报和预警工作作了细致的规定,此外将武警交通部队的力量也纳入了公路突发事件的应急体系。针对近年来在灾害中武警发挥的重大作用,《条例》规定了武装警察交通部队要按照国家有关部门承担起公路桥梁、公路隧道等设施的抢修任务,这也被明确列入到新的《条例》当中。

10.9 施工环境保护监理应特别关注的问题

【整体感知】洞悉知识脉络

1. 施工中发现文物的处理。
2. "以老带新"措施。
3. 环境监理在工作中应注意工程线路是否离开了各环境敏感地区的限定性区

《交通建设工程施工环境保护监理》考试指导与模拟题解

域，避免由于控制不严造成严重影响。

  【教材精讲】 拨开眼前迷雾

知识点 1 在施工过程中，如有其他文物遗迹发现，根据国家有关文物法规，施工单位应保护好有关现场，及时通知当地政府的文物主管部门，协商处理，待对其进行适当的处理后再继续施工，确保国家文物的安全和项目建设的顺利进行。

知识点 2 严格控制工程不进入自然保护区的核心区和缓冲区，严格控制工程不进入各种饮用水源地的一级水源保护区，严格控制工程不进入风景名胜区的核心景区，控制工程不进入文物保护单位的核心保护区。

知识点 3 改扩建项目的实施过程中要贯彻和执行"以新带老"原则，即对现有工程存在的环境问题进行整治，使原有环境问题得到减缓甚至消除。

知识点 4 交通噪声污染"以新带老"措施包括增设声屏障、增加隔声窗等。

知识点 5 交通建设大气污染"以新带老"措施主要是对场站及服务设施系统内的锅炉进行更换，使其采用环保型锅炉。

知识点 6 交通建设生态环境"以新带老"，主要是对既有项目的取弃土场、临时占地进行生态重建或恢复工作，对线路沿线及场站、服务设施进行绿化，以减少水土流失。

  【热点试题】 滋润干渴心田

试题 1 【多项选择题】下列说法正确的是（   ）。
A.严格控制工程不进入自然保护区的核心区和缓冲区
B.严格控制工程不进入各种饮用水源地的一级水源保护区
C.严格控制工程不进入风景名胜区的核心景区
D.严格控制工程不进入文物保护单位的核心保护区
【答案】ABCD

试题 2 【判断题】交通噪声污染"以新带老"措施包括增设声屏障、增加隔声窗等。（   ）
【答案】√

第十章 交通建设工程施工环境保护监理概述

【考点聚焦】拓展应试能力

考点1 【多项选择题】在施工过程中,如有其他文物遗迹发现,应该( )。
A. 施工单位应保护好有关现场
B. 施工单位应及时通知当地政府的文物主管部门
C. 避让
D. 继续施工
【答案】AB

考点2 【判断题】交通建设生态环境"以新带老",主要是对既有项目的取弃土场、临时占地进行生态重建或恢复工作。( )
【答案】√

【知识卡片】遨游知识海洋

环境保护部发布《稀土工业污染物排放标准》

环境保护部日前发布《稀土工业污染物排放标准》,自2011年10月1日起实施。环境保护部有关负责人表示,这是"十二五"期间环境保护部发布的第一个国家污染物排放标准,标准的制定和实施将有利于提高稀土产业准入门槛,加快转变稀土行业发展方式,推动稀土产业结构调整,促进稀土行业持续健康发展。

这位负责人介绍说,稀土是不可再生的重要战略资源,在国民经济各部门中的应用日益广泛。经过多年发展,我国稀土产业规模不断扩大,但稀土行业发展中仍存在非法开采、产能过剩、生态环境破坏和资源浪费等问题,严重影响了行业的健康发展。统计数据显示,目前,我国的稀土储量占全球36%,产量则占世界97%。由于过度开发,我国的稀土资源储量下降迅速,稀土生产过程中的环境污染问题日益突出。以氨氮为例,稀土行业每年产生的废水量达2000多万吨,其中氨氮含量300~5000mg/L,超出国家排放标准十几倍至上百倍。由于没有针对稀土工业特点的污染物排放标准,长期以来,稀土工业企业污染物排放管理和建设项目的环境影响评价、设计和竣工验收等,只能执行综合类污染物排放标准,稀土行业生产过程中排放的特征污染物始终未能得到有效控制。

为解决稀土行业存在的问题，提升开采、冶炼和应用的技术水平，保护国家宝贵的稀土战略资源，环境保护部开展了稀土工业排放标准的制定工作。《稀土工业污染物排放标准》根据稀土工业企业生产工艺、生产装备的特点和原辅材料的成分，以稀土工业企业生产中排放的主要污染物作为控制项目，对稀土行业废水、废气和放射性物质的排放控制等方面都作了明确规定。为防止企业稀释排放，标准中还规定了单位产品基准排水量和单位产品基准排气量。该标准适用于我国境内从事稀土矿山开采以及稀土金属、合金生产的各种规模特征生产工艺和装置的水、废气污染物排放管理，以及稀土工业建设项目的环境影响评价、设计和竣工验收。

这位负责人表示，《稀土工业污染物排放标准》实施后，新建企业必须严格按标准执行，考虑到我国稀土工业现有企业的实际情况，标准对现有企业设置了两年的达标排放过渡期，过渡期后，现有企业也必须执行新建企业排放限值。

第十一章 交通建设工程施工准备阶段环境保护监理

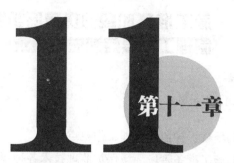

交通建设工程施工准备阶段环境保护监理

【目标导航】导引学习方向

1.熟悉施工准备阶段的环境保护监理管理工作要点和总体要求。

2.掌握施工准备阶段的环境保护监理技术工作要点。

【学法点拨】开启思维之门

1.本部分主要介绍了交通建设工程施工准备阶段环保监理工作的总体要求和管理工作要点。

2.学习本部分内容时,要重点掌握临时用地、临时施工道路、临时材料堆放场、拌和场、预制场、取土场、弃土场、生活区、办公区、实验室等对环境的影响因素与技术工作要点。

11.1 施工准备阶段的环境保护监理管理工作要点和总体要求

【整体感知】洞悉知识脉络

1. 施工准备阶段的环境保护监理管理工作要点。
2. 各种特定对象的施工准备阶段环境保护监理技术各种要点。

【教材精讲】拨开眼前迷雾

知识点 1 在施工准备阶段，环保监理工程师应作好以下准备工作：(1) 熟悉工程资料，掌握工程整体情况，包括工程环境影响区域。(2) 初步审查承包人提交的临时工程设计文件中的环境保护措施和方案，提交业主组织审查。(3) 编制施工环境保护监理计划（规划）。(4) 根据施工环境保护监理计划（规划），编制各单位工程的环境保护监理实施细则。(5) 根据工程情况，配置满足工程需要的环境监测设备和仪器。(6) 建立环保工作网络，要求施工单位建立环境保护管理体系。(7) 审查承包人编制的《施工组织设计》，主要审查施工污染防治方案，了解污染物的排放环节，排放的主要污染物、采用的治理措施、污染物的最终处置方法和去向；对不符合工程环保要求的环节内容提出改正要求，对遗漏的环节和内容要求增补。(8) 参加第一次工地会议，对施工单位进行环境保护交底。

知识点 2 在开展施工临时用地环境监理工作时，统一的技术工作要求应该做到：(1) 熟悉工程环境影响评价文件和水土保持方案文件，同时实地踏勘，对项目所在区域可能涉及的生态敏感点进行识别和确认。(2) 临时用地的规划、布置，应充分考虑环境保护的要求，全面规划、合理布局、统筹安排，规划施工便道、便桥、码头、取土场、弃土场、生活区、水池、油库、炸药库等建设用地。避免因选址不慎，造成对环境的人为干扰。

【热点试题】滋润干渴心田

试题 1 【简答题】在开展施工临时用地环境监理工作时，统一的技术工作要求是什么？

第十一章 交通建设工程施工准备阶段环境保护监理

【答案】（1）熟悉工程环境影响评价文件和水土保持方案文件，同时实地踏勘，对项目所在区域可能涉及的生态敏感点进行识别和确认。

（2）临时用地的规划、布置，应充分考虑环境保护的要求，全面规划、合理布局、统筹安排，规划施工便道、便桥、码头、取土场、弃土场、生活区、水池、油库、炸药库等建设用地。避免因选址不慎，造成对环境的人为干扰。

【考点聚焦】拓展应试能力

考点1 【简答题】在施工准备阶段，环保监理工程师应做好哪些准备工作？

【答案】（1）熟悉工程资料，掌握工程整体情况，包括工程环境影响区域。

（2）初步审查承包人提交的临时工程设计文件中的环境保护措施和方案，提交业主组织审查。

（3）编制施工环境保护监理计划（规划）。

（4）根据施工环境保护监理计划（规划），编制各单位工程的环境保护监理实施细则。

（5）根据工程情况，配置满足工程需要的环境监测设备和仪器。

（6）建立环保工作网络，要求施工单位建立环境保护管理体系。

（7）审查承包人编制的《施工组织设计》，主要审查施工污染防治方案，了解污染物的排放环节、排放的主要污染物、采用的治理措施、污染物的最终处置方法和去向；对不符合工程环保要求的环节内容提出改正要求，对遗漏的环节和内容要求增补。

（8）参加第一次工地会议，对施工单位进行环境保护交底。

【知识卡片】遨游知识海洋

一种理念：建设"环保高速"

怀新高速公路全线穿越侗族少数民族地区，如何在施工建设的同时实行有效管理，保护沿线古朴、独特的自然风光和人文景观？怀新高速公路建设之初，就是一道全新的课题。

针对这一课题，怀新公司、总监办展开了积极的探索与研究，科学提出了"建设一条环保型高速公路"的工作理念，制定了具体制度和措施，为确保怀新高速公路修建成生态路、环保路提供了依据。

层层签订目标责任状。开工伊始,怀新公司、总监办按照环保达标要求,积极制订环境保护、水土保持计划目标,并与各中标单位一一签订了环境保护目标管理责任书。根据目标管理责任要求,各施工单位制订和健全了环境保护管理体系和环保管理方案,建立了环境保护台账,设立了环保管理部门并配置专、兼职管理人员;制订了落实生态环境保护的具体措施,施工作业方案也明确了符合环境保护的具体要求;制订了环保应急预案,有专门的人员、设备、措施等,以应对大规模的环境污染意外事故的发生。

切实做好环境影响评价。在建设前期,针对面临的生态环境问题,怀新公司有关部门对怀新高速公路沿线生态、水保等环境情况进行了深入的研究。经过科学、严密的论证,相关部门分别编制了环境影响评价大纲、环境影响报告书,提出了生态环境保护方案,并进行了认真的环境影响评价。根据评价要求,怀新公司确定了"预防为主,保护优先,开发与保护并重"的环境保护原则,以生态环境评价的结果指导设计、施工、环境管理工作。

11.2 施工准备阶段的环境保护监理技术工作要点

 【整体感知】洞悉知识脉络

1. 施工临时用地对环境的影响因素及环境保护要点。
2. 临时施工道路对环境的影响因素及环保要点。
3. 临时材料堆放场对环境的影响因素及环保要点。
4. 拌和场和预制场对环境的影响因素及环保要点。
5. 取土场、弃土场对环境的影响因素及环保要点。
6. 生活区、办公区及试验室对环境的影响因素及环保要点。

 【教材精讲】拨开眼前迷雾

知识点1 为避免因选址不慎造成的生态影响,基本上应采取避让的措施。环保监理人员应做好如下几项工作:(1)熟悉工程环境影响评价文件和水土保持方案

第十一章 交通建设工程施工准备阶段环境保护监理

文件，同时实地踏勘，对项目所在区域可能涉及的生态敏感点进行识别和确认；(2)对各种生态敏感点，应明确其边界以及相应的保护价值，告知建设方，以尽量避让；(3)对于施工区域附近可能存在的生态敏感点，应通过设置提示牌等宣传方式提醒建设方以及施工人员，防止人为干扰；(4)通过日常巡视，对各种生态敏感点附近的临时用地情况进行检查。

知识点2 对于施工营地边界上可能出现的土质开挖面，应有临时防护设施；在条件允许的地区，宜采用生态防护措施，可在开挖的同时进行复绿，选择的植物类型应当是抗逆性强且多年生的乡土物种，若错过了当年的植物萌发和栽培季节，应在来年进行复绿。

知识点3 地表清理及土方工程将对沿线植被及动物栖息地造成永久性的破坏；此外，表层土壤的剥离容易造成土壤结构的破坏和肥力的下降。

知识点4 临时施工道路对周围环境的潜在影响，主要是对土地利用、水土流失及扬尘等。监理人员应做好如下几项工作：(1)规划好临时施工道路的路线走向，以减少植被破坏为首要原则，尽量利用现有道路；若无现成道路可利用，则应严格控制施工道路修筑边界，路线走向必须绕开各种生态敏感点(区)。(2)对于施工道路边界上可能出现的土质裸露边坡，应有临时防护设施；在条件允许的地区，宜采用生态防护措施，可在施工道路修建的同时进行复绿；在气候条件恶劣地区，应有防止土壤侵蚀的工程防护措施，以防止土壤的自然侵蚀。(3)施工便道属临时性质，载货汽车来往频繁，容易损坏，应及时修补保持平整，设立施工道路养护、维修专职人员，随时保持运行状态良好，减少扬尘污染。(4)运输车辆行驶产生的扬尘影响植物(作物)正常的繁殖和发育过程，应通过路面硬化处理以及定期清扫、洒水抑制扬尘的发生，路面应始终保持湿润。对施工车辆要求限速行驶，在主要环境敏感点附近，行驶时速宜控制在15公里以内。施工废气、粉尘排放，应当符合国家规定的环境空气质量标准。(5)施工噪声应当符合国家规定的施工场界排放标准(该阶段施工场界噪声的限值为昼间75dB(A)，夜间55dB(A))。居民区附近禁止施工便道的作业，必要时应报当地环保部门批准，并公告居民，才能夜间作业。(6)施工结束后，必须恢复临时占用土地原有的土地利用功能。对现场初始的地形地貌、地表植被等自然特征应有客观的文字描述和完整的影像记录，以作为将来进行恢复的依据和参考。

知识点5 临时材料堆放场的环境潜在影响是对土地利用的影响。此外，物料的散失和飘散污染也会影响环境。监理人员应做好如下几项工作：(1)对临时借地范围要有明确的边界，具体应按照临时用地审批文件规定的内容和要求，并结合现场的实际情况划定，以便控制对临时借地外围土地的不合理占用。若对农、林等生产用地的占用无法避免，则在施工结束后，必须恢复原有的土地利用功能。对现场初始的地形地貌、地表植被等自然特征应有客观的文字描述和完整的影像记录，作为将来进行恢复的依据和参考。(2) 水泥、石灰、矿粉要有指定地点堆置，并且应采取密封存放的方式，控制其扬尘；存放点地面应作硬化处理，硬化处理前应剥离地表熟土，并集中保存。施工结束后，应去除硬化地面，将保存的熟土回填，并恢复初始地表植被。对于堆置点附近可能被污染的土壤应进行改良，恢复其肥力。(3) 材料仓库和临时材料堆放场要防止物料散漏污染。仓库四周应有疏水沟系，防止雨水浸湿，水流引起物料流失。(4) 沥青、油料、化学物品等不堆放在民用水井及河流湖泊附近，并采取措施，防止雨水冲刷进入水体。(5) 水泥和混凝土运输应采用密封罐车。采用敞篷车运输时，应将车上物料用篷布遮盖严密。(6) 多风天气（或大风来临前）应注意对物料加以覆盖，减少扬尘。(7) 石灰石、电石、雷管、炸药不得露天堆放，炸药应有专门的仓库。

知识点6 拌和场、砂石场、轧石场的潜在环境影响：(1) 扬尘；(2) 废水；(3) 噪声；(4) 固体废弃物。

知识点7 预制场的潜在环境影响：(1) 废水；(2) 噪声；(3) 固体废弃物。

知识点8 稳定土拌和场、水泥混凝土拌和场、沥青混凝土拌和场等各种拌和场以及砂石场、轧石场等不得设在饮用水源地保护区内。

知识点9 拌和场和预制场地向周围环境排放噪声应当符合施工场界排放标准（该阶段施工场界噪声限值为昼间70dB（A），夜间55dB（A））。

知识点10 砂石料冲洗废水其悬浮物含量大，需建沉降池，悬浮物进行沉淀后排放。

知识点11 拌和场及砂石场、轧石场距离学校、医院、疗养院、城乡居民区和有特殊要求的地区不宜小于300m，减少它们对环境敏感点的粉尘和噪声污染。

知识点12 取、弃土场的环保要点为：(1) 熟悉工程环境影响报告书，同时结合实地踏勘，对取、弃土场选址和范围进行识别和确认；(2) 对于剥离的表层土，应予以保存，既可用于其他地面的土地改良，也可用于沿线受破坏土地的恢复，在表层土的再利用之前，要求并协助建设方设置专门的场地用于堆置和保存，并配置相应的防雨和排水设施；(3) 对可恢复的临时用地，应会同建设方对现场初始的地

第十一章 交通建设工程施工准备阶段环境保护监理

形地貌、地表植被等自然特征进行客观的文字描述和完整的影像记录，建立档案，以作为将来恢复的依据和参考；（4）向建设方就临时防护工作提出要求，重点应关注临时防护设施的选择以及实施的时间（如生态防护），并通过巡视进行日常的监督和管理；（5）对于砂石料冲洗废水，应明确要求建设方设置沉淀池，废水必须进行沉淀后排放。

知识点13 生活垃圾堆放点应选择30m范围内无生活用水和渔用水体的废弃沟凹或废弃干塘。

知识点14 监理人员应熟悉工程环境影响报告书，同时结合实地踏勘，对项目所在区域所涉及水域的保护目标和保护范围进行识别和确认，并通过文字和图件的形式明确告知建设方，污水不得排入《地面水环境质量标准》（GB 3838—2002）中所规定的I、II类水域；排入其他水域时，必须符合相应的水质标准，不符合时要进行水质处理，如油污水应进行隔油处理。

【热点试题】滋润干渴心田

试题1 【判断题】地表清理及土方工程将对沿线植被及动物栖息地造成永久性的破坏。（　　）

【答案】√

试题2 【单项选择题】拌和场和预制场地向周围环境排放噪声应当符合施工场界排放标准，该阶段施工场界噪声限值为（　　）。

A.昼间75dB（A），夜间55dB（A）　　B.昼间70dB（A），夜间55dB（A）
C.昼间80dB（A），夜间65dB（A）　　D.昼间90dB（A），夜间55dB（A）

【答案】B

试题3 【多项选择题】拌和场、砂石场、轧石场的潜在环境影响为（　　）。

A.扬尘　　　B.废水　　　　C.噪声　　　　D.固体废弃物

【答案】ABCD

试题4 【判断题】生活垃圾堆放点应选择100m范围内无生活用水和渔用水体的废弃沟凹或废弃干塘。（　　）

【答案】×

试题5 【简答题】简述取、弃土场的环保要点。

【答案】(1)熟悉工程环境影响报告书，同时结合实地踏勘，对取、弃土场选址和范围进行识别和确认。

（2）对于剥离的表层土，应予以保存，既可用于其他地面的土地改良，也可用于沿线受破坏土地的恢复，在表层土的再利用之前，要求并协助建设方设置专门的场地用于堆置和保存，并配置相应的防雨和排水设施。

（3）对可恢复的临时用地，应会同建设方对现场初始的地形地貌、地表植被等自然特征进行客观的文字描述和完整的影像记录，建立档案，以作为将来恢复的依据和参考。

（4）向建设方就临时防护工作提出要求，重点应关注临时防护设施的选择以及实施的时间（如生态防护），并通过巡视进行日常的监督和管理。

（5）对于砂石料冲洗废水，应明确要求建设方设置沉淀池，废水必须进行沉淀后排放。

 【考点聚焦】拓展应试能力

考点1 【单项选择题】为避免因选址不慎造成的生态影响，基本上应采取（　　）的措施。

A.避让　　　　B.直接通过　　　　C.重新选址　　　　D.多做绿化措施

【答案】A

考点2 【单项选择题】拌和场、砂石场及轧石场距离学校、医院、疗养院、城乡居民区和有特殊要求的地区不宜小于（　　）m，以减少它们对环境敏感点的粉尘和噪声污染。

A.100　　　　B.300　　　　C.200　　　　D.50

【答案】B

考点3 【单项选择题】污水不得排入《地面水环境质量标准》（GB 3838—2002）中所规定的（　　）水域。

A.Ⅱ、Ⅲ类　　B.Ⅲ、Ⅳ类　　C.Ⅰ、Ⅱ类　　D.Ⅳ、Ⅴ类

【答案】C

考点4 【多项选择题】预制场的潜在环境影响有（　　）。

A.废水　　　　B.固体废弃物　　　　C.扬尘　　　　D.噪声

【答案】ABD

考点5 【判断题】稳定土拌和场、水泥混凝土拌和场、沥青混凝土拌和场等

第十一章 交通建设工程施工准备阶段环境保护监理

各种拌和场以及砂石场、轧石场等不得设在饮用水源地保护区内。（   ）

【答案】√

考点6 【简答题】为避免因选址不慎造成的生态影响，环保监理人员应做好哪些工作？

【答案】（1）熟悉工程环境影响评价文件和水土保持方案文件，同时实地踏勘，对项目所在区域可能涉及的生态敏感点进行识别和确认。

（2）对各种生态敏感点，应明确其边界以及相应的保护价值，告知建设方，以尽量避让。

（3）对于施工区域附近可能存在的生态敏感点，应通过设置提示牌等宣传方式提醒建设方以及施工人员，防止人为干扰。

（4）通过日常巡视，对各种生态敏感点附近的临时用地情况进行检查。

考点7 【论述题】临时施工道路对周围环境的潜在影响，主要是对土地利用、水土流失及扬尘等，试论述监理人员应做好的重点工作。

【答案】（1）规划好临时施工道路的路线走向，以减少植被破坏为首要原则，尽量利用现有道路；若无现成道路可利用，则应严格控制施工道路修筑边界，路线走向必须绕开各种生态敏感点（区）。

（2）对于施工道路边界上可能出现的土质裸露边坡，应有临时防护设施；在条件允许的地区，宜采用生态防护措施，可在施工道路修建的同时进行复绿；在气候条件恶劣地区，应有防止土壤侵蚀的工程防护措施，以防止土壤的自然侵蚀。

（3）施工便道属临时性质，载货汽车来往频繁，容易损坏，应及时修补保持平整，设立施工道路养护、维修专职人员，随时保持运行状态良好，减少扬尘污染。

（4）运输车辆行驶产生的扬尘影响植物（作物）正常的繁殖和发育过程，应通过路面硬化处理以及定期清扫、洒水抑制扬尘的发生，路面应始终保持湿润。对施工车辆要求限速行驶，在主要环境敏感点附近，行驶时速宜控制在15公里以内。施工废气、粉尘排放，应当符合国家规定的环境空气质量标准。

（5）施工噪声应当符合国家规定的施工场界排放标准，该阶段施工场界噪声的限值为昼间75dB（A），夜间55dB（A）。居民区附近禁止施工便道的作业，必要时应报当地环保部门批准，并公告居民，才能夜间作业。

（6）施工结束后，必须恢复临时占用土地原有的土地利用功能。对现场初始的地形地貌、地表植被等自然特征应有客观的文字描述和完整的影像记录，以作为将来进行恢复的依据和参考。

考点8 【论述题】 临时材料堆放场的潜在环境影响是对土地利用的影响，试论述监理人员应做好的重点工作。

【答案】（1）对临时借地范围要有明确的边界，具体应按照临时用地审批文件规定的内容和要求，并结合现场的实际情况划定，以便控制对临时借地外围土地的不合理占用。若对农、林等生产用地的占用无法避免，则在施工结束后，必须恢复原有的土地利用功能。对现场初始的地形地貌、地表植被等自然特征应有客观的文字描述和完整的影像记录，作为将来进行恢复的依据和参考。

（2）水泥、石灰、矿粉要有指定地点堆置，并且应采取密封存放的方式，控制其扬尘；存放点地面应作硬化处理，硬化处理前应剥离地表熟土，并集中保存。施工结束后，应去除硬化地面，将保存的熟土回填，并恢复初始地表植被。对于堆置点附近可能被污染的土壤应进行改良，恢复其肥力。

（3）材料仓库和临时材料堆放场要防止物料散漏污染。仓库四周应有疏水沟系，防止雨水浸湿，水流引起物料流失。

（4）沥青、油料、化学物品等不堆放在民用水井及河流湖泊附近，并采取措施，防止雨水冲刷进入水体。

（5）水泥和混凝土运输应采用密封罐车。采用敞篷车运输时，应将车上物料用篷布遮盖严密。

（6）多风天气（或大风来临前）应注意对物料加以覆盖，减少扬尘。

（7）石灰石、电石、雷管、炸药不得露天堆放，炸药应有专门的仓库。

【知识卡片】 遨游知识海洋

一种创新：首设环境监理

怀新高速公路是全国重点工程十三个环境监理试点项目之一，是湖南重点建设项目中唯一设立专业环境保护监理处的项目。为了建立和完善符合怀新高速公路实际情况的环境监督体系，敢为人先的怀新人进行了一系列具有鲜明特色的探索与制度创新。

首先，他们在全省重点建设项目中率先建立环境保护监理处和专业实验室，以环境监测作为技术手段全面控制环境保护工作。2005年2月，怀新高速公路引

第十一章 交通建设工程施工准备阶段环境保护监理

进了环境监理,由此建立了业主、施工、工程监理、环境监理"四位一体"的环保管理体制。在工作过程中,环境监理被赋予工程计量签字权和一票否决权,施工单位如在施工过程中环境保护工作没有达标,环境监理处就有权拒绝在计量单上签字,直接影响施工单位的经济效益。这些严格的监管措施有力促进了怀新高速公路环境保护工作的有序开展。为改变原来高速公路建设项目工程监理缺乏技术手段进行环保监理的不足,怀新高速公路购买了价值几十万元的环境测量仪器,建立了专业环境检测实验室。实验室在舞水河沿线、隧道进出口等敏感地域设立了325个环境监测点,对沿线的声环境、水环境、空气环境三大测评范围内的所有环境监测项目进行实时监测分析和评价,因而能准确、及时、全面地掌握怀新高速公路环境质量现状,为环境监理、污染源控制提供了科学依据,全力推进了环境保护工作规范化、精细化进程。

二是进行制度创新,建立了从怀新公司、总监办到监理处、承包人完整的环境保护体系,使怀新高速公路的环保工作走上规范化道路。怀新公司、总监办设立了环境保护办公室并设环保专业工程师,由主管工程副经理分管。除环境保护监理处外的其他监理处,则由一位副处长(副驻地高级监理工程师)负责环境保护工作。承包人项目经理部规定由一位副经理分管环境保护工作并设立专职环保专业工程师负责具体工作。为了推进环境监理试点工作,怀新公司、总监办编撰了《怀新高速公路环境监理实施细则》(试用)、《环境达标分析报告书》、《环境保护计划书》等39种技术文件,并将监理人和承包人环境保护工作纳入建设项目目标考核。这样层层推进的管理体系设置只为一个目标:将绿水青山真正还予伺乡人民。

第十二章

交通建设工程施工阶段环境保护监理

【**目标导航**】导引学习方向

1. 了解施工期环境风险应急预案。
2. 熟悉路基工程环境保护要点。
3. 熟悉路面施工环境保护要点。
4. 熟悉桥涵工程环境保护要点。
5. 熟悉隧道工程环境保护要点。
6. 熟悉排水、防护、交通安全设施和其他工程环境保护要点。
7. 掌握路基工程环境保护监理要点。
8. 掌握路面施工环境保护监理要点。
9. 掌握桥涵工程环境保护监理要点。
10. 掌握隧道工程环境保护监理要点。
11. 掌握取、弃土场环境保护要点。

【**学法点拨**】开启思维之门

1. 本部分内容是全书的重点，主要介绍了路基工程、路面工程、桥梁工程、隧道工程及其他工程的环境保护要点和环境保护监理要点，其中环境保护监理要点要重点掌握。

第十二章 交通建设工程施工阶段环境保护监理

2.本部分内容较多,主要结合工程施工的实际,介绍了环保要点和监理要点,学员学习时,可结合具体的工程项目进行理解和掌握。

3.由于本部分篇幅较多,在整理知识点时,难免挂一漏万,因此,要求学员在充分理解书本内容的基础上,认真听课,特别要注意授课老师对本部分的总结,重点掌握历次易出易考的知识点。

12.1 路基工程

【整体感知】洞悉知识脉络

1.地表清理及结构物拆除、路基开挖、路基填筑、特殊路基处理的环保要点。
2.路基工程环境保护的监理要点。

【教材精讲】拨开眼前迷雾

知识点1 地表清理及结构物拆除施工潜在环境影响见表12-1。

地表清理及结构物拆除施工潜在环境影响　　　　表12-1

序号	活动内容	潜在影响
1	清除草丛、树木等植被	1.生态破坏;2.水土流失
2	清淤	1.水土流失
3	结构物拆除	1.扬尘;2.噪声;3.景观损害
4	场地内积水处理	1.水污染;2.病媒传播
5	废弃物处理	1.废弃物流失;2.病媒传播

知识点2 对于古树名木等有保存价值的植物,应事先联系当地林业部门,采取移植等异地保护的方法加以保护。

知识点3 热带或亚热带森林的多层特点,包括由凋落物所形成的地被层,不但保证了生物多样性存在的环境,而且对水土保持与土壤的发育有很大作用,因此,在清理林下的植物或凋落物时,宜将清理物收集后重新散置于周边森林中。

知识点4 青藏高原由于恢复困难,地表受干扰后发生的退化将是永久性的,因此,应严格控制地表清理面积,将干扰控制在最小程度始终是这一区域作业的首要原则。

知识点5 路基开挖施工潜在环境影响见表12-2。

路基开挖施工潜在环境影响　　　　　　表12-2

序号	活动内容	潜在影响
1	土石方开挖	1.生态破坏；2.水土流失；3.噪声；4.扬尘；5.景观损害
2	挖掘机、装载机等作业	1.噪声；2.漏油；3.扬尘；4.有害气体
3	土石方运输	1.沿路洒落；2.随意丢弃
4	运输车辆	1.噪声；2.尾气；3.扬尘

知识点6 对于挖、填方工程量过大的路段，应避免雨季施工，以免雨季施工带来严重水土流失。

知识点7 在有雨水地面径流汇集处、临时土堆周围以及其他容易产生水土流失的地段开挖路基时，应设置沉淀池，其作用是雨水流经时流速减慢使泥沙下沉，防止水土流失。

知识点8 路基开挖与填筑施工阶段场界噪声限值为昼间75dB（A），夜间55dB（A）。

知识点9 路基填筑施工潜在环境影响见表12-3。

路基填筑施工潜在环境影响　　　　　　表12-3

序号	活动内容	潜在影响
1	借方作业	1.噪声；2.漏油；3.扬尘；4.有害气体
2	土石方运输	1.沿路洒落；2.随意丢弃
3	运输车辆	1.噪声；2.尾气；3扬尘
4	压路机、夯实机械等	1.噪声；2.漏油；3.有害气体
5	履带式设备行驶	1.道路和场地破坏
6	施工设备、车辆等维修保养	1.机油洒弃；2.零配件丢弃；3.包装物丢弃
7	土工格栅等铺设	1.边料丢弃

知识点10 泥石流多发生在山区，路线通过泥石流沟时，应对地貌特征、泥石流的规模、危害程度、流体性质、物质组成、发展趋势等沿沟进行实地调查，掌握泥石流的具体情况，以确定适合的防治措施。对于穿过泥石流沟的路基应采取以下环保防治措施：(1)采用桥梁、涵洞、过水路面、隧道、渡槽穿越泥石流沟。(2)在桥涵进出口段设置排导沟，以减缓泥石流对路基的冲击。(3)在泥石流沟内设置拦挡坝，防止泥石流沟床下切、山坡滑坍和携带的冲积物危害路基。拦挡坝可用片石、混凝土、石笼、土等材料砌筑。坝顶应采用平顶式，当两端岸坡有冲刷可能时，应采用凹形。(4)对于流石较小，大石块含量少的小型泥石流沟可设置格栅坝拦截。格栅坝可用钢轨、钢绳、粗钢筋或钢筋混凝土构件筑成。(5)在泥石流范围内可采用水

第十二章 交通建设工程施工阶段环境保护监理

土保持或其他稳定山坡的措施。水土保持可与当地规划相结合,广泛植树造林、封山育林、平整山坡、修筑梯田、合理放牧,并视具体情况修建地表排水设施,使泥石流病害得到逐步治理。

知识点11 凡是土温等于或低于0℃,且含有冰的土(石)称为冻土,这种状态保持两年及两年以上者称为多年冻土。多年冻土按其状态分为:坚硬冻土、塑性冻土、松散冻土。

知识点12 路基工程环境保护监理要点:(1)在路基工程开工前,监理工程师应审批施工单位编制的施工方案,对其环保措施提出审查意见。要求施工单位对地表清理、土石方开挖与填筑、弃方处置等采取周密的生态保护和水土保持措施;要求施工单位编制土石方调配方案,开挖出的土石方要尽可能加以利用。对于特殊对象、特殊区域的路基工程,监理工程师要有预见性,及时提醒施工单位注意可能发生的环保问题。(2)监理工程师应根据工程情况,确定本阶段环保监理的巡视、旁站计划,对施工单位环保措施的执行效果进行检查。(3)监理工程师应审查挖除地表土的堆置地点,根据实地情况,选择附近地形平坦或因地制宜选择储料堆。(4)地表清理遇到古树名木或珍稀植物,采取移植等异地保护措施时,监理工程师应审查其移植方案,并对移植过程全程旁站监理。(5)监理工程师应严格控制路基开挖在用地范围内分段进行,同时配合挡土墙、边坡防护的修筑。(6)监理工程师应监督土石方调配方案的实施,开挖出的土石方要尽可能加以利用。弃土弃渣应送至经监理工程师同意的地点堆放,监理工程师应督促施工单位在堆放地点预先采取排水和挡土措施,防止水土流失或对水源和灌溉渠道造成污染和淤塞。(7)监理工程师应要求施工单位在施工取土时,做到边开挖、边平整,及时进行绿化等护坡工程。(8)监理工程师应控制路基顶面适当的排水横坡,下边坡防护前应要求施工单位挖设临时急流槽等排水设施,防止坡面的水土流失。(9)对施工过程中不符合环保要求的行为,监理工程师可以发出监理指令,责令改正,情况严重时可发出暂时停工令。施工单位无正当理由拒绝整改的,监理工程师可以对该部分工程量拒绝支付。(10)施工过程中,监理工程师应关注扬尘、噪声、废水悬浮物、石油类等环境监测指标,必要时可根据需要进行现场监测。

【热点试题】 *滋润干渴心田*

试题1 【单项选择题】从环境保护角度考虑,路基填筑时,只有分层控制填料压实度,才能保证(   )。

A. 达到设计压实度指标　　　　　　B. 控制水土流失量

C. 路基不变形　　　　　　　　　　D. 达到路基设计标准

【答案】B

试题2　【单项选择题】土石方施工阶段,建筑施工场界噪声标准为（　　）。

A. 昼间65dB、夜间55dB　　　　　B. 昼间70dB、夜间60dB

C. 昼间70dB、夜间50dB　　　　　D. 昼间75dB、夜间55dB

【答案】D

试题3　【单项选择题】路基开挖阶段施工场界噪声限值为昼间75dB、夜间（　　）dB。

A. 65　　　　B. 60　　　　C. 55　　　　D. 50

【答案】C

试题4　【单项选择题】对于穿过泥石流地区的路基,在泥石流范围内可采用（　　）或其他稳定山坡的措施,进行路基处理。

A. 植树造林　　B. 水土保持　　C. 平整山坡　　D. 修筑梯田

【答案】B

试题5　【多项选择题】路堤填筑施工运输车辆的潜在环境影响为（　　）。

A. 噪声　　B. 尾气　　C. 扬尘　　D. 随意丢弃　　E. 机油洒弃

【答案】ABC

试题6　【判断题】填方工程量过大的路段应避开雨季施工。（　　）

【答案】√

试题7　【判断题】在有雨水地面径流汇集处、临时土堆周围以及其他容易产生水土流失的地段开挖路基时,应设置沉淀池。（　　）

【答案】√

试题8　【简答题】简述穿过泥石流沟的路基应采取的环保防治措施要点。

【答案】（1）采用桥梁、涵洞、过水路面、隧道、渡槽穿越泥石流沟。

（2）在桥涵进出口段设置排导沟,以减缓泥石流对路基的冲击。

（3）在泥石流沟内设置拦挡坝,防止泥石流沟床下切、山坡滑坍和携带的冲积物危害路基。拦挡坝可用片石、混凝土、石笼、土等材料砌筑。坝顶应采用平顶式,当两端岸坡有冲刷可能时,应采用凹形。

（4）对于流石较小,大石块含量少的小型泥石流沟可设置格栅坝拦截。格栅坝可用

第十二章　交通建设工程施工阶段环境保护监理

钢轨、钢绳、粗钢筋或钢筋混凝土构件筑成。

（5）在泥石流范围内可采用水土保持或其他稳定山坡的措施。水土保持可与当地规划相结合，广泛植树造林、封山育林、平整山坡、修筑梯田、合理放牧，并视具体情况修建地表排水设施，使泥石流病害得到逐步治理。

【考点聚焦】拓展应试能力

考点1【单项选择题】对于挖方路基上边坡发生的滑坡，应修建一条或数条环行水沟，但最近一条必须离滑动裂缝面最少（　　）m以外，以截断流向滑动面的水流。

A.4　　　　B.5　　　　C.6　　　　D.3

【答案】B

考点2【单项选择题】在路基开挖环保要点中，挖、填方工程量过大的路段应避免（　　）施工。

A.冬季　　　B.旱季　　　C.雨季　　　D.夏季

【答案】C

考点3【多项选择题】路堤填筑土石方运输的潜在环境影响为（　　）。

A.生态破坏　B.噪声　C.沿路洒落　D.随意丢弃　E.水土流失

【答案】CD

考点4【多项选择题】软土路基施工时，软土浅层处治的潜在环境影响为（　　）。

A.扬尘　　B.噪声　　C.边料丢弃　　D.生态破坏　　E.水土流失

【答案】DE

考点5【多项选择题】路堤填筑施工中借方作业对环境的潜在影响有（　　）。

A.噪声　　B.边料丢弃　　C.扬尘　　D.有害气体　　E.漏油

【答案】ACDE

考点6【多项选择题】路基开挖施工中表层土保护是一个重点环保问题，涉及特殊对象保护的内容有（　　）等。

A.热带植被　B.风眼　C.地被层　D.干旱河谷　E.自然保护区

【答案】ABCD

考点7【多项选择题】路堤填筑施工用压路机、夯实机械等的潜在环境影响为（　　）。

A.漏油　　B.扬尘　　C.有害气体　　D.噪声　　E.随意丢弃

《交通建设工程施工环境保护监理》考试指导与模拟题解

【答案】ACD

考点8 【多项选择题】路基工程施工过程中，监理工程师应关注（ ）等环境监测指标。

A.噪声　　　B.扬尘　　　C.沥青烟气　　　D.废水的石油类　　　E.废水的SS

【答案】ABDE

考点9 【判断题】滑坡体未处治之前，禁止在滑坡体上卸载。（ ）

【答案】×

考点10 【判断题】路基工程中地表清理阶段如遇到古树名木或珍稀植物,采取移植或异地保护措施时,监理工程师应审核其移植方案,并进行巡视检查。（ ）

【答案】×

考点11 【论述题】论述路基工程环境保护监理要点。

【答案】(1) 在路基工程开工前，监理工程师应审批施工单位编制的施工方案，对其环保措施提出审查意见。要求施工单位对地表清理、土石方开挖与填筑、弃方处置等采取周密的生态保护和水土保持措施；要求施工单位编制土石方调配方案，开挖出的土石方要尽可能加以利用。对于特殊对象、特殊区域的路基工程，监理工程师要有预见性，及时提醒施工单位注意可能发生的环保问题。

(2) 监理工程师应根据工程情况，确定本阶段环保监理的巡视、旁站计划,对施工单位环保措施的执行效果进行检查。

(3) 监理工程师应审查挖除地表土的堆置地点，根据实地情况，选择附近地形平坦或因地制宜选择储料堆。

(4) 地表清理遇到古树名木或珍稀植物,采取移植等异地保护措施时,监理工程师应审查其移植方案,并对移植过程全程旁站监理。

(5) 监理工程师应严格控制路基开挖在用地范围内分段进行,同时配合挡土墙、边坡防护的修筑。

(6) 监理工程师应监督土石方调配方案的实施，开挖出的土石方要尽可能加以利用。弃土弃渣应送至经监理工程师同意的地点堆放，监理工程师应督促施工单位在堆放地点预先采取排水和挡土措施，防止水土流失或对水源和灌溉渠道造成污染和淤塞。

(7) 监理工程师应要求施工单位在施工取土时,做到边开挖、边平整,及时进行绿化等护坡工程。

(8) 监理工程师应控制路基顶面适当的排水横坡,下边坡防护前应要求施工单位

第十二章 交通建设工程施工阶段环境保护监理

挖设临时急流槽等排水设施,防止坡面的水土流失。

(9)对施工过程中不符合环保要求的行为,监理工程师可以发出监理指令,责令改正,情况严重时可发出暂时停工令。施工单位无正当理由拒绝整改的,监理工程师可以对该部分工程量拒绝支付。

(10)施工过程中,监理工程师应关注扬尘、噪声、废水悬浮物、石油类等环境监测指标,必要时可根据需要进行现场监测。

【知识卡片】遨游知识海洋

公路建设与生态环保并行不悖

逢山开路、遇水架桥,高速公路建设总要大填大挖,对环境的负面影响看似在所难免。淮安至盐城、连云港至盐城两条高速公路的建设者表现出的环保新思维令人赞赏,"高速公路建设与生态环保"这看似矛盾的一对命题正在和解。

路基填土高度平均降1米,减少永久占地近千亩

行驶在高速公路上,人们常常发现,路面比地面高出一大截,其原因是高速公路采用了高路堤,施工时把土一层层堆填上去,以解决地下水影响和两侧横向交通等问题。但高路堤占地多,路基工程量大,也不利于行车安全。美国的很多高速公路就建在地平面上。151.6公里长的连盐高速公路,是江苏省第一条全线低路堤高速公路。

江苏省高速公路建设指挥部专家算了一笔账:"连盐高速公路全线平均填土高度2.85米,比一般高速公路降低1米,其中25%的路段填土高度不足2.5米。这样,连盐路一共少填筑土方772万方,减少取土坑用地5700多亩,减少道路的永久性占地955亩,节省投资至少1.5亿元。"这对节约不可再生的土地资源,意义重大。

35%的路段穿越湿地,保护"地球之肾"

湿地被喻为地球的"肾脏"、蓄水防洪的天然"海绵"和很多野生物种的"避难所"。湿地保护如此重要,而高速公路的穿越,不免打破湿地的宁静。104公里长的淮安至盐城高速公路,有35%的路段穿越里下河、射阳湖等水源湿地区域,如何最大限度减少公路对湿地生态环境的影响呢?

"我们提出了'精品高速、生态淮盐'的全新理念,从工程设计到建设,一直把保护湿地放在重要位置。"省高指专家介绍说。淮盐高速在省内第一次进行

了高速公路湿地保护建设,从路线选择时起,就多方比选,在射阳湖至建湖段,特别避开了建湖九龙口自然保护区,以减少对那里湿地环境的影响。在穿越射阳湖荡湿地时,淮盐路采用了高架桥方案,并尽量减少桥墩数量。

如今,跨越湿地的路段已成淮盐高速公路的亮点。驱车经过5.8公里长的射阳湖大桥,或者经过5条河道横穿的盐城西枢纽时,人们将看到路旁连绵的河湖苇荡、茂盛的水生植物,还有水天相接处翻飞的鸟雀,一派和谐的湿地风光,而高速公路从湿地上方轻盈掠过,融入在这片风景里。

600米橡胶沥青路面,开拓废旧轮胎利用新空间

伴随汽车工业的飞速发展,全球每年产生的汽车废旧轮胎数量巨大,仅美国一年就有上亿条。这种固体垃圾如何处置?美、德等少数发达国家做了科研,把轮胎切割、粉碎成橡胶粉,掺到沥青中,用于高速公路建设,这样不仅实现废物利用,而且经橡胶改性后的沥青高温不软化、低温不脆裂,还能降低高速公路噪声。

虽然通过国外资料知道一点皮毛,但国内还不掌握橡胶改性沥青这项技术。承担着科研失败的巨大风险和压力,连盐路在全国高速公路率先进行了这一探索,用橡胶改性沥青铺设了600米路面。"万事开头难",橡胶沥青的摊铺困难重重,特别是最初的50米路段,几经周折,跌跌爬爬。最终,连盐高速公路成功铺筑了试验路段,并拟定了橡胶沥青及其混合料的一套技术指标。这项技术最终得到推广利用后,将给汽车废旧轮胎找到一个好去处,成为发展循环经济的一个成功范例。

12.2 路面工程

 【整体感知】洞悉知识脉络

1. 路面基层与沥青混凝土路面的环保要点。
2. 路面工程环境保护的监理要点。

第十二章 交通建设工程施工阶段环境保护监理

【教材精讲】拨开眼前迷雾

知识点1 路面拌和场应远离居民区,并在其常年主导风向下风处,场地应硬化处理。

知识点2 路面施工阶段场界噪声限值为昼间70dB(A),夜间55dB(A)。

知识点3 路面基层施工潜在环境影响见表12-4。

路面基层施工潜在环境影响　　　　　　　表12-4

序号	活动内容	潜在影响
1	拌和场场地平整	1.植被破坏;2.水土流失
2	拌和场搬运、安装、维修	1.扬尘;2.噪声
3	拌和场运行	1.噪声;2.水泥、沥青等泄漏污染土壤;3.清洗废水排放;4.有害气体;5.扬尘
4	混合料运输	1.沿路撒落
5	场地粗集料、砂堆放	1.扬尘
6	石灰、矿粉	1.洒落污染空气;2.土壤污染
7	破碎机、振动筛等	1.噪声;2.扬尘;3.振动
8	各类运输车辆	1.噪声;2.扬尘;3.有害气体;4.漏油
9	路面摊铺、压实设备运行	1.噪声;2.有害气体;3.漏油;4.扬尘
10	夜间拌和场强光照明	1.强光污染

知识点4 沥青混凝土拌和场不得设在饮用水水源保护区内,应距学校、医院、居民区等环境敏感点300m以上。

知识点5 位于沥青洒布处置区周边的土壤表面应铺设临时覆盖物加以保护。对于沥青可能溅到的植物,应有临时覆盖物加以包裹或遮挡。洒落的沥青应进行收集并运至指定的弃渣场。

知识点6 沥青路面施工潜在环境影响见表12-5。

沥青路面施工潜在环境影响　　　　　　　表12-5

序号	活动内容	潜在影响
1	沥青拌和场场地平整	1.植被破坏;2.水土流失
2	沥青拌和场搬运、安装、维修	1.扬尘;2.噪声
3	沥青拌和场运行	1.噪声;2.烘干筒热辐射;3.废尘、回收粉的排出污染环境;4.沥青挥发,泄漏有害气体;5.油料燃烧排出有害气体;6.排尘不净污染环境
4	场地粗集料、石屑、砂等堆放	1.扬尘

《交通建设工程施工环境保护监理》考试指导与模拟题解

续上表

序号	活动内容	潜在影响
5	石灰、矿粉	1.洒落污染空气；2.土壤污染
6	沥青废料	1.固体废弃物
7	沥青混合料运输	1.沿路洒落
8	破碎机、振动筛等	1.噪声；2.扬尘
9	各类运输车辆	1.噪声；2.扬尘；3.有害气体；4.漏油
10	夜间拌和场强光照明	1.强光污染
11	路面摊铺、压实设备运行	1.噪声；2.有害气体；3.漏油；4.扬尘

知识点7 路面施工环境保护监理要点为：(1)路面工程开工前，监理工程师应审批施工单位编制的施工方案，对其环保措施提出审查意见。尤其是对稳定土拌和场和沥青拌和场选址方案的审批，应要求沥青拌和场布置在远离人群活动的地点，并按要求配置除尘设备。(2)监理工程师应根据工程情况，确定本阶段环保监理的巡视、旁站计划，对施工单位环保措施的执行效果进行检查。(3)监理工程师应规定沥青混合料废料的处置方法，并随时对执行情况进行巡检。(4)监理工程师应特别注意沥青烟气的污染防治，在靠近水源的地区施工时，还应关注水源保护问题。应有重点地对沥青洒布施工过程进行旁站检查，防止沥青污染。(5)对施工过程中不符合环保要求的行为，监理工程师可以发出监理指令，责令改正，情况严重时可发出暂时停工令。施工单位无正当理由拒绝整改的，监理工程师可以对该部分工程量拒绝支付。(6)施工过程中，监理工程师应关注扬尘、噪声、废水悬浮物、石油类等环境监测指标，必要时可根据需要进行现场监测。

【**热点试题**】滋润干渴心田

试题1 【单项选择题】在路面工程开工前，监理工程师应审批施工方案的环保措施，尤其是对（　　）的审批。

A.施工便道　　　　　　　　　　B.沥青拌和场选址方案
C.稳定类材料拌和场选址方案　　D.路面摊铺方案

【答案】B

试题2 【单项选择题】路面施工阶段场界噪声限值为昼间70dB（A），夜间（　　）dB（A）

A. 55　　　　B.60　　　　C.50　　　　D.65

第十二章 交通建设工程施工阶段环境保护监理

【答案】A

试题3 【多项选择题】沥青拌和场运行潜在的环境影响为（　　）等。

A.噪声　　　　　　　　　　B.烘干筒热辐射　　　　C.漏油

D.沥青挥发、泄露有害气体　　E.粉尘的排出

【答案】ABDE

试题4 【判断题】路面拌和场应远离自然村落，并在其常年主导风上风处，场地应硬化处理。（　　）

【答案】×

试题5 【判断题】路面施工应与路基、桥梁施工有合理的安排，减少交叉施工引起的环境污染。（　　）

【答案】√

【考点聚焦】拓展应试能力

考点1 【单项选择题】路面施工阶段施工场界噪声限值为（　　）。

A.昼间65dB，夜间55dB　　　B.昼间70dB，夜间55dB

C.昼间75dB，夜间60dB　　　D.昼间80dB，夜间60dB

【答案】B

考点2 【单项选择题】沥青混凝土路面施工过程中，监理工程师最应关注（　　）污染防治。

A.扬尘　　　B.沥青烟气　　　C.NO_2　　　D.CO

【答案】B

考点3 【单项选择题】沥青路面施工中施工场地碎石、石屑、砂等堆放潜在环境影响为（　　）。

A.噪声　　　B.有害气体　　　C.沿路洒落　　　D.扬尘

【答案】D

考点4 【单项选择题】沥青混凝土拌和场不得设在饮用水水源保护区内，应距学校、医院、居民区等环境敏感点（　　）m以上。

A.100　　　B.200　　　C.300　　　D.50

【答案】C

考点5 【多项选择题】沥青路面施工中各类运输车辆潜在的环境影响有

（　　）。

A.噪声　　　　B.扬尘　　　　　　C.有害气体　　　　D.漏油

【答案】ABCD

考点6　【简答题】简述路面施工环境保护的监理要点。

【答案】（1）路面工程开工前，监理工程师应审批施工单位编制的施工方案，对其环保措施提出审查意见。尤其是对稳定土拌和场和沥青拌和场选址方案的审批，应要求沥青拌和场布置在远离人群活动的地点，并按要求配置除尘设备。

（2）监理工程师应根据工程情况，确定本阶段环保监理的巡视、旁站计划，对施工单位环保措施的执行效果进行检查。

（3）监理工程师应规定沥青混合料废料的处置方法，并随时对执行情况进行巡检。

（4）监理工程师应特别注意沥青烟气的污染防治，在靠近水源的地区施工时，还应关注水源保护问题。应有重点地对沥青洒布施工过程进行旁站检查，防止沥青污染。

（5）对施工过程中不符合环保要求的行为，监理工程师可以发出监理指令，责令改正，情况严重时可发出暂时停工令。施工单位无正当理由拒绝整改的，监理工程师可以对该部分工程量拒绝支付。

（6）施工过程中，监理工程师应关注扬尘、噪声、废水悬浮物、石油类等环境监测指标，必要时可根据需要进行现场监测。

【知识卡片】遨游知识海洋

嘉兴：全国首个高速公路碳汇林项目建设取得初步成效

嘉通集团自2010年启动高速公路互通区域碳汇林建设和研究工作以来，取得初步成效，目前已完成研究大纲、土壤分析、区域布置、树种选择等工作，将进入碳汇计量和监测阶段。

林业碳汇是指利用森林储碳功能，通过植树造林、加强森林经营管理、保护和恢复森林植被等措施，吸收和固定大气中的二氧化碳的活动、过程和机制。森林固碳投资少、代价低，综合效益大，经济可行性和现实操作性较强，是目前应

第十二章　交通建设工程施工阶段环境保护监理

对气候变化最经济、最现实的手段，也是国际社会公认的有效途径。

高速公路建设需占用一定的绿地，建成后运营过程中又有大量的汽车尾气排放，是碳排放较为集中的区域。嘉兴市是全国高速公路密度最高的地区之一，开展碳汇林建设对于减少高速公路区域碳排放，改善大气环境具有积极意义。嘉通集团作为嘉兴市域范围内高速公路的主要建设者，十分重视公路绿化和环境保护工作，与浙江农林大学联合在国内率先开展高速公路互通区域碳汇林建设，2010年年底对"十大"互通枢纽的土壤和空气样本进行数据采集和分析，并进行详细的基线状况调查，有针对性地选择适生性好、固碳能力强的树种，结合"十大"互通枢纽绿化提升工程在高速公路互通枢纽区实施碳汇造林项目，实施互通区域绿化和碳汇林营建工作，以实现低碳减排、降低二氧化碳浓度、增加空气含氧量，改善生态环境的目的。

嘉通集团首期将计划投资5000万元在2245亩互通枢纽范围内建设碳汇林，实施总时间约为两年，计量监测周期为20年。通过有效管理，预计在20年后，这2245亩碳汇林将成为每年吸收3000吨二氧化碳、排出2700吨氧气的森林氧吧。嘉通集团将碳汇林理念引入高速公路互通枢纽绿化提升工程，引领、创新和丰富了我国平原地区碳汇造林新模式，对促进嘉兴市创建"国家森林城市"有积极意义，同时也为以后参与碳汇交易创造了条件。

12.3　桥涵工程

【整体感知】洞悉知识脉络

1.明挖基础、钻孔灌注桩基础、沉入桩、沉井基础、桥梁下部构造等环境保护要点。
2.桥涵工程环境保护监理要点。

【教材精讲】拨开眼前迷雾

基坑开挖的潜在环境影响有：(1)生态破坏；(2)污水排放、淤泥堆积、围堰作业等污染环境；(3)水土流失。

钢管支架作业的潜在环境影响有：(1)装卸噪声、扬尘、防锈漆振落；(2)搬运噪声；(3)支模架搭拆噪声、扬尘；(4)钢模钢管扣件遇水腐蚀产生锈水；(5)零星扣件散落。

知识点3 钻孔机和打桩机作业的潜在环境影响有：(1)噪声；(2)漏油；(3)钻孔作业时排放污水；(4)桩基对河床的破坏；(5)泥浆外泄对土壤和河道水质的污染；(6)振动。

知识点4 各类运输车辆的潜在环境影响有：(1)噪声；(2)扬尘；(3)有害气体；(4)漏油。

知识点5 废弃的钻渣严禁直接排入地表水体，可在现场选择或开挖一低洼地作泥浆沉淀池，用于储存将来使用后废弃的泥浆，场地周围设计必要的拦挡措施，防止溢流。泥浆池应尽量选在不宜外溢的地段。

知识点6 钻孔桩必须设置泥浆沉淀池，不得将泥浆直接排入河水或河道中。

知识点7 在水上钻孔时，一般应采取平台施工。应在平台上焊挂钢箱作为泥浆池，并应配备专用的泥浆船，用作造浆循环池及废弃泥浆的运输。采取围堰或筑岛施工时，应及时对围堰和筑岛进行清理，以免破坏水体环境，并影响行洪。

知识点8 桥梁墩台修筑完毕，及时清除围堰等临时工程的堆积物，并将施工中产生的废浆、弃土和废弃物及时运至弃土场，恢复河道畅通。

知识点9 混凝土搅拌站不得设在饮用水源地保护区内，搅拌站的排水、混凝土养护水等含有害物质的废水不得排入地表水Ⅰ～Ⅲ类水源地保护区或其他禁止排入的区域。

知识点10 桥涵桩基础工程应注意施工季节的选择，尽量避免在汛期、丰水期施工。

知识点11 桥梁打桩噪声的场界限值为昼间85dB（A），夜间禁止打桩。其他阶段噪声限值仍为昼间70dB（A），夜间55dB（A）。

知识点12 桥涵工程环境保护监理要点为：(1)在桥涵工程开工前，监理工程师应审批施工方案中的环保措施。要求施工单位对基础开挖、围堰、钻孔桩施工过程，采取周密的水环境保护措施。(2)监理工程师根据工程情况，确定本阶段环保监理的巡视、旁站计划，对施工单位环保措施的执行效果进行检查。(3)基坑开挖的弃土堆放地点应事先经监理工程师同意。监理工程师应督促施工单位在堆放地点预先采取排水和挡土措施。(4)监理工程师应经常巡视检查钻孔桩泥浆水的处理效果，对发生泄漏或任意排放的，应当场责令施工单位改正，并旁站监督整改过程。

第十二章 交通建设工程施工阶段环境保护监理

（5）需要围堰施工的，应事先取得当地水利部门的许可，手续完备并经监理工程师审查后才能施工。在进行水产养殖的河道进行围堰时，监理工程师应要求施工单位根据上下游的污染情况，提出合理的围堰方案，以免影响养殖，造成纠纷。（6）对施工过程中不符合环保要求的行为，监理工程师可以发出监理指令，责令改正。情况严重时可发出暂时停工令，以及拒绝支付相关工程量。（7）监理工程师在本阶段应注意水环境质量的SS、石油类等监测指标，避免施工对水体造成影响，必要时可进行现场监测。

【热点试题】滋润干渴心田

试题1 【单项选择题】桥梁打桩噪声的场界限值为昼间（　　），夜间禁止打桩。

A.70dB　　　　B.75dB　　　　C.80dB　　　　D.85dB

【答案】D

试题2 【多项选择题】基坑开挖的潜在环境影响有（　　）。

A.生态破坏　　B.水土流失　　C.污染环境　　D.噪声

【答案】ABC

试题3 【多项选择题】各类运输车辆的潜在环境影响有（　　）。

A.噪声　　　　B.扬尘　　　　C.有害气体　　D.漏油

【答案】ABCD

试题4 【多项选择题】桥涵工程施工时，钻孔、打桩主要废弃物的处置措施为（　　）。

A.卫生填埋　　　　B.污泥运至弃土（渣）场　　　　C.合理堆放

D.设置沉淀池　　　E.尽可能利用

【答案】BD

试题5 【判断题】废弃的钻渣严禁直接排入地表水体。（　　）

【答案】√

试题6 【判断题】混凝土搅拌站不得设在饮用水源地保护区内，搅拌站的排水、混凝土养护水等含有害物质的废水不得排入地表水Ⅳ～Ⅴ类水源地保护区或其他禁止排入的区域。（　　）

【答案】×

《交通建设工程施工环境保护监理》考试指导与模拟题解

试题7 【判断题】钻孔桩必须设置泥浆沉淀池,不得将泥浆直接排入河水或河道中。（ ）

【答案】√

【考点聚焦】拓展应试能力

考点1 【单项选择题】桥梁工程在进行水上钻孔灌注桩时,一般应采用（ ）施工。

A.平台　　　　B.围堰　　　　C.筑岛　　　　D.打桩船

【答案】A

考点2 【单项选择题】对于桥梁施工除打桩外,其噪声的场界限值为昼间70dB,夜间（ ）dB。

A.35　　　　B.65　　　　C.55　　　　D.45

【答案】C

考点3 【单项选择题】桥梁工程施工时,监理工程师应注意水环境质量的色度、（ ）、石油类等监测指标,以避免施工对水体造成影响。

A.pH　　　　B.BOD　　　　C.SS　　　　D.COD

【答案】C

考点4 【多项选择题】桥梁施工钢管支架作业潜在环境影响有（ ）等。

A.装卸噪声

B.废弃物丢弃

C.钢构件遇水腐蚀产生锈水

D.零星构件散落

E.扬尘

【答案】ACDE

考点5 【判断题】钻孔灌注桩施工在有条件时,可设置泥浆沉淀池。（ ）

【答案】×

考点6 【判断题】桥涵桩基础工程应注意施工季节选择,尽量避免在汛期、丰水期施工。（ ）

【答案】√

考点7 【论述题】论述桥涵工程环境保护监理要点。

第十二章 交通建设工程施工阶段环境保护监理

【答案】(1) 在桥涵工程开工前，监理工程师应审批施工方案中的环保措施。要求施工单位对基础开挖、围堰、钻孔桩施工过程，采取周密的水环境保护措施。

(2) 监理工程师根据工程情况，确定本阶段环保监理的巡视、旁站计划，对施工单位环保措施的执行效果进行检查。

(3) 基坑开挖的弃土堆放地点应事先经监理工程师同意。监理工程师应督促施工单位在堆放地点预先采取排水和挡土措施。

(4) 监理工程师应经常巡视检查钻孔桩泥浆水的处理效果，对发生泄漏或任意排放的，应当场责令施工单位改正，并旁站监督整改过程。

(5) 需要围堰施工的，应事先取得当地水利部门的许可，手续完备并经监理工程师审查后才能施工。在进行水产养殖的河道进行围堰时，监理工程师应要求施工单位根据上下游的污染情况，提出合理的围堰方案，以免影响养殖，造成纠纷。

(6) 对施工过程中不符合环保要求的行为，监理工程师可以发出监理指令，责令改正。情况严重时可发出暂时停工令，以及拒绝支付相关工程量。

(7) 监理工程师在本阶段应注意水环境质量的SS、石油类等监测指标，避免施工对水体造成影响，必要时可进行现场监测。

【知识卡片】遨游知识海洋

邵怀高速公路囤营全汤美如画

作为湖南省首条真正进入山区的高速公路，邵怀高速形成了"工程和环保并重，环保适度超前"的建设理念，环境保护被建设者摆在了与工程质量同等重要的位置。由于环保工作非常突出，邵怀高速公路项目被国家环保总局和交通运输部环境保护办公室列为首个环境监理试点单位。为了在建设过程中加强环境保护和恢复工作，邵怀高速公路在修建之前就率先推出了环保实施指南，投入1亿元确保整个邵怀高速的环保工作顺利进行。

湘西南一带开发较晚，所以植被和水资源保护一直较好，特别是邵怀高速公路沿线的雪峰山脉，森林茂密，山清水秀。邵怀公司意识到，要保护老百姓的利益，首先就要保护好沿线优美的自然环境，让农田不受大的损害，让高速公路变成秀美山水中的新景点，而非损害环境的败笔。为此，公司专门成立了环境保护办公室，安排专人负责环保工作，同时在全国首开先河设置了环保监理，使"工程和环保并重，环保适度超前"的建设理念真正落实到具体工作中。

为了尽量减少施工对环境的破坏，邵怀公司结合山区高速公路的特点开展了环保水保工作。邵怀公司成立了环境保护办公室，建立健全了各项规章制度和实施计划，下发了《邵怀高速公路环保实施指南》，并编制了《邵怀高速公路环境监理方案》和《关于邵怀高速公路各合同段编制"施工单位环境保护措施实施计划"的指导意见》。施工人员对施工临时便道采取路硬化、边坡绿化，对弃土(渣)场边坡、坡脚在没有弃土前就先进行防护；沿河、溪、谷段有土、石、渣滚落处设置临时支挡，在土石滚落较为严重的地段则采用浆砌片石挡墙、石笼等永久性支挡措施。

"先保护、再破坏、后恢复"成了邵怀高速建设者必须遵守的规则。其他高速公路修建在破坏之前一般都不会采取任何防护措施，但邵怀高速在开挖路基之前一律先用竹篱笆、木篱笆等作好水土流失的防护，再动工开挖，工程完工之后还要按原样恢复。

在环保绿化方面，邵怀路首次采用了原生态植被恢复。由于公路两旁多为木本植物，为了与周边环境在景观上保持一致，他们在护坡和两旁绿化带上弃用一贯的草本植物，改种木本植物。木本植物根系发达，不仅可以很好地吸固水土，而且净化空气的能力也是草本植物的20倍。尽管这些做法让成本提高了许多，但是现在多花1分钱，就可能为沿线百姓在将来节约100块钱。

"邵怀路修建过程中，沿线老百姓付出很多、牺牲很大，作好环境保护是我们应尽的职责。如果公路通车了，当地的生态资源、水资源却遭到破坏，那是我们最不愿意看到的。修建邵怀高速公路只可让老百姓受惠，决不能让老百姓利益受损。"蒋鹏飞说。

目前，已通车运营的邵怀高速公路沿线生态、植被良好，山清水秀，深长的隧道穿行险峻山峰，桥隧相连、路地相牵，鲜花苗木相间的隔离带，图案各异的绿色边坡与路边的山峰、田野、村寨融为一体，像一条彩链镶嵌在湘中和湘西南山水间，凸显了邵怀高速公路生态环保与自然景观有机融合的特色。有人誉之为"绿色交通"和"画廊通道"；也有人称之为"诗意之路"；更有人借用毛主席的诗句"踏遍青山人未老，风景这边独好"来诠释邵怀高速公路的生态景观。

第十二章 交通建设工程施工阶段环境保护监理

12.4 隧道工程

【整体感知】洞悉知识脉络

1. 洞口工程、洞身工程、废水处理、通风与防尘环境保护要点。
2. 隧道工程环境保护监理要点。

【教材精讲】拨开眼前迷雾

知识点 1 隧道施工的环境影响主要表现在洞口开挖直接造成的植被破坏、弃渣、废水以及施工破坏地下含水层而引起的一系列生态环境问题等。

知识点 2 隧道开挖的潜在环境影响有：(1)噪声；(2)扬尘；(3)生态破坏；(4)废弃物处置；(5)有害气体；(6)弃渣。

知识点 3 洞门开挖前应先在开挖面上修建截水沟，以防止水土流失，并尽可能避开雨季施工。洞口尽量减小开挖面积、洞顶采取防护支挡结构以保护自然坡面。

知识点 4 酸性岩区和沉积岩体含有较高剂量的放射性元素氢、钍、镭，对环境产生不利影响，应经严格测定后，依据含量或浓度确定处置措施。

知识点 5 施工废水经过沉淀等处理后方可排放，废水不得排入《地表水环境质量标准》（GB 3838—2002）中所规定的Ⅰ、Ⅱ类水域。

知识点 6 隧道供风量应保证每人供应新鲜空气不小于$3m^3/min$。

知识点 7 通风机应装有保险装置，当发生故障时能自动停机。通风设备应有适当的备用数量，一般为计算能力的50%。

知识点 8 如通风设备出现事故或洞内通风受阻，所有人员应及时撤离，在通风系统未恢复正常工作和经全面检查确认洞内已无有害气体以前，不得进入洞内。如风机假日停止运转，在假日过后进入隧道以前，风机应至少提前2h启动。

知识点 9 隧道施工必须采用机械通风。在进口和出口处设置消声器，施工场所的噪声不得超过85dB（A）。无论采用何种通风方式，通风管宜采用钢制可拆装的刚性管，也可用不可燃性材料制作的管，刚性管道节长宜不超过6m。

知识点 10 隧道工程环境保护监理要点为：(1)在隧道工程开工前，监理工程师应审批施工方案的环保措施，特别注意对当地生态环境的保护，落实好珍稀物种保护、弃渣和废水处理以及施工现场劳动防护等措施。(2)对洞口临时堆放弃渣或就近设置轧石场的方案,应要求施工单位同时提出环保措施和环境恢复方案。(3)监理工程师应要求渣石纵向调运,尽可能加以利用,不能随便堆放,严禁向河谷倾倒弃渣,以免阻塞河谷造成水土流失或占用当地农田。废渣应运至指定的弃渣场堆置,并做好排水和拦渣设施。(4)对爆破方案的审查,监理工程师应明确提出防治噪声和扬尘的要求。在距离居住区较近的地区施工,还应要求施工单位注意防止振动造成影响。(5)监理工程师根据工程情况,确定本阶段环保监理的巡视、旁站计划,对施工单位环保措施的执行效果进行复核。(6)施工区域如果发现国家保护的珍稀物种,监理工程师应全过程参与物种保护,做好过程的监督。(7)对施工过程中不符合环保要求的行为,监理工程师可以发出监理指令,责令改正。情况严重时可发出暂时停工令。施工单位无正当理由拒绝整改的,监理工程师可以对该部分工程量拒绝支付。(8)监理工程师在本阶段应关注扬尘、悬浮物、噪声环境监测指标,必要时可进行施工现场监测。

【热点试题】滋润干渴心田

试题1 【单项选择题】如果隧道施工通风用风机在假日停止运转,在假日过后进入隧道工作以前,风机应至少提前(　　)h启动,并要全面检查确认洞内已无有害气体。

A.1　　　　　B.2　　　　　C.3　　　　　D.4

【答案】B

试题2 【单项选择题】隧道施工洞口开挖前应先在洞口开挖面上修建(　　),以防止水土流失。

A.排水沟　　　B.截水沟　　　C.积水池　　　D.挡墙

【答案】B

试题3 【多项选择题】隧道工程施工中,隧道支护和衬砌的潜在环境影响有(　　)。

A.扬尘　　B.噪声　　C.生态破坏　　D.有害气体　　E.废水

【答案】BD

试题4 【判断题】施工废水经过沉淀等处理后方可排放,废水不得排入《地表水环境质量标准》(GB 3838—2002)中所规定的I、II类水域。(　　)

【答案】√

第十二章 交通建设工程施工阶段环境保护监理

  【考点聚焦】拓展应试能力

考点1 【单项选择题】对隧道爆破方案的审查,监理工程师应明确提出防治噪声和扬尘的要求,在距离居住区较近的区域施工,还应要求施工单位注意防止(　　)造成影响。

A.振动　　　　B.惊吓　　　　C.飞石　　　　D.冲击波

【答案】A

考点2 【单项选择题】隧道施工洞内氧气含量有害气体浓度应符合国家卫生标准,洞内气温不宜高于(　　)℃,噪声不宜大于85dB。

A.25　　　　B.28　　　　C.30　　　　D.32

【答案】B

考点3 【单项选择题】隧道施工中,为减少施工粉尘,凿岩施工严禁(　　)。

A.湿法钻孔　　B.干孔施钻　　C.松动爆破　　D.无声振动爆破

【答案】B

考点4 【单项选择题】隧道施工通风设备应有适当的备用数量,一般为计算能力的(　　)。

A.30%　　　　B.40%　　　　C.50%　　　　D.60%

【答案】C

考点5 【多项选择题】对于隧道工程在隧道开挖时的潜在环境影响有(　　)等。

A.噪声　　B.扬尘　　C.生态破坏　　D.废渣　　E.有害气体

【答案】ABCDE

考点6 【多项选择题】隧道工程环境保护要点有(　　)几部分。

A.洞口工程　　B.洞身工程　　C.废水处理　　D.通风　　E.防尘

【答案】ABCDE

考点7 【多项选择题】对隧道弃渣,下列备选项中说法正确的是(　　)。

A.尽量纵向调运利用　　　　B.严禁向河谷倾倒　　　　C.不能随便堆放

D.因地制宜分散堆放　　　　E.设置合理弃渣场集中弃置

【答案】ABCE

考点8 【简答题】简述隧道工程环境保护监理的要点。

【答案】(1)在隧道工程开工前,监理工程师应审批施工方案的环保措施,特别注意对当地生态环境的保护,落实好珍稀物种保护、弃渣和废水处理以及施工现场劳动防护等措施。

(2)对洞口临时堆放弃渣或就近设置轧石场的方案,应要求施工单位同时提出环保措施和环境恢复方案。

(3)监理工程师应要求渣石纵向调运,尽可能加以利用,不能随便堆放,严禁向河谷倾倒弃渣,以免阻塞河谷造成水土流失或占用当地农田。废渣应运至指定的弃渣场堆置,并做好排水和拦渣设施。

(4)对爆破方案的审查,监理工程师应明确提出防治噪声和扬尘的要求。在距离居住区较近的地区施工,还应要求施工单位注意防止振动造成影响。

(5)监理工程师根据工程情况,确定本阶段环保监理的巡视、旁站计划,对施工单位环保措施的执行效果进行复核。

(6)施工区域如果发现国家保护的珍稀物种,监理工程师应全过程参与物种保护,做好过程的监督。

(7)对施工过程中不符合环保要求的行为,监理工程师可以发出监理指令,责令改正。情况严重时可发出暂时停工令。施工单位无正当理由拒绝整改的,监理工程师可以对该部分工程量拒绝支付。

(8)监理工程师在本阶段应关注扬尘、悬浮物、噪声环境监测指标,必要时可进行施工现场监测。

【知识卡片】遨游知识海洋

"常张高速"荣获第二届国家环境友好工程

2008年7月8日,第二届国家环境友好工程颁奖大会暨第十三届绿色中国论坛在北京人民大会堂举行。以"湖南常德至张家界高速公路工程"为代表的10个工程项目获得我国建设项目环境保护最高奖——国家环境友好工程。

作为建设项目环境保护的政府最高奖,"国家环境友好工程"的设立是我国环境保护工作由末端治理向预防为主转变的标志性活动之一。本次评选旨在贯彻落实科学发展观,加快建设资源节约型、环境友好型社会,促进"十一五"规划中有关"节能减排"目标的实现。环保部组织几十位专家经过两轮初评、实地核查,最后由17名专家(含五名院士)组成的评委会通过无记名投票方式,选出进入公示的10个候选获奖项目。在

第十二章 交通建设工程施工阶段环境保护监理

项目通过环保部网站、中国环境文化促进会网站、《中国环境报》和搜狐网等媒体公示后，环保部最终决定授予这10个工程项目"国家环境友好工程"荣誉称号。

常张高速公路始于长沙至常德高速公路终点檀树坪，止于张家界市永定大道，主线全长160.78公里，总投资68.7亿元，是湖南省第一条通往世界自然文化遗产张家界景区的高速公路。工程于2002年12月开工，2005年12月建成通车。在近3年的运营期间，常张高速路面平整，边坡稳定，行车安全舒适，沿线植物生长良好，山清水秀。

湖南省高速公路管理局负责同志介绍，在建设初期就将常张高速公路定位建成全国一流的生态路、环保路、旅游路、景观路，在整个建设过程中始终贯彻生态、环保、旅游、景观的理念。常张高速全线环保设施齐全，其环保投资由原计划的0.396亿元增至1.936亿元，占总投资的2.86%。评委会认为，常张高速有三大突出的环保特点：道路选线避开了自然保护区、风景名胜区和绝大多数的居民集中居住区，采取以桥代路、路基分离等形式减少了对自然环境的破坏；对沿线护坡、人行天桥、隧道口区域和部分声屏障进行了专门的景观、绿化设计和美化，努力使道路与区域秀丽的自然风光相协调；为保护澧水，在伴行段和桥梁处加装了纵向排水设施，修筑了事故池，准备了基本的化学品运输事故应急器材。

12.5 取、弃土场环境保护要点

【整体感知】洞悉知识脉络

1. 取、弃土（渣）场的选址。
2. 取、弃土场环境保护要点。

【教材精讲】拨开眼前迷雾

知识点1 公路工程尤其是山岭重丘区的公路工程，弃土（渣）量较大，据有关资料，在黄河流域废弃的土方量有10%～30%成为水土流失量，南方降水及暴雨较多地区，弃土的冲刷程度也比较严重，因此要特别重视取、弃土场的环境保护。

知识点2 取、弃土场环境保护要点为：（1）做好取、弃土（渣）场的选址工作。

(2)在路侧选用田地取土时，取土厚度应在当地地下水位线以上至少0.3m，防止地下水出露影响生态环境。(3)检查碎石加工粉尘控制情况，重点关注除尘装置的运行情况、物料的密封储存以及扬尘的防治；碎石加工时应进行洒水或除尘器除尘，冲洗砂石的废水应通过沉淀池沉淀合格后排放，部分废水澄清后可用于洒水降尘。(4)禁止废渣、土石等向洞口、水体、山涧的随意堆弃和无序倾倒。弃渣不得弃入或侵占耕地、渠道、河道、道路等场所，必须运至指定的弃渣场。(5)为防止固体废弃物堆积体被冲蚀或易发生滑塌、崩塌，应贯彻"先挡后弃"原则，设置拦渣坝。拦渣工程选址、修建，应少占耕地，尽可能选择荒沟、荒滩、荒坡等地方。拦渣坝坝型主要根据拦渣的规模和当地的建筑材料来选择。一般有土坝、干砌石坝、浆砌石坝等形式。选择坝型时，应进行多方案比较，做到安全经济。均质土坝构造简单，便于施工，尤其是在高速公路项目区，多具有大型推筑、碾压设备，最适于修建土坝。(6)弃渣应在指定范围内严格按照相关要求堆置。应整齐、稳定，不遗留陡坡、滑坡、塌方等隐患，并且排水通畅。河道不得弃渣。桥头弃土不得挤压桥墩、阻塞桥孔。(7)取、弃土（渣）场的边坡，都应在工程防护的基础上，尽可能创造条件恢复植被，特别是草灌植物的应用，尽力把工程措施和植物措施很好地结合起来。这不仅能控制水土流失，维护坡面稳定，而且对生态环境改善具有重要意义。(8)在施工结束后，应对取、弃土场进行修整、清理和生态恢复，包括复耕或绿化等，并必须有相应的水土保持措施。可按要求在地表覆盖熟土还耕或绿化，或与当地土地管理部门商议后，对取土坑进行改造，放缓边坡，使边坡稳定，或开发成水源、鱼塘。

【热点试题】滋润干渴心田

试题1 【单项选择题】 为防止固体废弃物堆积体被冲蚀或易发生滑塌、崩塌，应贯彻（　　）原则，设置拦渣坝。

A.先挡后弃　　B.先弃后挡　　C.因地制宜　　D.综合治理

【答案】A

试题2 【单项选择题】 在路侧选用田地取土时，取土厚度应在当地地下水位线以上至少（　　）m，以防止地下水出露影响生态环境。

A.0.1　　B.0.2　　C.0.3　　D.0.4

【答案】C

第十二章 交通建设工程施工阶段环境保护监理

【考点聚焦】拓展应试能力

考点1 【判断题】禁止废渣、土石等向洞口、水体、山涧的随意堆弃和无序倾倒。（　　）

【答案】√

考点2 【简答题】简述取、弃土场环境保护的要点。

【答案】（1）做好取、弃土（渣）场的选址工作。

（2）在路侧选用田地取土时，取土厚度应在当地地下水位线以上至少0.3m，防止地下水出露影响生态环境。

（3）检查碎石加工粉尘控制情况，重点关注除尘装置的运行情况、物料的密封储存以及扬尘的防治；碎石加工时应进行洒水或除尘器除尘，冲洗砂石的废水应通过沉淀池沉淀合格后排放，部分废水澄清后可用于洒水降尘。

（4）禁止废渣、土石等向洞口、水体、山涧的随意堆弃和无序倾倒。弃渣不得弃入或侵占耕地、渠道、河道、道路等场所，必须运至指定的弃渣场。

（5）为防止固体废弃物堆积体被冲蚀或易发生滑塌、崩塌，应贯彻"先挡后弃"原则，设置拦渣坝。

（6）弃渣应在指定范围内严格按照相关要求堆置。应整齐、稳定，不遗留陡坡、滑坡、塌方等隐患，并且排水通畅。河道不得弃渣，桥头弃土不得挤压桥墩、阻塞桥孔。

（7）取、弃土（渣）场的边坡，都应在工程防护的基础上，尽可能创造条件恢复植被，特别是草灌植物的应用，尽力把工程措施和植物措施很好地结合起来。

（8）在施工结束后，应对取、弃土场进行修整、清理和生态恢复，包括复耕或绿化等，并必须有相应的水土保持措施。

【知识卡片】遨游知识海洋

中国土木工程詹天佑大奖简介

为了推动科技进步，提高工程建设水平，中国土木工程学会、詹天佑土木工程科技发展基金特设立《中国土木工程詹天佑大奖》。本项大奖旨在奖励和表彰我国在科技创新和科技应用方面成绩显著的优秀土木工程建设项目。大奖充分体现"创新性"（获奖工程在设计、施工技术方面应有显著的创造性和较高的科技含量)、"标志性"(反映当今我国同类工程中的最高水平)、"权威性"(学会与政府主管部门协同推荐与遴选)。

本项大奖是我国土木工程界工程技术方面的荣誉奖,在建设部、铁道部及交通运输部等主管部门支持与指导下进行。本奖每两年评选一次。

本奖评选范围是:房屋及公共建筑工程;桥梁工程;交通工程;港口工程;隧道及地下工程、岩土工程;市政工程(含给排水、煤气工程);特种工程(防护工程、水电核电工程、塔桅工程等)。

詹天佑大奖的申报条件是:

1. 必须是列入国家或省、自治区、直辖市(含香港特区)、计划单列市和国务院有关部委的建设计划,经验收和投入使用的工程,竣工后经过3年以上使用核验没有工程质量问题和使用良好。

2. 必须是省、部范围内施工质量最佳工程,为同类工程的先进水平。

3. 设计中有创新和发展,施工中创造和运用先进的施工技术和方法,整体工程突出地体现了先进的科学技术成果,并达到国内同类工程中的一流水平。

12.6 排水、防护、交通安全设施和其他工程环境保护要点

【整体感知】洞悉知识脉络

1. 排水工程环境保护要点。
2. 挡土墙、防护及其他砌筑工程环境保护要点。
3. 交通安全设施施工环境保护要点。
4. 其他工程的环境保护监理要点。

【教材精讲】拨开眼前迷雾

知识点1 排水工程包括地表排水和地下排水。

知识点2 地表排水设施包括边沟、排水沟、跌水与急流槽、蒸发池、油水分离池、排水渠等。

知识点3 地下排水设施包括暗沟(管)、渗沟、渗水隧洞、渗井、仰斜式排水孔、检查井等类型。

第十二章 交通建设工程施工阶段环境保护监理

知识点 4 截水沟设置在无弃土堆的情况下，截水沟的边缘离开挖方路基坡顶的距离视土质而定，以不影响边坡稳定为原则，如系一般土质至少应离开5m，对黄土地区不应小于10m并进行防水渗加固，截水沟挖出的土，应运到指定地点。

知识点 5 排水工程施工阶段场界噪声限值为昼间70dB（A），夜间55dB（A）。

知识点 6 当冻结深度小于或等于1m时，基底应在冻结线以下不小于0.25m，并应符合基础最小埋置深度不小于1m的要求。

知识点 7 受水流冲刷时，应按路基设计洪水频率计算冲刷深度，基底应置于局部冲刷线以下不小于1m。

知识点 8 路堑地段的挡土墙基础顶面应低于路堑边沟底面不小于0.5m。

知识点 9 在风化层不厚的硬质岩石地基上，基底一般应置于岩石表面风化层以下；在软质岩石地基上，基底最小埋置深度不小于1m。

知识点 10 其他工程的环境保护监理要点为：(1) 分部工程开工前，监理工程师应对施工方案中的环保措施进行审批，要求施工单位采取周密的环境保护措施，以确保满足环保要求。监理工程师根据工程环境影响特点，确定本阶段环保监理的巡视、旁站计划。监督检查施工单位是否按环保要求进行施工。(2) 监理工程师应对取、弃土场的环保措施执行情况进行巡检，特别注意取、弃土场的排水、挡土措施。在对取、弃土场生态恢复（植树绿化）阶段，监理工程师应根据工程实际情况，有重点地旁站监理。(3) 在特殊生态保护地区，焊接废渣不能弃置在野地，监理工程师应对施工单位提出环保要求。(4) 巡视过程中发现不符合环保要求的行为，监理工程师可以发出监理指令，责令改正，情况严重时可发出停工令。施工单位无正当理由拒绝整改的，监理工程师可以对该部分工程量拒绝支付。(5) 在本阶段，监理工程师应注意总悬浮颗粒物TSP、水体悬浮物SS和噪声等监测指标，必要时可进行现场监测，以复核环保措施的成效。

 【热点试题】滋润干渴心田

试题1 【单项选择题】路堑地段的挡土墙基础顶面应低于路堑边沟底面不小于（　　）m。

　　A. 0.4　　　　B. 0.5　　　　C. 0.8　　　　D. 1.0

【答案】B

试题2 【多项选择题】下列（　　）属于地下排水设施。

A.暗沟（管）　　B.渗沟　　C.渗井　　D.检查井

【答案】ABCD

【考点聚焦】拓展应试能力

考点1 【单项选择题】排水工程施工阶段场界噪声限值为（　　）。

A.昼间70dB（A），夜间55dB（A）

B.昼间75dB（A），夜间55dB（A）

C.昼间70dB（A），夜间65dB（A）

D.昼间70dB（A），夜间75dB（A）

【答案】A

考点2 【单项选择题】受水流冲刷时，应按路基设计洪水频率计算冲刷深度，基底应置于局部冲刷线以下不小于（　　）m。

A.0.5　　B.1.0　　C.2.0　　D.2.5

【答案】B

考点3 【简答题】简述其他工程的环境保护监理要点。

【答案】(1)分部工程开工前，监理工程师应对施工方案中的环保措施进行审批，要求施工单位采取周密的环境保护措施，以确保满足环保要求。

(2)监理工程师应对取、弃土场的环保措施执行情况进行巡检，特别注意取、弃土场的排水、挡土措施。在对取、弃土场生态恢复（植树绿化）阶段，监理工程师应根据工程实际情况，有重点地旁站监理。

(3)在特殊生态保护地区，焊接废渣不能弃置在野地，监理工程师应对施工单位提出环保要求。

(4)巡视过程中发现不符合环保要求的行为，监理工程师可以发出监理指令，责令改正，情况严重时可发出停工令。施工单位无正当理由拒绝整改的，监理工程师可以对该部分工程量拒绝支付。

(5)在本阶段，监理工程师应注意总悬浮颗粒物TSP、水体悬浮物SS和噪声等监测指标，必要时可进行现场监测，以复核环保措施的成效。

第十二章 交通建设工程施工阶段环境保护监理

【知识卡片】遨游知识海洋

高速公路建设中原生态保护的先行者

云南大丽高速公路（大理—丽江）是连接中国滇西南的第一条高速公路，是云南省高速公路建设的重点项目。项目建设总里程259公里，其中主线长192公里。全线共有特大桥16座，大桥187座，其中桥梁最长达2.651千米，隧道最长达4.385公里，主线桥隧比达31%。

大丽高速公路15合同段由新疆昆仑路港工程公司武警交通第五支队承建，项目位于大理州洱源县牛街乡，施工主线段K108+200~K108+500涉及人口密集的村庄、寺庙、古树、泉水等原生态区域。

为把大丽路建设成为生态旅游环保公路，大丽高速公路总指挥长孙乔宝、常务副指挥长唐平祥、项目总工程师赵栋琪亲自带领专家工作组深入施工一线进行可行性施工方案研究。其中，15合同段K108段落涉及古寺庙5座，千年古树6颗，树木群达180多颗，而且当地2000户村民生活的唯一水源就在古寺庙下面。如果按照原设计方案施工就要对局部的房屋进行拆迁、清澈见底的泉水池就要西迁，2座古寺庙进行迁移，施工挖方段现场噪声及空气污染会干扰到当地村民的正常生活；这样不仅破坏了原生态及水源，老百姓还要徒步翻山行走2个多小时才能够找到新的水源。

为了加强施工区域的原生态环境保护，同时保障当地村民的生产生活用水，专家组当即拍板论证，征求指挥部技术负责人意见后，将原涉及拆迁段落变更为路肩墙，施工主线往东迁移2米，从而最大限度地保护了原生态环境区域。此举措得到了当地政府和村民的一致褒扬，为项目部创造了积极的施工环境，构建了良好的警政警民关系，同时也为施工沿线的植树造林、加强对原生态环境的保护起到了积极的促进作用。

方案施行后，施工现场又恢复了往日的平和。机械拆迁开挖带来的噪声和污染不见了，路肩墙施工基本都是人工砌筑工艺。树林中鸟儿清脆的鸣声充满了欢笑，泉水嘀嘀嗒嗒的声音像在传播春天的喜讯，古树群在阳光和溪水的滋润下茁壮成长，老百姓的农田灌溉也得到了最大水源保障。

看到大丽高速公路的施工生产中心任务在顺利推进,看到沿线的植被和原生态区域的完好保护,不禁让人感叹:路,在脚下延伸;人,在路上行走;生态,在建设中和谐;不久的将来,大丽高速公路一定会建设成为连接滇西南的旅游生态环保公路,为高速公路的建设发展添上浓浓的绿意和欣喜!

12.7 施工期环境风险应急预案

【整体感知】洞悉知识脉络

1. 施工期环境风险应急预案编制重要性。
2. 施工期环境风险应急预案编制内容。

【教材精讲】拨开眼前迷雾

知识点1 交通建设往往施工环境恶劣,突发环境污染风险较大。建设单位应独立编制并定期演练环境风险应急预案,施工期环境风险应急预案和体系应纳入区域环境风险应急体系中。

知识点2 施工期环境风险应急预案编制应包括如下内容:(1)应急预案的编制目的、依据、适用范围及预案体系;(2)环境的现状及风险评价;(3)明确应急组织体系、指挥机构及职责;(4)预防与预警措施;(5)应急响应和救援措施,应建立分级响应体制;应编制救援措施说明,包括污染事故现场应急救援措施说明、大气类污染事故保护目标的应急救援措施说明、水类污染事故保护目标的应急救援措施说明、受伤人员现场救护、救治与医院救治处置方案等;(6)应急事故发生后环境监测的方案、现场保护与现场洗消方法及程序;(7)应急终止的条件、终止后的行动及善后处理工作安排;(8)应急培训和演习的安排。

【热点试题】滋润干渴心田

试题1 【判断题】建设单位应独立编制并定期演练环境风险应急预案,施工期环境风险应急预案和体系应纳入区域环境风险应急体系中。(   )

【答案】√

第十二章 交通建设工程施工阶段环境保护监理

【考点聚焦】 拓展应试能力

考点1 【简答题】简述施工期环境风险应急预案编制的内容。

【答案】(1)应急预案的编制目的、依据、适用范围及预案体系。(2)环境的现状及风险评价。(3)明确应急组织体系、指挥机构及职责。(4)预防与预警措施。(5)应急响应和救援措施,应建立分级响应体制;应编制救援措施说明。(6)应急事故发生后环境监测的方案、现场保护与现场洗消方法及程序。(7)应急终止的条件、终止后的行动及善后处理工作安排。(8)应急培训和演习的安排。

【知识卡片】 遨游知识海洋

我国须健全环境应急机制

日本最近将核事故的等级提高到最高级7级,核事故发生后,引发了全世界对核安全的高度重视。对于我国来说,近年来各种突发性环境污染事故频发,环境安全的警钟也不断敲响。可是,相关管理部门对此几乎没有什么经验可言,如何健全环境应急机制,应成为一个亟待"恶补"的新课题。在2011年全国环境保护工作会议上,环境保护部部长周生贤表示,我国将健全环境风险防范与应急管理工作机制。

尽管国家已经明确,环保部门对环境污染事故负有重要的监管责任:平时,对辖区内的重点污染企业要"心中有数",要帮助企业编制应急预案;污染事故发生后,要及时上报情况,并进行科学救助……但是,长期以来,由于缺乏专职人员,环境应急工作面临诸多"掣肘"。尤其是环境应急机制失灵,能力不足已经成为"软肋"。

当前,一些地方政府对防止环境突发事故的重视不够、认识不足,缺乏应对突发环境事件的能力和经验,对突发重特大环境事件常常处置不力,从而导致环境污染不能得到有效、及时的控制。毋庸置疑,进一步建立健全环境应急机制,加强环境应急队伍建设,强化环境安全管理,是保障社会公共安全的重要组成部分。

一方面,应进一步完善应急预案。应急预案必须具有科学性、可操作性。所谓科学性,是说应急预案应符合政策和法规,针对污染事故的特点和规律,依托现实的资源条件，对相关部门及单位的职责、任务和行动措施，给出规范科学的表述。所谓可操作性是指污染事故发生后，相关部门能够及时启动预案，并顺利运行，发挥应急作用。另一方面，应健全突发环境污染事故应急体系。该体系能够使环境保护部门在面对突发环境事故时，迅速做好事故的应急指挥、应急处理和污染物监测；组织受污染范围内的居民安全转移，制定生态环境治理恢复的措施。同时，针对环境污染事故具有危险性大、污染性强、事故发生的不确定性等特点，为确保快速有效地处理突发事故，提高、强化应急反应能力十分必要。

第十三章 交工验收与缺陷责任期环境保护监理

【目标导航】导引学习方向

1. 了解协助竣工环境保护验收。
2. 熟悉施工单位应具备的环境保护资料。
3. 掌握交工验收环境监理工作内容、监理单位应具备的环境保护监理资料。
4. 掌握缺陷责任期内环境保护监理的内容。

【学法点拨】开启思维之门

1. 本部分内容相对较少，要求学员熟悉施工单位应具备的环境保护资料，掌握交工验收环境监理工作内容、监理单位应具备的环境保护监理资料，掌握缺陷责任期内环境保护监理的内容。
2. 要求学员了解协助建设单位竣工环境保护验收的工作。

13.1 交工验收环境保护监理

【整体感知】洞悉知识脉络

1. 交工验收环境保护监理的工作内容。

2. 施工单位应具备的环境保护资料。

3. 监理单位应具备的环境保护监理资料。

【**教材精讲**】拨开眼前迷雾

知识点1 公路工程在交工验收与缺陷责任期的施工环境保护监理工作包括交工验收环境保护监理、缺陷责任期环境保护监理和环境保护竣工验收监理。

知识点2 交工验收环境监理工作内容为：(1)组织交工验收前的环境保护工作内容初验；(2)整理环境监理资料，并归档；(3)参加交工验收。

知识点3 施工单位应具备的环境保护资料有：(1)施工临时用地总平面布置图，各临时用地占地面积及用途，临时用地的清理、整平和恢复情况，施工期污水排放平面图及主要处理措施；(2)施工期环境保护措施与管理制度；(3)施工环境保护措施执行效果的自查记录、监测记录及整改措施等；(4)环境保护月报；(5)与监理单位往来环境方面文件；(6)环境恢复记录；(7)相关主管部门要求的其他资料。

知识点4 监理单位在交工前应整理好关于施工期环境保护的有关资料，一般应包括以下内容：(1)环境保护监理计划；(2)环境保护监理细则；(3)环境监理所建立的施工标段的环境管理台账及环境检查记录；(4)环境保护监理所发整改通知单及施工单位回复单、因环境保护问题签发的指令等；(5)与建设单位、施工单位、设计单位往来的环境保护文件；(6)与环境保护有关的会议记录和纪要；(7)环境保护监理月报；(8)环境保护监理工作总结；(9)相关主管部门要求的其他资料。

【**热点试题**】滋润干渴心田

试题1【多项选择题】交工验收环境监理工作内容有（　　）。

A. 组织交工验收前的环境保护工作内容初验

B. 整理环境监理资料，并归档

C. 参加交工验收

D. 编制环境保护监理计划

【答案】ABC

试题2【简答题】简述施工单位应具备的环境保护资料。

【答案】(1)施工临时用地总平面布置图，各临时用地占地面积及用途，临时用地的清理、整平和恢复情况，施工期污水排放平面图及主要处理措施；(2)施工

第十三章 交工验收与缺陷责任期环境保护监理

期环境保护措施与管理制度；(3)施工环境保护措施执行效果的自查记录、监测记录及整改措施等；(4)环境保护月报；(5)与监理单位往来环境方面文件；(6)环境恢复记录；(7)相关主管部门要求的其他资料。

【考点聚焦】拓展应试能力

考点1 【多项选择题】公路工程在交工验收与缺陷责任期的施工环境保护监理工作包括（　　）。

A.交工验收环境保护监理　　B.施工期环境保护监理
C.环境保护竣工验收监理　　D.缺陷责任期环境保护监理

【答案】ABD

考点2 【简答题】简述监理单位在交工前应准备的环境保护有关资料。

【答案】(1)环境保护监理计划；(2)环境保护监理细则；(3)环境监理所建立的施工标段的环境管理台账及环境检查记录；(4)环境保护监理所发整改通知单及施工单位回复单、因环境保护问题签发的指令等；(5)与建设单位、施工单位、设计单位往来的环境保护文件；(6)与环境保护有关的会议记录和纪要；(7)环境保护监理月报；(8)环境保护监理工作总结；(9)相关主管部门要求的其他资料。

【知识卡片】遨游知识海洋

公路交工验收的程序与主要工作内容

1.交工验收的程序

(1)施工单位完成合同约定的全部工程内容，且经施工自检和监理检验评定均合格后，提出合同段交工验收申请报监理单位审查。交工验收申请应附自检评定资料和施工总结报告。

(2)监理单位根据工程实际情况、抽检资料以及对合同段工程质量评定结果，对施工单位交工验收申请及其所附资料进行审查并签署意见。监理单位审查同意后，应同时向项目法人提交独立抽检资料、质量评定资料和监理工作报告。

(3)项目法人对施工单位的交工验收申请、监理单位的质量评定资料进行核查，必要时可委托有相应资质的检测机构进行重点抽查检测，认为合同段满足交工验收条件时应及时组织交工验收。

《交通建设工程施工环境保护监理》考试指导与模拟题解

(4)对若干合同段完工时间相近的,项目法人可合并组织交工验收。对分段通车的项目,项目法人可按合同约定分段组织交工验收。

(5)通过交工验收的合同段,项目法人应及时颁发"公路工程交工验收证书"。

(6)各合同段全部验收合格后,项目法人应及时完成"公路工程交工验收报告"。

2.交工验收的主要工作内容

(1)检查合同执行情况。

(2)检查施工自检报告、施工总结报告及施工资料。

(3)检查监理单位独立抽检资料、监理工作报告及质量评定资料。

(4)检查工程实体,审查有关资料,包括主要产品的质量抽(检)测报告。

(5)核查工程完工数量是否与批准的设计文件相符,是否与工程计量数量一致。

(6)对合同是否全面执行、工程质量是否合格做出结论。

(7)按合同段分别对设计、监理、施工等单位进行初步评价。

13.2 缺陷责任期的环境保护监理

【整体感知】洞悉知识脉络

1.缺陷责任期(保修期)内环境保护监理的内容。
2.协助建设单位竣工环境保护验收。

【教材精讲】拨开眼前迷雾

知识点1 缺陷责任期的环境保护监理工作内容主要包括:(1)定期检查施工单位对交工环境保护验收提出的环境保护遗留问题(环保、水保等)整改措施和计划的实施情况。必要时,根据工程具体情况对施工单位的整改计划作出调整,并督促实施。(2)对项目环境保护设施工程施工进行现场监理,并对环境保护设施运行情况进行检查,如不能达到环评报告书中的相关要求,及时督促其整改。(3)督促各施工、监理单位按合同及有关规定完成施工环境保护竣工资料的整理、归档,编写

第十三章 交工验收与缺陷责任期环境保护监理

施工环境保护工作总结报告。(4)整理完成环境保护监理竣工资料,并编写工程环境保护监理总结报告。

知识点2 对需要进行环保、水保单项验收的项目,环境监理应做好验收前的初验工作,并应协助建设单位做好组织验收工作。

【热点试题】滋润干渴心田

试题1 【判断题】对需要进行环保、水保单项验收的项目,环境监理应做好验收前的初验工作,并应协助建设单位做好组织验收工作。(   )

【答案】√

【考点聚焦】拓展应试能力

考点1 【简答题】简述缺陷责任期的环境保护监理工作的内容。

【答案】(1)定期检查施工单位对交工环境保护验收提出的环境保护遗留问题(环保、水保等)整改措施和计划的实施情况。必要时,根据工程具体情况对施工单位的整改计划作出调整,并督促实施。(2)对项目环境保护设施工程施工进行现场监理,并对环境保护设施运行情况进行检查,如不能达到环评报告书中的相关要求,及时督促其整改。(3)督促各施工、监理单位按合同及有关规定完成施工环境保护竣工资料的整理、归档,编写施工环境保护工作总结报告。(4)整理完成环境保护监理竣工资料,并编写工程环境保护监理总结报告。

【知识卡片】遨游知识海洋

如何面对高速公路缺陷责任期

高速公路缺陷责任期是指高速公路建设工程已经竣工,并通过交工验收,取得交工证书移交管养单位后,自竣工日起一年内的运行保修期。目的在于跟踪已竣工工程在运行条件下的工程质量是否达到合同规定的要求。

缺陷责任期处在高速公路的试用、运营阶段,一方面由于高速公路刚刚建成,随着交工通车后各种机械磨损和自然气候环境的影响,过去施工中存在的诸如材料不合格、设备工艺不合要求、设计不合理等问题就会逐渐暴露;另一方面,由于受季节或其他原因影响往往不可避免地存在部分未完工作。可以说高速公路缺陷责任期关系到工程建设缺陷的及时发现、整改，关系到一条高速公路建设经验的深入总结，更关系到高速公路竣工后的稳定运营。

从近年来国内高速公路新建通车后的实际运行情况看，缺陷责任期在许多高速公路不同程度地受到了忽视，导致发现缺陷后在责任区分上互相扯皮，有的出现问题后不能及时找到监理和承包人，有的对缺陷病害的调查迟缓。实际上是谁也不想再投入，最后往往只有接管单位自己承担处理，造成在资金紧张的情况下，对存在缺陷的处理只能是草草了之，使暴露的缺陷不能得到有效整治和控制。

加强高速公路缺陷责任期管理，应注意做好以下几点：

一要提高对高速公路缺陷责任期管理重要性的认识。要看到高速公路建设工程浩大、技术复杂、工程标准高、施工组织繁琐，存在缺陷有时很难避免。缺陷责任期内自然沉降、质量隐患、运行适应等都有可能造成不良影响。积极加强对这一时期的衔接管养，单从技术使用方面讲就具有十分重要的意义。

二要明确责任，依法管理。高速公路建设合同已经十分明确地规定了施工和监理单位在缺陷责任期的责任、义务，作为业主和接管单位，从交工之日起就必须采取措施，进一步明确和强化这种责任，不能因工程已基本完工并交工，就放弃对承包人的监督，更不能因为预扣了责任保留金，就认为万事大吉了。缺陷责任期合同义务的履行，更重要的在于及时改正缺陷，恢复并提高优良的路况水平，使之保持持久的技术状态。

三要密切联系，加强沟通。缺陷责任期内建设、施工、监理、管养单位应加强联系沟通，一方面要派驻人员专门负责，始终密切关注道路使用运行状况，并定期召开会议通报交流情况，真正让各方对高速公路缺陷责任期内的技术状况有一个较为全面的了解；另一方面，当高速公路出现缺陷问题时，管养单位应及时通知建设、施工、监理各方，使之准确了解情况。

四要面对缺陷，妥善处理。缺陷责任期内出现的问题，有时会包含使用过程中的人为因素、机械因素和自然因素，这就给区分责任带来争议。正确地面对问题，积极地组织调查，客观地分析原因，公正地区分责任，妥善地予以处理，这应是各方基本的合作态度。

第二部分 考试指导与重点解析

第十四章 环境保护工程及监理要点

环境保护工程及监理要点

【目标导航】导引学习方向

1. 熟悉环保工程的界定、环保工程的主要内容。
2. 熟悉声屏障监理、隔声窗工程简介和监理要点、污水处理设施工程简介和监理要点。
3. 熟悉交通建设项目污水处理工艺概述、质量要求、设计图纸交底、工程验收。
4. 掌握施工质量控制要点。
5. 掌握径流集中处理系统的目的和适用范围、径流集中处理系统集成和监理要点。
6. 掌握监理复核选址的一般要求、拦渣坝工程简介和监理要点、拦渣墙工程简介和监理要点、拦渣堤工程简介和监理要点。
7. 掌握场地准备、乔灌草常规种植和管护工程、坡面绿化、绿化工程验收基本要求。

【学法点拨】开启思维之门

1. 本部分主要介绍了五大类环保工程的监理要点，包括噪声控制工程，水污染和环境风险控制工程，生态治理、恢复与优化工程，拦渣工程，环境空气污染控制工程等。作为交通建设项目中的附属工程，环保工程施工监理的质量、进度、费

《交通建设工程施工环境保护监理》考试指导与模拟题解

用等控制要求及工作内容与主体工程的施工监理相同，即"三控制、二管理、一协调"，其监理程序和方式也与主体工程施工监理一致。

2.学习本部分内容时，要重点掌握径流集中处理系统的目的和适用范围、径流集中处理系统集成和监理要点。掌握监理复核选址的一般要求、拦渣坝工程简介和监理要点、拦渣墙工程简介和监理要点、拦渣堤工程简介和监理要点。掌握场地准备、乔灌草常规种植和管护工程、坡面绿化、绿化工程验收基本要求。

3.本部分内容较多，特别是注重五大类环保工程的知识介绍，因此，学习本部分内容时，要把握住各知识点和对概念的理解。

14.1 环保工程的界定和主要内容概述

【整体感知】洞悉知识脉络

1.环保工程的界定。
2.环保工程的五大类别。

【教材精讲】拨开眼前迷雾

知识点1 交通建设中的环境保护工程，即是以环境保护为主要目的，进而达到保护、恢复或优化各类环境因子效果的单项工程。多数环境保护工程的验收，不仅是土木工程质量的验收，还有环境保护效果的验收，需要进行环境监测，这是环保工程与一般的土木工程的不同之处。

知识点2 交通行业环境保护工程，按工程内容可分为以下五大类：生态破坏治理、恢复与优化工程；噪声控制工程；水污染和环境风险控制工程；固体废物污染控制工程；环境空气污染控制工程等。

【热点试题】滋润干渴心田

试题1【判断题】交通建设中的环境保护工程，即是以环境保护为主要目的，进而达到保护、恢复或优化各类环境因子效果的单项工程。（　　）

【答案】√

第十四章 环境保护工程及监理要点

【考点聚焦】 拓展应试能力

考点1【多项选择题】下列（　　）属于交通环境保护工程。
A.生态破坏治理、恢复与优化工程　　B.噪声控制工程
C.水污染工程　　　　　　　　　　　D.固体废物污染控制工程
【答案】ABCD

考点2【多项选择题】下列（　　）属于生态环境治理、恢复与优化工程。
A.拦渣工程　　　　　　　　　　　　B.绿化和景观美化工程
C.特殊坡面绿化工程　　　　　　　　D.路面工程
【答案】ABC

【知识卡片】 遨游知识海洋

什么是国家优质工程奖？

国家优质工程奖是中华人民共和国优质产品奖（简称国家质量奖）的一部分，是工程建设质量方面的最高荣誉奖励。

国家优质工程的评定倡导和注重工程质量的全面、系统性的管理，工程质量主要包括工程项目的勘查、设计质量和施工单位的施工质量以及监理单位的监理质量，是工程项目内涵和外延的具体体现。通过对获奖工程的表彰，鼓励建设单位用全面、系统、科学、经济的工程质量管理理念，组织勘查、设计、监理、施工等企业务实、创新，在保证工程质量的同时，提高工程建设的投资效益和各工程建设企业的经济效益，引导各工程建设企业通过参与工程建设和创优过程，转变工程质量管理和经营管理观念，促进勘查设计质量、施工质量和监理质量全面提高和持续不断的改进，推动工程建设行业工程质量管理工作的不断提高。

国家优质工程奖是工程建设行业设立最早、规格要求最高、奖牌制式和国家优质产品奖统一的国家级质量奖，评选范围涵盖建筑、铁路、公路、化工、冶金、电力等工程建设领域的各个行业，评定的内容从工程立项到竣工验收形成工程质量的各个工程建设程序和环节，评定和奖励（颁发奖牌和奖状）的单位有建设、设计、监理、施工等参与工程建设的相关企业。国家优质工程奖是由国家工程建设质量奖审定委员会组织审定，冠以"国家优质工程金质奖"、"国家优质工程银质奖"名义的奖项。

14.2 噪声控制工程简介和监理要点

【整体感知】洞悉知识脉络

1. 声屏障工程监理工作的一般要求、质量和进度控制要点。
2. 隔声窗工程简介和监理要点。

【教材精讲】拨开眼前迷雾

知识点1 一般而言，高速公路初期10000pcu/日的交通量，平路基上设置的声屏障4m高时，对其后30m的降噪效果，应不小于5dB（A），也难以超过10dB（A）。

知识点2 主体工程与其上的屏障体之间、屏障体砌块之间、结构连接相互之间等处，原则上不得留有接缝空隙。

知识点3 声屏障安装位置、高程、偏移、竖直度在容许偏差之内。

知识点4 在平路基条件下，高速公路10000pcu/日的交通量，一般平路基50m范围内会有不同程度的超标，主要是夜间噪声超标。要求声屏障达到相应的降噪效果，3~4m高的声屏障，20~30m内的降噪效果，一般可以达到7~10dB（A）。

知识点5 声屏障效果监测常用插入损失评价声屏障的降噪效果。

知识点6 一般而言，平路基高速公路初期20000pcu/日的交通量时，50m外侧的居民室内降噪效果，应不小于20~30dB（A）。

【热点试题】滋润干渴心田

试题1【判断题】主体工程与其上的屏障体之间、屏障体砌块之间、结构连接相互之间等处，原则上不得留有接缝空隙。（ ）

【答案】√

试题2【单项选择题】下列说法错误的是（ ）。

A.声屏障安装位置、高程应在容许偏差之内

B.声屏障安装偏移、竖直度应在容许偏差之内

C.主体工程与其上的屏障体之间应留有接缝空隙

D.声屏障预埋基础位置、间距、深度等指标应准确

第十四章 环境保护工程及监理要点

【答案】C

【考点聚焦】拓展应试能力

考点1【单项选择题】声屏障效果监测常用（　　）评价声屏障的降噪效果。
A.声程差　　　B.菲涅耳系数　　　C.声影区　　　D.插入损失

【答案】D

考点2【多项选择题】下列说法正确的是（　　）。
A.声屏障安装位置、高程、偏移、竖直度在容许偏差之内
B.声屏障的总长度要大于保护对象的长度
C.隔声窗的验收应采用《室内噪声标准》进行
D.在环境保护竣工验收前，进行必要的减噪效果监测

【答案】ABCD

【知识卡片】遨游知识海洋

北京城内快速路有望配套隔声屏障

环境保护部、国家发改委、科技部等十一部委日前联合发布《关于加强环境噪声污染防治工作改善城乡声环境质量的指导意见》，要求各地切实解决噪声扰民突出问题。

近年来，噪声污染影响日益突出，扰民投诉始终居高不下。"指导意见"明确，在交通噪声方面，噪声敏感建筑物集中区域的高架路、快速路、高速公路、城市轨道等道路两边应配套建设隔声屏障，严格实施禁鸣、限行、限速等措施；加快城市市区铁路道口平交改立交建设，逐步取消市区平面交叉道口；控制高铁在城市市区内运行的噪声污染；加强机场周边噪声污染防治工作，减少航空噪声扰民纠纷。

在施工噪声方面，要查处施工噪声超过排放标准的行为。加强施工噪声排放申报管理，实施城市建筑施工环保公告制度；要依法限定施工作业时间，严格限制在敏感区内夜间进行产生噪声污染的施工作业；实施城市夜间施工审批管理，推进噪声自动监测系统对建筑施工进行实时监督，鼓励使用低噪声施工设备和工艺。

在社会生活噪声方面，"指导意见"要求禁止商业经营活动在室外使用音响

器材招揽顾客；严格控制加工、维修、餐饮、娱乐、健身、超市及其他商业服务业噪声污染，有效治理冷却塔、电梯间、水房和空调器等配套服务设施造成的噪声污染，严格管理敏感区内的文体活动和室内娱乐活动；积极推行城市室内综合市场，取缔扰民的露天或马路市场。对室内装修进行严格管理，明确限制作业时间，严格控制在已竣工交付使用居民宅楼内进行产生噪声的装修作业；加强中、高考等国家考试期间绿色护考工作，为考生创造良好的考试环境。

14.3 污水处理设施工程简介和监理要点

【整体感知】洞悉知识脉络

1. 交通建设项目污水处理工艺概述。
2. 污水处理设施出水水质的排放要求。
3. 污水处理设施施工质量控制要点与工程验收。

【教材精讲】拨开眼前迷雾

知识点1 交通建设项目的附属设施排放的污水，高速公路按排出的位置可分为公路收费区、公路服务区和管理生活区三种。

知识点2 汽车维修站、加油站废水及车辆冲洗废水，常含有泥沙和油类物质。

知识点3 服务区污水一般考虑的主要污染因子有COD、油类和SS。

知识点4 污水处理工艺广泛采用的是好氧生物处理法，也有采用化粪池和稳定塘处理方法的。好氧生物处理法按主要工艺流程可分为A/O法、A^2/O法、SBR法三种。

知识点5 污水处理后排入附近农田沟渠用于农田灌溉的，出水水质应满足《农田灌溉水质标准》(GB 5084—2005)中的要求。

知识点6 污水处理后重复利用做绿化、道路喷洒用水，水质应满足《生活杂用水水质标准》(CJ/T 48—1999)中的要求。

知识点7 排水管线设计图纸中应体现"雨污分流、清污分流"的原则。

知识点8 曝气设备是活性污泥处理法的核心部分。

知识点9 排污口设置必须符合"一明显、二合理、三便于"的要求，即：环

第十四章　环境保护工程及监理要点

境保护图形标志明显；排污去向合理，排污口设置合理；排污口设立要便于采集样品、便于监测计量、便于公众参与监督管理。

【热点试题】滋润干渴心田

试题1　【单项选择题】污水处理后排入附近农田沟渠用于农田灌溉的，出水水质应满足（　　）的要求。
　　A.农田灌溉水质标准　　　　　　B.杂用水标准
　　C.污水综合排放标准　　　　　　D.地表水环境质量标准
　　【答案】A

试题2　【多项选择题】汽车维修站、加油站废水及车辆冲洗废水，通常含有（　　）。
　　A.泥沙　　　　B.油类物质　　　　C.溶解氧　　　　D.重金属
　　【答案】AB

试题3　【多项选择题】污水处理工艺广泛采用的是（　　）。
　　A.好氧生物处理法　　B.化粪池　　C.干厕　　D.稳定塘
　　【答案】ABD

【考点聚焦】拓展应试能力

考点1　【单项选择题】（　　）是活性污泥处理法的核心部分。
　　A.曝气池　　　　B.曝气设备　　　　C.管道　　　　D.基础
　　【答案】B

考点2　【单项选择题】污水处理后重复利用做绿化、道路喷洒用水，水质应满足（　　）的要求。
　　A.地表水环境质量标准　　　　　　B.污水综合排放标准
　　C.杂用水标准　　　　　　　　　　D.农田灌溉水质标准
　　【答案】C

考点3　【多项选择题】服务区污水一般考虑的主要污染因子有（　　）。
　　A.COD　　　　B.油类　　　　C.SS　　　　D.泥沙
　　【答案】ABC

考点4　【多项选择题】排污口设置必须符合"一明显、二合理、三便于"的要求，其中"三便于"是指（　　）。

A.便于公众参与监督管理   B.便于监测计量
C.便于确定排污去向   D.便于采集样品

【答案】ABD

【知识卡片】遨游知识海洋

生态技术"绿"除公路污水

日前,西部项目"西部地区公路建设中水资源保护技术研究"通过鉴定,该项目通过典型公路施工现场试验,系统分析了公路重点施工环节废水污染物排放特征。针对不同施工环节排放的废水污染物特征提出了相应的简易化处理工艺,并提出了相应的工程管理对策。研究成果可以有效地防治公路水土流失和污水排放带来的水资源破坏影响,减少公路运营期的养护费用。

找出了水污染规律

项目组基于遥感GIS技术构建了公路建设对区域水环境影响相对程度评价技术,为区域公路环境影响评价的开展提供宏观指导。

研究通过路面径流现场试验,摸清了路面径流污染物种类及特征。首次采用内梅罗指数以各类水质标准作对比,综合评价了不同高速公路路面径流的污染效应。通过对重庆地区高速公路路面灰尘试验分析,找出了路面径流污染物与地面灰尘之间的关系。研究还初步探索了交通量、车型比对路面径流污染物的影响规律。

新工艺高效绿色除污水

在以上研究的基础上,课题研发了储存调节池与人工湿地串联处理的桥面径流处理工艺。课题提出的敏感水体桥面径流处理方法,大大减少了人工湿地的占地面积,提高了单位面积土地的使用效率。由于采取的是人工湿地的方法,也起到了很好的绿化效果。

课题还通过室内试验和依托工程现场试验,研究提出了用炉渣(25%)和草炭(15%)优化配比改良后的黏性红壤(配置土壤)为填充介质的土壤渗滤系统工艺处理高速公路服务区污水,试验结果表明该系统对氨氮和总磷等污染物的去除效果较传统红壤和棕壤型系统处理效果有显著提高。研究提出以废陶瓷、废砖块和空心砖块等工程固体废料为主要填料及以芦苇和水葱为优选植物的潜流式人

第十四章 环境保护工程及监理要点

工湿地工艺，该工艺可以很好地实现高速公路服务区污水生态处理要求，而且使工程固体废弃物得到有效利用。课题提出的生态型污水处理技术，比传统的污水处理技术效果好，处理后的水质再经过消毒可以达到回用标准，环境效益突出，营运费用低。

目前，课题研究成果已在江西、重庆、广东等地高速公路服务区污水处理和桥面径流污染防治工程建设中得到了很好地应用。

14.4　路面、桥面径流集中处理系统简介和监理要点

【整体感知】洞悉知识脉络

1. 径流集中处理系统的目的和适用范围。
2. 径流集中处理系统监理要点。

【教材精讲】拨开眼前迷雾

知识点1　公路建设应在水环境敏感路段设置径流水收集系统和沉淀池。

知识点2　公路建设应特别重视对饮用水水源地的保护，路线设计时，应尽量绕避饮用水水源保护区。为防范危险化学品运输带来的环境风险，对跨越饮用水水源二级保护区、准保护区和二类以上水体的桥梁，在确保安全和技术可行的前提下，应在桥梁上设置桥面径流水收集系统，并在桥梁两侧设置沉淀池，对发生污染事故后的桥面径流进行处理，确保饮用水安全。

知识点3　实际工作中，径流集中处理系统不仅包括全封闭收集系统，还有另外两种体系，常见三种体系为：一是全封闭收集系统；二是部分封闭收集系统；三是择时封闭收集系统。

知识点4　径流汇集系统包括路（桥）面排水孔、汇水管线沟道、支持连接架构三个部分。

【热点试题】滋润干渴心田

试题1　【多项选择题】径流汇集系统主要包括（　　）。

《交通建设工程施工环境保护监理》考试指导与模拟题解

A.路（桥）面排水孔　　　　　　B.汇水管线沟道

C.支持连接架构　　　　　　　　D.集水池

【答案】ABC

试题2【多项选择题】实际工作中，径流集中处理系统常见的体系有（　　）。

A.全封闭收集系统　　　　　　　B.沉淀池

C.部分封闭收集系统　　　　　　D.择时封闭收集系统

【答案】ACD

【考点聚焦】拓展应试能力

考点1【多项选择题】公路建设应在水环境敏感路段设置（　　）。

A.径流水收集系统　　B.沉淀池　　C.排水孔　　　　D.集水池

【答案】AB

考点2【多项选择题】下列说法正确的是（　　）。

A.公路路线设计时，应尽量绕避饮用水水源保护区

B.对跨越饮用水水源二级保护区的桥梁，应在桥梁上设置桥面径流水收集系统

C.公路建设应在水环境敏感路段设置径流水收集系统和沉淀池

D.集水池的位置必须设置于河道堤防或其他保护区之外

【答案】ABCD

【知识卡片】遨游知识海洋

沉淀池常用的几种类型

沉淀池是应用沉淀作用去除水中悬浮物的一种构筑物。沉淀池在废水处理中广为使用。它的形式很多，按池内水流方向可分为平流式、竖流式和辐流式三种。

1.平流式沉淀池

由进出水口、水流部分和污泥斗三个部分组成。池体平面为矩形，进口设在池长的一端，一般采用淹没进水孔，水由进水渠通过均匀分布的进水孔流入池体，进水孔后设有挡板，使水流均匀地分布在整个池宽的横断面。沉淀池的出口设在池长的另一端，多采用溢流堰，以保证沉淀后的澄清水可沿池宽均匀地流入出水渠。堰前设浮渣槽和挡板以截留水面浮渣。水流部分是池的主体。池宽和池

第十四章 环境保护工程及监理要点

深要保证水流沿池的过水断面布水均匀,依设计流速缓慢而稳定地流过。池的长宽比一般不小于4,池的有效水深一般不超过3米。污泥斗用来积聚沉淀下来的污泥,多设在池前部的池底以下,斗底有排泥管,定期排泥。平流式沉淀池多用混凝土筑造,也可用砖石圬工结构,或用砖石衬砌的土池。平流式沉淀池构造简单,沉淀效果好,工作性能稳定,使用广泛,但占地面积较大。若加设刮泥机或对比重较大沉渣采用机械排除,可提高沉淀池工作效率。

2. 竖流式沉淀池

池体平面为圆形或方形。废水由设在沉淀池中心的进水管自上而下排入池中,进水的出口下设伞形挡板,使废水在池中均匀分布,然后沿池的整个断面缓慢上升。悬浮物在重力作用下沉降入池底锥形污泥斗中,澄清水从池上端周围的溢流堰中排出。溢流堰前也可设浮渣槽和挡板,保证出水水质。这种池占地面积小,但深度大,池底为锥形,施工较困难。

3. 辐流式沉淀池

池体平面多为圆形,也有方形的。直径较大而深度较小,直径为20~100米,池中心水深不大于4米,周边水深不小于1.5米。废水自池中心进水管入池,沿半径方向向池周缓慢流动。悬浮物在流动中沉降,并沿池底坡度进入污泥斗,澄清水从池周溢流入出水渠。

4. 新型沉淀池

近年设计成的有新型的斜板或斜管沉淀池。主要就是在池中加设斜板或斜管,可以大大提高沉淀效率,缩短沉淀时间,减小沉淀池体积。但有斜板、斜管易结垢,长生物膜,产生浮渣,维修工作量大,管材、板材寿命低等缺点。

14.5 拦渣工程简介和监理要点

【整体感知】洞悉知识脉络

1. 拦渣工程选址的一般要求。
2. 拦渣坝、拦渣墙与拦渣堤的监理要点。

《交通建设工程施工环境保护监理》考试指导与模拟题解

【教材精讲】拨开眼前迷雾

知识点1 拦渣工程是为专门存放公路施工造成的大量弃土、弃石、弃渣和其他废弃固体而修建的水土保持工程。主要包括拦渣坝、拦渣墙与拦渣堤。

知识点2 坝址地形要口小肚大，沟道平缓，工程量小，库容大，造成的环境影响小；适当设计渣场规模，使之易于复垦。原表土剥离至基岩层；黄土高原区渣场应结合造地设计；山区高大渣场可分级布设，易于复垦为梯田。

知识点3 拦渣坝坝型主要根据拦渣的规模和当地的建筑材料来选择。一般有土坝、干砌石坝、浆砌石坝等形式。选择坝型时，应进行多方案比较，做到安全经济。

知识点4 浆砌石重力坝常由溢流段和非溢流段两部分组成。通常在沟槽部分布置溢流段，两侧接以非溢流坝段，两段连接处用导水墙隔开。

知识点5 挡渣墙是为了防止固体废弃物堆积体被冲蚀或易发生滑塌、崩塌，或稳定人工开挖形成的高陡边坡，或避免滑坡体前缘再次滑坡而修建的水土保持工程。

知识点6 挡渣墙按结构形式的不同，可分为重力式、悬臂式和扶臂式三种。

知识点7 拦渣堤是指修建于沟岸或河岸的，用以拦挡公路施工中排放的固体废弃物的建筑物。

知识点8 根据拦渣堤修筑的位置不同，主要有沟岸拦渣堤和河岸拦渣堤两种。

【热点试题】滋润干渴心田

试题1 【多项选择题】在拦渣坝的坝址选择时,下列说法正确的是（   ）。
A.地形要口小肚大   B.适当设计渣场规模，使之易于复垦
C.山区高大渣场可分级布设 D.黄土高原区渣场应结合造地设计
【答案】ABCD

试题2 【多项选择题】挡渣墙按结构形式的不同，可分为（   ）。
A.竖直式   B.重力式   C.悬臂式   D.扶臂式
【答案】BCD

试题3 【多项选择题】拦渣工程总体布局上的原则是（   ）。
A.工程合理   B.安全可控   C.因地制宜   D.保护环境

第十四章 环境保护工程及监理要点

【答案】ABCD

【考点聚焦】拓展应试能力

考点1 【多项选择题】浆砌石重力坝通常由（　　）组成。
A.溢流段　　　B.非溢流段　　　C.导水墙　　　D.排水管

【答案】AB

考点2 【多项选择题】拦渣工程是为专门存放公路施工造成的大量弃土、弃石、弃渣和其他废弃固体而修建的水土保持工程，主要包括（　　）。
A.导水墙　　　B.拦渣坝　　　C.拦渣墙　　　D.拦渣堤

【答案】BCD

考点3 【多项选择题】根据拦渣堤修筑的位置不同，主要有（　　）。
A.沟岸拦渣堤　　B.山坡拦渣堤　　C.山顶拦渣堤　　D.河岸拦渣堤

【答案】AD

【知识卡片】遨游知识海洋

和谐高速公路的内涵

和谐高速公路包含三个方面内容：人与路的和谐、路与自然相和谐，人、路与自然三者相和谐，最后达到"天人合一"的最高境界。

1. 人与路的和谐

人与公路的和谐，就是遵循以人为本的理念，从公路使用者（驾乘人员）的角度出发，充分考虑公路的视觉导向、视觉连续性、安全设施的色彩及尺度等交通心理因素与行车安全的关系，以便减缓并消除驾乘人员在行车时所产生的心理压抑感、威胁感，调节和改善驾驶员的视觉疲劳，使高速公路景观既满足交通与安全的要求，又使驾乘人员能舒适地完成旅行，实现公路景观的安全与舒适。

2. 路与自然的和谐

公路与自然的和谐，就是遵循"尊重自然、保护自然、利用自然、恢复自然"理念，使其公路建设对自然环境的破坏减少到最低，运用生态学的原理与技术，顺应自然规律，构建多层次、结构复杂和功能多样的植物群落，提高自我维持、更新和发展的能力，增强生态系统的稳定性和抗逆性，实现景观的可持续发展。最终，努力使公路完全融入自然之中，达到"虽由人作，宛自天开"的境界。

3. 人、路与自然的和谐

人、路、自然三者的和谐是公路景观设计的最终目标，即公路建设要努力达到：人在路上能安全舒适地行驶，路能不留痕迹地融入自然，最终人也能融入到自然环境之中，最终实现人、路、自然之间三者的高度统一和相互和谐。

14.6 陆域生态恢复工程简介和监理要点

【整体感知】 洞悉知识脉络

1. 乔灌草常规种植和管护工程要点。
2. 坡面绿化的类型。
3. 绿化工程验收基本要求。

【教材精讲】 拨开眼前迷雾

知识点1 铺砌草坪用的草块及草卷应规格一致，边缘平直，杂草不得超过5%。草块土层厚度宜为3～5cm，草卷土层厚度宜为1～3cm。

知识点2 新植树木定植后24h内必须浇上第一遍水。

知识点3 草坪种植应根据不同地区、不同地形选择播种、分株、茎枝繁殖、植生带、铺砌草块和草卷等方法。

知识点4 铺栽草块时，块与块之间，应保留0.5～1.0cm的间隙，以防在搬运途中干缩的草块，遇水浸泡后膨胀，形成边缘重叠。

知识点5 常用的坡面土保持生物措施有人工播种、铺草皮、植生带护坡、土工格室植草、藤本植物护坡、液压喷播、客土喷播等。

知识点6 三维网植草具有以下特点：(1)固土性能优良，三维网表面有波浪起伏的网包，对覆盖于网上的客土、草种有良好的固定作用，可减少雨水的冲蚀；(2)消能作用明显，网包层缓冲了雨滴的冲击能力，减弱了雨滴的溅蚀；(3)网络加筋作用突出，三维网植草的基础层和网包层网格间的经纬线交错排布黏结，对回填土或客土起着加筋作用；(4)保温功能良好，三维植被网垫具有良好的保温作用，在夏季可使植物根部

第十四章　环境保护工程及监理要点

的微观环境温度比外部环境低3~5℃，在冬季则高3~5℃。

知识点7 土工格室植草技术是将土工格室铺装固定于无土壤的石质边坡，通过向内填入种植土壤，营建植物生长的基础，再进行机械或人工播种，从而建立边坡人工植被。

知识点8 客土喷播是在岩石边坡等场地整备后，将土壤和种子等材料的混合物喷植于场地表面的生态恢复工程，适用于不同风化程度的岩石边坡或其他难以采用常规种植技术施工的场地。

知识点9 绿化工程验收基本要求：（1）绿地表面平整，排水良好，杂草中有效控制之内；（2）乔、灌木的成活率应达到95%以上，珍贵树种和孤植树应保证成活；（3）坡面或边坡草地覆盖率按年度要求，不应小于70%或相关设计要求；（4）苗木、草坪无明显病害；（5）植物整形修剪应符合设计要求；（6）中央分隔带的苗木修剪后的高度应为1.4~1.6m，栽植的株、行距合理，应满足防眩功能的要求，不得影响交通安全。

【热点试题】滋润干渴心田

试题1【单项选择题】铺砌草坪用的草块及草卷应规格一致，边缘平直，杂草不得超过（　　）。

A.5%　　　　　　B.10%　　　　　　C.15%　　　　　　D.20%

【答案】A

试题2【多项选择题】常用的坡面土保持生物措施有（　　）。

A.植生带护坡　　　B.人工播种　　　C.土工格室植草　　　D.液压喷播

【答案】ABCD

试题3【多项选择题】三维网植草的特点是（　　）。

A.固土性能优良　　　　　　B.消能作用明显

C.网络加筋作用突出　　　　D.保温功能良好

【答案】ABCD

【考点聚焦】拓展应试能力

考点1【单项选择题】中央分隔带的苗木修剪后的高度应为（　　）m。

A.1.0~1.2　　　　B.1.2~1.4　　　　C.1.4~1.6　　　　D.1.6~1.8

【答案】C

考点2 【多项选择题】草坪种植方法应根据不同地区、不同地形来选择，常见的有（   ）。

A.播种　　　　　　B.嫁接　　　　　　C.植生带　　　　　　D.铺砌草块

【答案】ACD

考点3 【判断题】铺栽草块时，块与块之间，应保留0.5～1.0cm的间隙，以防在搬运途中干缩的草块，遇水浸泡后膨胀，形成边缘重叠。（   ）

【答案】√

考点4 【简答题】简述绿化工程验收的基本要求。

【答案】(1)绿地表面平整，排水良好，杂草中有效控制之内。(2)乔、灌木的成活率应达到95%以上，珍贵树种和孤植树应保证成活。(3)坡面或边坡草地覆盖率按年度要求，不应小于70%或相关设计要求。(4)苗木、草坪无明显病害。(5)植物整形修剪应符合设计要求。(6)中央分隔带的苗木修剪后的高度应为1.4～1.6m，栽植的株、行距合理，应满足防眩功能的要求，不得影响交通安全。

【知识卡片】遨游知识海洋

"显山露水"成为广东高速公路建设新理念

广东高速公路建设将越来越多地突现生态技术公路新理念。日前，建成通车近一年的渝湛高速公路粤境段再次备受关注，其生态公路成套技术研究通过了科技成果鉴定。广东省决定今后所有公路新项目从建设伊始，严格"工程设计与环境影响评价同步，工程施工与环保措施同步，工程交工与环保恢复同步"的要求，注重"显山露水"，努力使公路通车之日便是建成绿色长廊之时。

据介绍，渝湛高速公路粤境段在公路景观规划设计、边坡生物防护、生态型水沟、桥梁生态型锥坡、附属区生活污水生态型处理、水质敏感路段路面径流处理和生态型声屏障技术等七大方面取得了一批创新成果。渝湛高速公路粤境段系统地提出了生态高速公路景观规划设计原则，结合依托工程，提出了"亚热带风情的生态路"的总体定位和区段布局；提出了边坡设计和开挖的拟自然形态原理，丰富了公路景观规划设计理论；首次采用三维网+客土植被防护+火山岩石块的生态型水沟结构形式，提出了生态型水沟设计理论和方法以及施工工艺，经实验验证，效果理想；在国内首次采用人工湿地处理水环境敏感区域的路面径流

第十四章 环境保护工程及监理要点

水,取得了良好的环境效果。

随着公路建设的迅猛发展,公路建设已经从单纯过去那种注重工程质量深化到以工程质量为核心,综合考虑投资、进度、生态环保的新阶段。广东渝湛高速公路项目,就是在这种时代背景下,提出了努力营造具有亚热带风光生态高速公路的目标,在高速公路建设中融入生态环保、和谐安全等新的建设理念。据交通部科学研究院院长周伟介绍,渝湛高速公路粤境段的生态技术公路成套技术研究,实现了工程防护功能、生态恢复功能和景观塑造三大功能,从技术的完备性、先进性、针对性来讲,其理念和方法具有普遍推广价值和意义。如渝湛采用的生态防护,边坡一般只需2至3年的时间即可植被恢复,且生态恢复和周边的自然情况基本一致,但如果是过去为了工程需要使用混凝土加浆砌片石防护边坡,把生态隔断了,边坡的生态将永久恢复不了。

为实现交通可持续的发展,克服或缓解来自土地、岸线、能源等资源和环境对交通发展带来的压力,广东省交通厅将更多地在全省推广生态公路技术,走资源节约型、环境友好型的交通发展之路,通过创新促进广东公路交通发展。"十二五"期间广东公路建设任务仍然繁重,公路建设将按照科学的发展观,严格"三个同步"的要求,努力使公路建设与自然环境有机融合,以求公路建设最大限度地减少对公路沿线生态环境的破坏。设计阶段既要考虑到道路的线形美观,又要考虑行人的心理和视觉的感受,做到"显山露水";在道路建设时做到施工和绿化同步推进,使公路通车之日便是建成绿色长廊之时,使全省公路建设实现原有生态的有效恢复、污染得到控制、水土保持良好的绿色长廊,真正走上生态环保、可持续发展的道路。

第十五章 环境监测和水土保持监测

【目标导航】 导引学习方向

1.了解环境噪声测量、施工机械噪声监测、声屏障声学性能的测量。

2.了解总悬浮颗粒物（TSP）的测定、可吸入颗粒物（PM_{10}）的测定、沥青烟的测定。

3.了解悬浮物（SS）的测定、溶解氧（DO）的测定、酸碱度（pH值）的测定、化学需氧量（COD）的测定、生化需氧量（BOD_5）的测定。

4.了解水土保持监测内容和重点、监测方式和手段、监测季度报告表格式。

5.了解环境噪声与振动监测方法标准、水环境监测方法标准、大气环境监测方法标准。

6.熟悉环境监测和水土保持监测的概念和意义、环境监测和水土保持监测管理要求和监测原则。

7.掌握建筑施工场界噪声测量。

【学法点拨】 开启思维之门

1.本部分详细介绍了噪声测量、空气监测、水质监测和水土保持监测的指标及方法，要求学员重点了解，更多指标的要求和方法请参考相应监测规范。

2.本部分详细介绍了环境监测和水土保持监测的概念和意义、环境监测和水土保持监测管理要求和监测原则。

3.要求学员掌握建筑施工场界噪声测量。

第十五章 环境监测和水土保持监测

15.1 概 述

【整体感知】洞悉知识脉络

1. 环境监测与水土保持监测的概念和意义。
2. 环境监测与水土保持监测管理要求和监测原则。

【教材精讲】拨开眼前迷雾

知识点1 环境监测和水土保持监测,是掌握项目区环境状况、环境影响特点、程度及其危害的需要,是判断环境质量是否符合"环境标准"的依据。

知识点2 环境监测过程一般为:基础资料的收集、监测方案的制订、样品的采集、样品的运送和保存、分析测试、数据处理、综合评价等。

知识点3 水土保持监测,是从保护水土资源和维护良好的生态环境出发,对水土流失的成因、数量、强度、影响范围及后果等进行监视和测定的活动。

知识点4 各类交通建设项目在工程环境影响评价、施工、竣工环境保护验收以及运营过程中必须按照有关法规规定进行环境监测。

知识点5 环境监测是判断环境质量是否符合法定"环境标准"的依据。环境监测可分为作为内控"监理监测",以及法定有效"监督监测"。

知识点6 施工期环境监理控制指标的设置原则:(1)全面性原则;(2)重点性原则;(3)代表性原则;(4)持续性原则;(5)可操作的简化原则;(6)环保性原则。

知识点7 交通建设类项目,征占地面积大于50公顷或挖填土石方总量大于50万立方米的,由有甲级水土保持监测资质的机构开展水土保持监测工作;征占地面积5～50公顷或挖填土石方总量5万～50万立方米的,由建设单位委托有乙级以上水土保持监测资质的机构开展水土保持监测工作;其余小型项目由建设单位自行安排水土保持监测工作。

【热点试题】滋润干渴心田

试题1 【判断题】对于交通建设类项目,征占地面积5～50公顷,由建设单位委托有乙级以上水土保持监测资质的机构开展水土保持监测工作。(　　)

【答案】√

试题2【多项选择题】施工期环境保护监理控制指标的设置原则有（　　）。

A.总体性原则　　B.重点性原则　　C.代表性原则　　D.环保性原则

【答案】BCD

【考点聚焦】拓展应试能力

考点1【判断题】各类交通建设项目在工程环境影响评价、施工、竣工环境保护验收以及运营过程中必须按照有关法规规定进行环境监测。（　　）

【答案】√

考点2【单项选择题】交通建设类项目，征占地面积大于50公顷或挖填土石方总量大于50万立方米的，由有（　　）的机构开展水土保持监测工作。

A.乙级水土保持监测资质　　　　B.甲级水土保持监测资质

C.一级水土保持监测资质　　　　D.二级水土保持监测资质

【答案】B

考点3【多项选择题】环境监测过程一般包括（　　）。

A.基础资料的收集　　　　　　　B.监测方案的制订

C.样品的采集、样品的运送和保存　D.分析测试、数据处理、综合评价

【答案】ABCD

【知识卡片】遨游知识海洋

环保部"十二五"开局之年的几项重点工作

一是着力抓好新增主要污染物监测和环境空气质量评价试点工作。"十二五"减排指标在二氧化硫和化学需氧量的基础上，增加了氮氧化物和氨氮两项约束性指标。环境监测必须服务于污染减排工作的大局，将环境中和污染源的氮氧化物和氨氮监测工作作为重中之重，切实抓紧抓好。2011年，要加强对污染源排放温室气体的监测，并在部分城市开展环境空气质量评价试点工作，增加灰霾天气对环境空气质量影响等试点监测，对这些试点工作一定要统筹安排好、跟踪落实好、推广应用好。

二是切实抓好十年全国环境质量状况分析评价工作。通过这项工作，要对十

第十五章 环境监测和水土保持监测

年来全国的环境质量状况及其变化趋势进行全面、系统、深入地分析与研究，客观评价十年来全国的环境质量。这个评价要充分利用国内外的监测数据，让社会各方面认可，能经得起历史的验证，起到"盖棺定论"的作用。

三是努力完成全国环境应急监测演练任务。为提高环境监测的应急能力，探索建立应急监测管理制度，2011年环境保护部里计划组织一次全国环境应急监测演练。这次应急监测演练主要在省级监测队伍中开展，而且是在当地进行，国家通过网络视频进行指挥和考评，集中检验应急监测方案的科学性、应急监测反应的及时性、应急监测的准确性和应急监测报告的水平等。

四是加快部分国控监测站的建设进度。这两年国家与地方联合建设的国家地表水自动站、环境空气背景站和农村环境空气区域站，各省环保部门要加大督促协调力度，中国环境监测总站要加快监测设备的采购和安装，地方要加快站房和基础设施的建设，2011年下半年要全部完工，并开始运行监测，尽快出数据。2011年环境保护部里还将召开国控站能力建设的现场会。

五是研究制定重金属监测工作的指导意见。《全国重金属污染防治规划》已经国务院批准正式印发，开展重金属污染防治工作成为环保部门的又一个工作重点。因此，重金属监测工作必须尽快开展，以满足国家对重金属污染防治工作的迫切需要。

六是认真做好国家重点生态功能区县域生态环境质量考核工作。环境保护部与财政部联合开展了国家重点生态功能区县域生态环境质量考核工作，这件事关系到处于国家重点生态功能区内的有关县的中央财政转移支付资金额度，因此，一定要高度重视，各负其责，精心组织，按照实施方案的要求扎实推进相关的监测、评价和考核工作。

15.2 噪声监测

【整体感知】洞悉知识脉络

1. 测量仪器、气象条件要求与测量方法。
2. 建筑施工场界噪声测量。

3. 声屏障声学性能的测量。

【教材精讲】拨开眼前迷雾

知识点1 噪声监测分为施工开始前的工程周边环境本底噪声监测、施工期噪声监测、敏感点噪声监测、交通噪声监测和减噪效果监测等。

知识点2 测量应在无雨、无雪的天气条件下进行，风速为5.5m/s以上停止测量。

知识点3 测量仪器精度为2型以上的积分式声级计及环境噪声自动监测仪器。

知识点4 测量点选在居住或工作建筑物外，离任一建筑物的距离不小于1m。传声器距地面的垂直距离不小于1.2m。

知识点5 仪器的时间计权特性为"快"响应，采样时间间隔不大于1s。

知识点6 测量的声学量包括插入损失（TL）、降噪系数（NRC）、计权隔声量（R_w）三个物理量。

知识点7 在环境监理监测中，常用插入损失（TL）评价声屏障的降噪效果。

知识点8 插入损失的测量方法包括直接法和间接法两种。

知识点9 当离声屏障最近的车道中心线与声屏障之间的距离D＞15m时，参考点应位于声屏障平面内上方1.5m处。

知识点10 当距离D＜15m时，参考点的位置应在声屏障的平面内上方，并保证离声屏障最近的车道中心线与参考位置、声屏障顶端的联线夹角为10。

【热点试题】滋润干渴心田

试题1【单项选择题】下列说法错误的是（　　）。

A.噪声测量仪器精度为2型以上的积分式声级计及环境噪声自动监测仪器

B.噪声测量仪器和声校准器应按规定定期检定

C.噪声测量可在有雨、有雪的天气条件下进行

D.噪声测量仪器的时间计权特性应为"快"响应

【答案】C

试题2【多项选择题】噪声测量报告的内容主要有（　　）。

A.日期、时间、仪器型号　　B.测点位置、施工场地的工况

C.施工场地及边界线示意图　　D.敏感点的方位、距离及相应边界线处测点

第十五章 环境监测和水土保持监测

【答案】ABCD

【考点聚焦】拓展应试能力

考点1 【单项选择题】在环境监理监测中，常用（ ）评价声屏障的降噪效果。

A.插入损失　　　　B.降噪系数　　　　C.计权隔声量　　　　D.声学量

【答案】A

考点2 【单项选择题】当离声屏障最近的车道中心线与声屏障之间的距离D>15m时，参考点应位于声屏障平面内（ ）处。

A.下方1.5m　　　B.上方2.5m　　　C.下方2.5m　　　D.上方1.5m

【答案】D

考点3 【判断题】测量点选在居住或工作建筑物外，离任一建筑物的距离不大于1m。传声器距地面的垂直距离不小于1.2m。（ ）

【答案】×

【知识卡片】遨游知识海洋

地面交通噪声污染防治应遵循哪些原则？

环境保护部于近日发布了《地面交通噪声污染防治技术政策》，以防治地面交通噪声污染，保护和改善生活环境，保障人体健康，指导交通和居住等基础设施合理规划建设，促进经济和社会发展。

技术政策根据地面交通噪声污染的特点，按照"预防(prevention)→控制(control)→重点保护(protection)"的渐进思路，提出如下交通噪声污染防治原则：

原则一：合理规划布局

交通噪声源与工业企业、建筑施工等噪声源不同，一般很难通过噪声管制手段(如限期达标、停产停业)解决其污染问题，而主要是通过合理规划进行提前预防，这才是根本性措施；一旦交通噪声污染已经构成，治理难度是很大的，有时甚至完全没有条件。为此，地面交通噪声污染控制首先要遵循的原则就是"坚持预防为主原则，合理规划地面交通设施与邻近建筑物布局"。

原则二：分层次控制与各负其责

地面交通噪声污染防治必须根据噪声这种物理性污染的特点，从"源"、"途径"、"受体"三方面入手，分层次控制。对于噪声源控制，可采取的措施包括降低车辆噪声（提高设计制造水平，加强运行维护），以及对地面交通设施采用低噪声的建设构造和形式。对于传声途径噪声削减，可采取声屏障、绿化带等措施。对于敏感建筑物的保护，可能采取建筑隔声设计、交通管理措施（限行、限速、禁鸣）等主动保护手段，也可能采取安装隔声门窗，对室内声环境进行必要保护的被动防护手段。

由于上述控制措施的实施主体各有不同，涉及车辆制造部门、交通设施建设单位、建筑设计单位、交通管理部门、环境保护部门等，各方应共同努力，各负其责，才能有效降低或消除交通噪声对环境的影响。

原则三：优先实施噪声主动控制

地面交通噪声污染的控制与其他污染的控制一样，都要遵循"防治结合"的原则，采取积极主动的态度，对噪声的产生(噪声源)和排放(传声途径)进行控制，创造一个良好的室外声环境，这是环境保护的根本要求。因此，提出了地面交通噪声污染控制的第三条原则"在技术经济可行条件下，优先考虑对噪声源和传声途径采取工程技术措施，实施噪声主动控制"。

在这里，噪声主动控制是指对交通噪声采取的保证室外环境噪声达标的工程技术手段，包括噪声源控制、传声途径噪声削减两类噪声污染防治技术措施。

原则四：重点保护噪声敏感建筑物

地面交通噪声污染控制的最终目的，是保护人们正常生活、工作和学习的声环境质量，其重点是对《噪声法》定义的"噪声敏感建筑物"进行保护，如医院、学校、机关、科研单位、住宅等。为此提出的地面交通噪声污染控制的第四条原则就是"坚持以人为本原则，重点对噪声敏感建筑物进行保护"。

15.3 环境空气监测

 【整体感知】洞悉知识脉络

1. 总悬浮颗粒物（TSP）的测定。

第十五章　环境监测和水土保持监测

2. 可吸入颗粒物（PM_{10}）的测定。
3. 沥青烟的测定。

【教材精讲】拨开眼前迷雾

知识点 1　施工期的大气监测主要是针对施工扬尘进行监测，监测项目是总悬浮颗粒物（TSP），必要时也可监测可吸入颗粒物（PM_{10}），必要时需要对拌和站沥青烟气和生活区的食堂、锅炉废气进行监测。

知识点 2　大气中总悬浮颗粒物是指悬浮在空气中的空气动力学当量直径 $\leq 100\mu m$ 的颗粒物，以TSP表示，用质量法测定。

知识点 3　根据采样流量不同，分为大流量采样法和中流量采样法。大流量采样法是我国推荐的标准方法。

知识点 4　我国推荐的采样流量为13L/min。

知识点 5　沥青烟气的主要污染物以THC、TSP和苯[a]并芘为主。

知识点 6　固定污染源排气中苯并[a]芘的测定，采用高效液相色谱法；固定污染源排气中沥青烟的测定，采用重量法；固定污染源排气中非甲烷总烃的测定，采用气相色谱法。

【热点试题】滋润干渴心田

试题 1　【单项选择题】测定PM_{10}可用小流量采样器采样，我国推荐的采样流量为（　　）。
A.11L/min　　B. 13L/min　　C. 15L/min　　D. 17L/min
【答案】B

试题 2　【单项选择题】固定污染源排气中沥青烟的测定，采用（　　）。
A.重量法　　B.体积法　　C.质量法　　D. 流量采样法
【答案】A

试题 3　【多项选择题】沥青烟气的主要污染物有（　　）。
A.THC　　B.TSP　　C.苯[a]并芘　　D.CO
【答案】ABC

《交通建设工程施工环境保护监理》考试指导与模拟题解

【考点聚焦】拓展应试能力

考点1 【单项选择题】大气中总悬浮颗粒物是指悬浮在空气中的空气动力学当量直径≤100μm的颗粒物,以TSP表示,用( )测定。

A.体积法　　　B.重量法　　　C.滴定法　　　D.质量法

【答案】D

考点2 【判断题】根据采样流量不同,分为大流量采样法和中流量采样法。中流量采样法是我国推荐的标准方法。( )

【答案】×

考点3 【判断题】固定污染源排气中苯并[a]芘的测定,可采用高效液相色谱法。( )

【答案】√

【知识卡片】遨游知识海洋

空气污染指数是什么?

空气污染指数(Air Pollution Index,简称API)是评估空气质量状况的一组数字,它能告诉您今天或明天您呼吸的空气是清洁的还是受到污染的,以及您应当注意的健康问题。空气污染指数关注的是吸入受到污染的空气以后几小时或几天内人体健康可能受到的影响。空气污染指数划分为0~50、51~100、101~150、151~200、201~250、251~300和大于300七档,对应于空气质量的七个级别,指数越大,级别越高,说明污染越严重,对人体健康的影响也越明显。

空气污染指数为0~50时,空气质量级别为Ⅰ级,空气质量状况属于优。此时不存在空气污染问题,对公众的健康没有任何危害。

空气污染指数为51~100时,空气质量级别为Ⅱ级,空气质量状况属于良。此时空气质量被认为是可以接受的,除极少数对某种污染物特别敏感的人以外,对公众健康没有危害。

空气污染指数为101~150时,空气质量级别为Ⅲ(1)级,空气质量状况属于轻微污染。此时,对污染物比较敏感的人群,例如儿童和老年人、呼吸道疾病或心脏病患者,以及喜爱户外活动的人,他们的健康状况会受到影响,但对健康人

第十五章 环境监测和水土保持监测

群基本没有影响。

空气污染指数为151～200时,空气质量级别为Ⅲ(2)级,空气质量状况属于轻度污染。此时,几乎每个人的健康都会受到影响,对敏感人群的不利影响尤为明显。

空气污染指数为201～300时,空气质量级别为Ⅳ(1)级和Ⅳ(2)级,空气质量状况属于中度和中度重污染。此时,每个人的健康都会受到比较严重的影响。

空气污染指数大于300时,空气质量级别为Ⅴ级,空气质量状况属于重度污染。此时,所有人的健康都会受到严重影响。

15.4 水质监测

【整体感知】洞悉知识脉络

1. 悬浮物(SS)的测定(质量法)。
2. 溶解氧(DO)的测定(碘量法及其修正法、电化学探头法)。
3. 酸碱度(pH值)的测定(玻璃电极法)。
4. 化学需氧量(COD)的测定(重铬酸钾法)。
5. 生化需氧量(BOD_5)的测定(稀释与接种法)。

【教材精讲】拨开眼前迷雾

 施工期水污染源监测主要包括生活污水、拌和预制场废水、打桩泥浆水及桥涵工程水污染等。

 监测项目包括水温、浊度、悬浮物(SS)、pH值、溶解氧(DO)、化学需氧量、氨氮、生化需氧量等。

知识点3 水质中的悬浮物是指水样通过孔径为0.45μm的滤膜,截留在滤膜上并于103～105℃烘干至恒重的物质。悬浮物的测定采用质量法。

知识点4 溶解氧(DO)是指溶解于水中分子状态的氧,以每升水所含氧的毫克数表示。溶解氧的测定方法有碘量法及其修正法、电化学探头法等。

知识点5 测pH值最常用的方法是玻璃电极法。

知识点6 对于废水化学需氧量的测定,我国规定用重铬酸钾法($K_2Cr_2O_7$)。

《交通建设工程施工环境保护监理》考试指导与模拟题解

【热点试题】滋润干渴心田

试题1【单项选择题】测pH值最常用的方法是（　　）。
A.质量法　　　　　B.碘量法　　　　　C.玻璃电极法　　　　　D.重铬酸钾法
【答案】C

试题2【多项选择题】施工期对于水污染源的监测主要包括（　　）。
A.拌和预制场废水　　B.打桩泥浆水　　C.桥涵工程水污染　　D.生活污水
【答案】ABCD

试题3【判断题】水质中的悬浮物是指水样通过孔径为0.45μm的滤膜，截留在滤膜上并于103～105℃烘干至恒重的物质，悬浮物的测定采用质量法。（　　）
【答案】√

【考点聚焦】拓展应试能力

考点1【单项选择题】对于废水化学需氧量的测定，我国规定采用（　　）。
A.质量法　　　　　B.生化法　　　　　C.电化学探头法　　　　　D.重铬酸钾法
【答案】D

考点2【多项选择题】溶解氧（DO）是指溶解于水中分子状态的氧，以每升水所含氧的毫克数表示。用下列（　　）方法可以测定溶解氧。
A.叠氮化钠修正法　　B.碘量法　　　C.电化学探头法　　　D.玻璃电极法
【答案】ABC

考点3【多项选择题】水质的监测项目主要包括（　　）。
A.浊度　　　　　B.悬浮物　　　　　C.溶解氧　　　　　D.生化需氧量
【答案】ABCD

【知识卡片】遨游知识海洋

常喝弱碱性水有助健康

现代人大量摄入高蛋白、高脂肪的偏酸性食物，容易造成体质的酸性化，机能减弱，新陈代谢变得缓慢，各种代谢废物不容易排出，加重了内脏的负担，容易患上各类慢性疾病。而调节体内酸碱度最为简单有效的方法，就是饮用弱碱性水。

第十五章 环境监测和水土保持监测

体内酸碱度影响人体健康

医学研究表明，人体内环境的酸碱度正常pH值应该在7.35~7.45之间，呈弱碱性。据一项都市人群健康调查发现，在生活水平较高的大城市里，80%以上的人体液pH值经常处于较低的一端，身体呈现不健康的酸性体质。如果长期体质处在酸性的状态下，女性的皮肤会过早衰老，青少年会造成发育不良等症状，而中老年人则会引发骨质疏松症、动脉硬化、肾炎及各种癌症等疾病。世界卫生组织也认为，人体血液酸化的过程就是衰老和病变的过程。

要预防疾病，改善人体内环境的酸碱度就是一个很好的方法。据饮用水业人士称，水是比蔬菜、水果更好的"中和剂"。因为水中的天然矿物质不经过代谢就能被人体直接吸收，起到维护体液平衡的作用。酸性体质的人可以通过饮用碱性水来维持体内的酸碱平衡。

中和酸性毒素，促进身体健康

为何弱碱性水能对人体健康起到积极作用？医学专家介绍，弱碱性、负电位、小分子团的水进入人体后，不断地激活人体细胞。并能更多地携带对人体有益的养分、矿物质和氧气，进入细胞的每一个角落，使人体细胞内外都充盈干净、有活力、营养丰富的液体，这样就能大大促进细胞的生长、发育，使人体细胞更具活力。

与此同时，弱碱性水可以中和体内酸性毒素，调节平衡体液的酸碱性，清除"衰老因子"自由基，还可以活化细胞，提高机体的自身抗病能力，有利于血液内过多脂类物质及胆固醇的溶解，清洗血管，净化血液。因此，饮用弱碱性水对癌症、痛风、便秘、高血压、糖尿病、哮喘等疾病有着预防和控制作用。

15.5 水土保持监测

【整体感知】洞悉知识脉络

1. 水土保持监测的内容、重点、方式和手段。
2. 水土保持监测季度报告表格式。

【教材精讲】拨开眼前迷雾

知识点1 生产建设项目水土保持监测的重点包括：水土保持方案落实情况，取

《交通建设工程施工环境保护监理》考试指导与模拟题解

土（石）场、弃土（渣）场使用情况及安全要求落实情况，扰动土地及植被占压情况，水土保持措施（含临时防护措施）实施状况，水土保持责任制度落实情况等。

知识点 2 建设项目在整个建设期（含施工准备期）内必须全程开展监测。正在使用的取土（石）场、弃土（渣）场的取土（石）、弃土（渣）量，正在实施的水土保持措施建设情况等至少每10天监测记录1次；扰动地表面积、水土保持工程措施拦挡效果等至少每1个月监测记录1次；主体工程建设进度、水土流失影响因子、水土保持植物措施生长情况等至少每3个月监测记录1次。遇暴雨、大风等情况应及时加测。水土流失灾害事件发生后1周内完成监测。

【热点试题】滋润干渴心田

试题1【多项选择题】在水土保持监测中，下列说法正确的是（   ）。

A.建设项目在整个建设期（含施工准备期）内必须全程开展监测

B.水土保持植物措施生长情况至少每3个月监测记录1次

C.遇暴雨、大风等情况应及时加测

D.水土流失灾害事件发生后1周内要完成监测

【答案】ABCD

试题2【判断题】进行水土保持监测和监理工作是项目水土保持验收的前提条件之一。（   ）

【答案】√

【考点聚焦】拓展应试能力

考点1【多项选择题】生产建设项目水土保持监测的重点主要包括（   ）。

A.水土保持方案落实情况

B.水土保持责任制度落实情况

C.取土场、弃土场使用情况及安全要求落实情况

D.水土保持措施实施状况

【答案】ABCD

考点2【判断题】对于交通建设项目，在施工期内必须开展水土保持监测，施工准备期可不开展水土保持监测。（   ）

【答案】×

第十五章 环境监测和水土保持监测

【知识卡片】遨游知识海洋

2015年我国水功能区水质达标率将提高到60%以上

针对我国日趋严峻和复杂的水污染防治问题,水利部在最严格的水资源管理制度中制定了水功能区纳污红线管理目标,规划在2015年全国水功能区水质达标率提高到60%以上,重要饮用水水源地水质达标率显著提高,到2020年基本建成水资源保护和河湖健康保障体系。

水利部副部长胡四一在4月15日"2011中国水战略与水安全"高层论坛《中国水资源可持续利用的科技支撑》报告中指出,为实现上述目标,需要建立兼顾水质、水量和水生态的水功能区综合监管技术体系,研究提出水功能区水质、水量及水生态评价标准,系统建立水功能区阶段水质目标与入河排污口入河污染负荷管理目标的关联关系,完善水功能区水质目标分阶段的动态管理方法,基本形成合理的河湖健康评价评估指标体系等。

胡四一强调,保障防洪安全、解决水资源短缺、改善水环境和水生态已经成为我国水利长期而艰巨的重要任务。在未来的水资源研究中,要高度重视宏观战略问题的探索,在更大的时空尺度上研究水、生态系统、社会经济之间的关系;要高度重视自然科学、工程技术,以及社会、人文科学的交叉、融合与渗透,综合性、创造性地解决中国水问题;要高度重视高新技术特别是信息技术的应用,以水利信息化带动和实现水资源可持续利用。

由中国工程院和水利部联合主办的"2011中国水战略与水安全"高层论坛,是在全球水问题突出、我国水利改革发展要求迫切的大背景下召开的。本次论坛在对水利当前发展情况和关键问题进行总结的同时,将围绕水利改革发展的焦点问题,从"水能开发与低碳经济"、"水资源高效利用与可持续发展"、"洪涝防治与江河治理"、"水管理与水安全"、"水利教育与科技创新"五个议题展开讨论。

第十六章 交通建设工程施工环境保护监理实例

【目标导航】导引学习方向

1. 了解环境监理试点工作概述。
2. 了解环境监理工作实施情况。
3. 了解环境监理工作经验。

【学法点拨】开启思维之门

1. 本部分主要介绍了交通建设工程施工环境保护监理的实例，通过实例，让学员了解我国环境监理工作开展与实施的基本情况。

2. 课本上列举了贵州某高速公路和珠江三角洲某高速公路开展施工环境保护概况，要求学员重点了解环保工程监理的工作经验。

16.1 贵州某高速公路工程环境监理

【整体感知】洞悉知识脉络

1. 环境保护监理组织机构的组建。
2. 环境保护监理的主要工作内容。
3. 环境保护监理的主要工作经验。

第十六章 交通建设工程施工环境保护监理实例

【教材精讲】拨开眼前迷雾

知识点1 成立了以交通部、省交通厅、省高速公路总公司和高速公路总监办等组成的三凯公路环境监理试点工作领导小组。同时，在高速公路实施现场设立环境监理办公室。

知识点2 在外业方面，环境监理办公室除了开展施工环境现状每月例行检查工作外，还针对某一时期的典型环境问题开展专项调查，此外，还分阶段开展了施工环境现状监测工作。

知识点3 在内业方面，环境监理办公室按时完成试点工作所要求提报的有关环境监理报告，同时完成了有关专项调查专题报告和施工环境现状监测报告，并及时将试点工作上报上级主管部门。

知识点4 环监办根据《环境影响报告书》，对承包单位提出了如下要求：跨河桥梁钻孔桩施工中产生的泥浆必须经沉淀池沉淀后过滤排放，施工弃渣不能直接倾入河道，对因不可避免落入河道的弃渣，应在分项工程完工后及时清理，确保河道畅通。

知识点5 当施工场地两侧200m范围内有集中的居民区和学校时，环监办要求承包单位在夜间22:00～凌晨6:00停止施工作业；强噪声机械施工作业应避开学校上课时段。

知识点6 环监办对承包单位提出如下要求：料场应设在距离大的居民区200m以外，石料加工过程中应采取洒水降尘措施；拌和场应设在开阔空旷的地方，距离环境空气敏感点300m以外，拌和过程中应采取洒水降尘措施；施工便道，应及时采取洒水降尘措施。

知识点7 针对施工固废处理，环监办提出的建议是，要求承包单位在分项工程施工中做到"工完料尽"，保证施工现场的清洁。

知识点8 建立工地环境监测实验室，对有关水、声、气等环境要素的重要环境监测点位进行监测。环监办及时下发环境问题整改通知单，要求承包单位限期整改。

知识点9 环境监理工作经验：(1)定期检查与不定期抽查相结合的外业调查方式。(2)环境监理日常报告与专题报告相结合的监理报告制度。(3)敏感点位环境状况变化情况滚动调查方式。(4)环境监理例会与工程监理例会合并举行的例会制度，提高办事效率。(5)环境监理与环境监测的统一。(6)环境监理与工程监理的工作协调。(7)对于一般性的环境问题，环监办采取口头形式或以《环境问题整改通知单》的形式要求施工单位进行整改，并要求以《环境问题整改回复单》的形式回复环监办；对于重大的环境事故，环监办及时上报总监办，由总监办统一研究处理。(8)专项的环境监理经费，保证了此项工作的正常开展。

【热点试题】 滋润干渴心田

试题1 【多项选择题】 下列说法正确的是（   ）。

A.跨河桥梁钻孔桩施工中产生的泥浆必须经沉淀池沉淀后过滤排放

B.施工弃渣不能直接倾入河道

C.强噪声机械施工作业应避开学校上课时段

D.施工便道应及时采取洒水降尘措施

【答案】ABCD

试题2 【判断题】 在环保监理中，对于出现的重大环境事故，环监办应及时上报总监办，由总监办统一研究处理（   ）。

【答案】√

【考点聚焦】 拓展应试能力

考点1 【多项选择题】 对于跨河桥梁钻孔桩施工中产生的泥浆和弃渣，下列处理正确的是（   ）。

A.必须经沉淀池沉淀后过滤排放

B.施工弃渣不能直接倾入河道

C.对因不可避免落入河道的弃渣，应在分项工程完工后及时清理

D.以上都不对

【答案】ABC

考点2 【简答题】 简述贵州某高速公路环境保护监理的工作经验。

【答案】(1)定期检查与不定期抽查相结合的外业调查方式。(2)环境监理日常报告与专题报告相结合的监理报告制度。(3)敏感点位环境状况变化情况滚动调查方式。(4)环境监理例会与工程监理例会合并举行的例会制度，提高办事效率。(5)环境监理与环境监测的统一。(6)环境监理与工程监理的工作协调。(7)对于一般性的环

第十六章 交通建设工程施工环境保护监理实例

境问题，环监办采取口头形式或以《环境问题整改通知单》的形式要求施工单位进行整改，并要求以《环境问题整改回复单》的形式回复环监办；对于重大的环境事故，环监办及时上报总监办，由总监办统一研究处理。(8) 专项的环境监理经费，保证了此项工作的正常开展。

【知识卡片】遨游知识海洋

工程与环境可以很友好

工程与环境，似乎存在着不可调和的矛盾。其实，它们也可以很友好。日前，第二届国家环境友好工程颁奖大会在京举行，"新建铁路青藏线格尔木至拉萨段工程"等10个工程项目获得了我国建设项目环境保护最高奖——"国家环境友好工程"称号。

"环境友好"这一概念来自世界环境运动中对于"无害化社会"的提倡，作为建设项目环境保护的政府最高奖，国家环境友好工程评选是国家对建设项目的环境保护工作定期的表彰管理制度。这项由环境保护部主办，中国环境文化促进会承办的评选活动，也是我国环境保护工作由末端治理向预防为主转变的标志性活动之一。

此次获奖的10个项目均为国家或地方的重点工程，多为有关国计民生或人民群众切身利益的重点建设项目，总投资超过800亿元人民币，环保投资总额超过53亿元，它们在建设过程中，严格履行环评要求，在环境保护方面作出了有益实践。例如：

常德至张家界高速公路工程道路选线避开了自然保护区、风景名胜区和绝大多数的居民集中居住区，采取以桥代路、路基分离等形式减少了对自然环境的破坏。对沿线护坡、人行天桥、隧道口区域和部分声屏障进行了专门的景观、绿化设计和美化，努力使道路与区域秀丽的自然风光相协调。

新建铁路青藏线格尔木至拉萨段工程根据高原野生动物的生活习性，沿线设置了桥梁下方、隧道上方等方式的野生动物通道，在中国铁路工程建设史上首次引入环境监理制度并建立了"四位一体"的环保管理模式。

重庆市快速轨道交通较场口——新山村线路工程轨道线路布置灵活，架空轨道桥墩占地少，轨道梁对景观和采光的影响相对较小，对下方的压抑感也很小。

工程设计充分考虑了与城市景观、园林绿化的有机结合，拆迁量少、对城市既有布局和规划的干扰较小。

……

可以看出，从设计理念、管理制度到技术运用，获奖项目处处体现了对环境的尊重，对人与自然和谐的追求与践行。

环境友好工程的评选也是一个社会可持续发展的有形目标，有关人士认为，环境友好工程的实质就是将工程建设、自然生态、社会环境和文化理念结合起来，促使经济发展、环境保护、公众满意、工程与环境相和谐，工程运营实现可持续发展。一个环境友好工程应当是经得起专业评判和时间检验的优质工程，在技术层面，意味着从环境影响评价到初步设计、施工、试生产和竣工环保验收，各个阶段都必须符合环保准入条件及相关环保技术指标；在经济层面，意味着工程建设和生产运行，要依靠科技创新、节能降耗、清洁生产，尽可能地探索循环经济的发展模式。

环境保护部副部长潘岳表示，我国正处于城市化和工业化加速发展时期，环境承载越是日益加大，资源紧缺压力越是日益明显，生态系统越是日益脆弱，就越是需要生态文明。因此，环境友好的理念不仅要在建设工程层面体现，还要融入到规划、制度、政策等宏观决策。我们不仅要树立一批环保典范工程，还要更加推进规划和战略环评，架构环境经济政策路线图，以期环境影响评价管理在制度层面全面发展。

几年前，当时的世界银行驻华首席代表黄育川在接受媒体采访时曾表示，世界银行认为经济发展与环境保护不是矛盾的，通过适当的管理，这种矛盾是可以避免的。环境友好，不仅是一种目标，更是一种理念，一种文化。自觉奉行这种理念，社会方能真正实现可持续发展，这不仅仅是工程项目的责任。

16.2　珠江三角洲某高速公路工程环境监理

【整体感知】洞悉知识脉络

1. 环境保护监理实施方案的编制。
2. 环境监理体制的选择与优化。

第十六章 交通建设工程施工环境保护监理实例

3.实践中反馈优化"环保达标监理"工作。

 【教材精讲】拨开眼前迷雾

知识点 1 珠江三角洲某高速公路采用了专—兼职结合的结合式环境监理模式,把工程环境监理纳入到工程监理体系中去的监理体制。

知识点 2 珠江三角洲某高速公路引入了环境监理实验室的优化体制,通过组建环境监理实验室实现定量化的污染监测评价指标,实现环境监理工作的科学管理。

知识点 3 根据声环境敏感点和搅拌场、预制厂的位置关系,每月对沿线各标段内的声环境敏感点和施工场界噪声开展抽测。抽测工作主要由环境监理工程师来完成,施工期环境监理工程师的临时性抽测也就是环境监理工作开展中提出的内测法。

知识点 4 公路工程环境监理对建设过程中水环境的保护要求主要包括污水排放造成污染防治和地表水环境质量保护两个方面。

知识点 5 污水排放污染防治定量监测对象包括预制场和拌和站冲洗废水、生活营地废水和泥浆沉淀池排水等,其监测指标主要包括SS、CODcr、pH值和石油类等。

知识点 6 地表水环境质量保护定量监测主要是纳污水体纳污口下游和桥梁围堰施工段下游的地表水环境质量状况,监测指标主要包括SS、CODcr、pH值、氨氮和石油类等。

知识点 7 生态景观、水土流失和固体废弃物的环境监测方法,采取了定性或半定量化的方法来开展监理。

 【热点试题】滋润干渴心田

试题1 【单项选择题】珠江三角洲某高速公路采用了( )环境监理模式,把工程环境监理纳入到工程监理体系中去的监理体制。

A.专—兼职结合的结合式　　　　B.独立式环境监理

C.包容式环境监理　　　　　　　D.以上都不是

【答案】A

试题2 【多项选择题】珠江三角洲某高速公路在地表水环境质量保护定量监测中主要考虑了纳污水体纳污口下游和桥梁围堰施工段下游的地表水环境质量状况,其监测指标主要包括( )。

A.SS　　　B.CODcr　　　C.pH值　　　D.氨氮　　　E.石油类

《交通建设工程施工环境保护监理》考试指导与模拟题解

【答案】ABCDE

【考点聚焦】拓展应试能力

考点1【多项选择题】珠江三角洲某高速公路在污水排放污染防治定量监测对象确定中,主要考虑了预制场和拌和站冲洗废水、生活营地废水和泥浆沉淀池排水等,其监测指标主要包括(   )。

A.SS　　　　B.CO　　　　　　C.pH值　　　　D.石油类

【答案】ACD

考点2【判断题】珠江三角洲某高速公路引入了环境监理实验室的优化体制,通过组建环境监理实验室实现定量化的污染监测评价指标,实现环境监理工作的科学管理。(   )

【答案】√

【知识卡片】遨游知识海洋

国外公路工程环境监理概况

国外对公路项目的环境管理问题关注较早,欧美一些国家早在20世纪80年代就已着手建立公路环境保护法律体系和管理体制,并形成了环境监理制度。在整个公路建设中充分体现了环保优先的原则,采取公路建设与环境保护统一设计、统一施工,并在施工阶段建立了环境调查、环境治理和监督的工作程序。

美国交通部在公路管理局下设规划与环境保护处,直接负责项目规划和实施过程中资源环境保护,拥有环境管理和监督职能。同时,在各个工程项目中都分别设有专门的环境监理部门,在环境管理和监督上基本不受其他部门的干扰,从而能够有效地保证"环保优先"。

工程环境监理实施过程中,充分体现"尊重自然、恢复自然"的理念。工程环境监理的最主要内容是看是否将对自然的扰动、破坏努力控制在最小的限度内,如在施工前是否先将树木或树桩移走,建成后搬回原地栽植;在动物出没的地段是否建设动物通道,避免对动物栖息地的分割;是否尽量避绕森林、湿地、草原等重要生态区域等等。施工过程中是否尽量采取一切措施,尽快地恢复原来的自然群落,公路绿化是否以保护沿线生活环境和自然环境,提高行车安全性和

第十六章　交通建设工程施工环境保护监理实例

舒适性，提供和谐的公路景观为根本目的也是工程环境监理的重要内容。对于一切环保措施，都有专门的环境管理和监理机构专职施行和监督。

澳大利亚非常重视环境保护，在公路工程建设中，把环境保护落实到公路项目的各个环节和各个阶段中。政府对环境保护有严格的立法，公路交通有关部门都要严格遵守。对环境造成严重的、不可恢复的污染时，监理部门要通知执法部门，并对责任公司及责任人处以重罚。澳大利亚环境监理部门非常重视公路项目施工对环境的影响，施工过程中着重对水、空气、土地、动植物、生态平衡进行保护，以及解决噪声等污染问题。施工中环境监理主要有以下内容：第一，实行施工单位环境监理资格证制度。环境保护部门依照各施工单位的环境保护的业绩评定其环境监理资质，具有相应环境监理的施工单位才能承担相应的建设工程环境监理工作。第二，严格施工计划审批制。施工单位在承揽项目后、开工前要编制详细的环境保护计划。环保计划要经过政府部门和监理机构批准后才能开工。第三，完善监测制度。施工单位在施工过程中，每月都要做一次环境监测报告，在施工过程中对水、空气、土地等的影响以及噪声等污染进行实时监测。环境监理部门定期进行检查并亲自抽查监测，以检验施工单位自检的可靠性。另外还有环境警察实施对执行环保法律的监察，确保环保标准落到实处。第四，环境监理部门认真执行环保标准，监督执行。

加拿大建立了比较完善的公路环保法规体系，环保意识深入人心，全民对公路建设项目的参与感也较强。加拿大公路环境管理执法有较强的力度和可操作性，对违法行为进行重罚。由政府派出环境监督官员监督项目各个阶段的环境保护和环境监理工作。为避免生态环境在公路建设和维护中遭破坏，交通部门在承包合同中明确规定承包人必须承担的环保义务，并由环境监理部门监督实施。"尊重自然、恢复自然"的理念在加拿大的公路建设中得到了充分的体现。在施工环境监理中，注重对自然的扰动、破坏努力控制在最小限度内。工程环境监理主要内容有：监理对施工中受影响的地区，事后是否通过选种适宜的花草树木等措施使其恢复生态平衡；是否详细调查几乎每一棵树木，并尽可能地保护它们；针对野生动物经常出没的路段，是否有针对性地设置了环保标志保护动物；是否调查大型动物季节性迁徙或为觅食而经常走过的路径，并使之形成安全的动物通道等。目前，加拿大新斯科舍省和安大略省交通部门对高速公路工程建设都制订了详细的环境管理和监理计划。

德国交通部门为了避免、减少及补偿公路建设对环境造成的巨大而持续的影响，公路建设之前有关部门就拟定了长期的保护措施以及严格的工程环境监理制度。公路沿线自然和风景区的保护，在规划、设计、施工及养护的各个环节都要重视。在施工期间环境保护的效果主要靠环境监理来保证。由于公路施工本身的原因造成环境的影响或破坏时，环境监理机构应及时指出，并责成施工单位给环境带来的损害进行补偿。此外，德国工程环境监理主要还包含以下内容：在公路建设、营运及工程扩建中，严格监理是否在居民区内的交通噪声超标，如果超过了所规定的极限值，公路建设项目的承担者必须提供相应的噪声防护措施；同时还对空气中有害物质的极限值进行监理，如果超标，就要根据有关规定采取补救措施；监理是否尽最大可能避免对自然和风景区产生有害的影响；对无法避免的侵害必须通过自然保护措施和风景保护措施，加以补偿。

瑞士政府制定了非常严格的法规，要求在公路施工期间设有专门的环境监理机构，采取严格的环境监理制度，落实环境保护措施，防止对环境造成污染。政府规定，公路项目施工完成以后，施工单位必须把现场恢复到自然的状态，完全消除人工的痕迹，还大自然本来的面目，由专门的环境监理机构负责监督执行。

第三部分

全真模拟与核心题解

《交通建设工程施工环境保护监理》全真模拟（一）

一、单项选择题（下列各题中，只有一个备选项最符合题意，请将你认为最符合题意的一个备选项的代号填入答卷相应括号中，选错或不选不得分。每题1分，共20分）

1. （　　）是制定我国环境保护法律、法规及政策的根本依据和原则。
   A. 环境法规　　　　　　　　　B. 环境标准
   C. 国际环境保护条约　　　　　D. 宪法

2. 路域生态系统的范围应包括（　　）。
   A. 公路两侧200m以内区域　　　B. 公路两侧300m以内区域
   C. 公路征地范围内的用地　　　D. 公路路基范围

3. 路域生态系统的范围，应包括公路征地范围内的用地，宽（　　）m。
   A. 30～50　　　　　　　　　　B. 50～70
   C. 70～90　　　　　　　　　　D. 70～80

4. 公路建设项目所经地区如若多风，在施工过程及工程结束后的几年内，由于地表植被尚未完全恢复，易产生（　　）。
   A. 土地沙化　　B. 沙尘暴　　C. 景色差　　D. 风蚀

5. 为开辟施工辅道和作业场地，要清除地表植被，有可能影响珍稀物种的生长，亦会加剧（　　）。
   A. 废弃物流失　B. 水土流失　C. 景观破坏　D. 扬尘

6. 大型施工场地的选址，应尽可能离开居民集中点，最好在距其（　　）m以外。
   A. 60　　　　　B. 100　　　　C. 150　　　D. 200

7. 《地表水环境质量标准》(GB 3838—2002)依据地表水水域环境功能和保护目标，按功能高低将地表水划分为（　　）类。
   A. 三　　　　　B. 四　　　　　C. 五　　　　D. 六

8. 在施工期，监理工程师对某声屏障的施工质量进行控制属于（　　）工作范畴。
   A. 环保达标监理　　　　　　　B. 环保工程监理
   C. 环保监督　　　　　　　　　D. 环保监察

9. 树木、农作物、杂草和建筑垃圾等固体废物,主要来自于公路工程中的(   )工程施工前期的地表清理和构筑物拆除。

　　A. 路基　　　　B. 路面　　　　　　C. 桥涵　　　　　　D. 隧道

10. 公路建设项目竣工环境保护验收由(   )向有审批权的环保部门申请。

　　A. 建设单位　　　　　　　　　B. 设计单位

　　C. 施工单位　　　　　　　　　D. 施工环境保护监理

11. 对建设项目配套的环保工程进行施工监理,确保"三同时"的实施,称为(   )。

　　A. 环保工程监理　　　　　　　B. 环保达标监理

　　C. 施工环境保护监理　　　　　D. 施工过程监理

12. 监理工程师全面开展施工环境保护监理工作的指导性文件是(   )。

　　A. 施工环境保护监理实施细则　B. 施工环境保护监理规划

　　C. 施工监理合同　　　　　　　D. 施工环境监理总结报告

13. 公路施工产生的污水不得排入(   )水域。

　　A. Ⅰ类　　　　　　　　　　　B. Ⅱ类及以上

　　C. Ⅲ类及以上　　　　　　　　D. Ⅳ类及以上

14. 路基开挖环保要点中,挖、填方工程量过大的路段应避免(   )施工。

　　A. 冬季　　　　B. 旱季　　　　　　C. 雨季　　　　　　D. 夏季

15. 路堤填筑施工中,施工场界昼间噪声限值为(   )dB。

　　A. 55　　　　　B. 60　　　　　　　C. 70　　　　　　　D. 75

16. 在路面工程开工前,监理工程师应审批施工方案的环保措施,尤其是对(   )的审批。

　　A. 施工便道　　　　　　　　　B. 沥青拌和场选址方案

　　C. 稳定类材料拌和场选址方案　D. 路面摊铺方案

17. 桥梁工程施工时,监理工程师应注意水环境质量的色度、(   )、石油类等监测指标,以避免施工对水体造成影响。

　　A. pH　　　　　B. BOD　　　　　　C. SS　　　　　　　D. COD

18. 对隧道爆破方案的审查,监理工程师应明确提出防治噪声和扬尘的要求,在距离居住区较近的区域施工,还应要求施工单位注意防止(   )造成影响。

　　A. 振动　　　　B. 惊吓　　　　　　C. 飞石　　　　　　D. 冲击波

19. 对于取、弃土场的拦渣堤设置,由于(   )构造简单,便于施工,尤其

《交通建设工程施工环境保护监理》全真模拟（一）

是在高速公路项目区，多具大型推筑、碾压设备，最适于修建该类拦渣坝。

  A. 混凝土坝 B. 干砌石坝 C. 浆砌石坝 D. 土坝

  20. 交工环境保护初步验收可以由建设单位组织，监理单位、施工单位和设计单位参加，必要时，邀请（　　）主管部门参加。

  A. 环保 B. 质监 C. 环保和质监 D. 环保和水利

  二、多项选择题（在下列各题的备选答案中，有两个或两个以上的备选项符合题意，请将你认为符合题意的备选项填入答卷相应的括号内；若选项中有错误选项该题不得分，选项正确但不完全的每个选项给0.5分，完全正确的得满分。每题2分，共40分）

  1. 生物与大气的生态关系主要表现在（　　）对生物的作用。

  A. 氮 B. 氧 C. 二氧化碳 D. 风 E. 二氧化硫

  2. 国际上保护生物多样性采取的最重要的就地保护形式是（　　）。

  A. 建立野生动物繁育中心 B. 建立植物园、动物园

  C. 建立自然保护区 D. 建立国家公园

  E. 建立植物繁育中心

  3. 在（　　）等外营力作用下，水土资源和土地生产力的破坏和损失，称为水土流失。

  A. 风力 B. 水力 C. 重力 D. 地震力 E. 雪崩

  4. 声环境敏感点包括（　　）等。

  A. 学校 B. 医院 C. 敬老院 D. 集中居民区 E. 幼儿园

  5. 根据污染物质及其形成污染的性质，可以将水污染分成（　　）。

  A. 生化性污染 B. 化学性污染 C. 物理性污染

  D. 理化性污染 E. 生物性污染

  6. 计量声音的物理量包括（　　）。

  A. 声功率 B. 声强 C. 声频 D. 声压 E. 分贝

  7. 公路施工阶段，对空气环境的污染主要有（　　）。

  A. 生活区燃煤、燃油 B. 大气降尘 C. 施工车辆尾气

  D. 路面铺浇沥青的烟气 E. 施工扬尘

  8. 公路施工中产生的固体废物包括（　　）等。

  A. 弃土弃渣 B. 建筑垃圾 C. 泥浆

D. 沥青废料　　　　　　　E. 生活垃圾

9. 对公路建设项目进行环境影响评价的目的是（　　）。

　　A. 加强公路建设项目环境保护管理

　　B. 预防公路建设项目对环境造成不良影响

　　C. 保证公路建设项目效益

　　D. 促进公路事业可持续发展

　　E. 降低公路建设投资

10. 在对公路施工环境保护监理人员素质的要求中,对知识和能力的要求为（　　）。

　　A. 懂得国家的各项法律知识

　　B. 具备公路工程专业技术知识

　　C. 掌握有关的环境保护专业知识

　　D. 具有一定的管理能力

　　E. 有良好的职业道德

11. 施工环境保护监理工作制度包括（　　）。

　　A. 会议制度　　　　B. 报告制度　　　　C. 函件来往制度

　　D. 人员培训制度　　E. 工作记录制度

12. 工地沥青加热、沥青蜡含量及乳化沥青蒸发残留物含量试验的潜在环境影响有（　　）。

　　A. 粉尘　　　　　　B. 废沥青　　　　　C. 废液体外加剂

　　D. 石油醚等化学物　E. 蒸发气体排放

13. 临时施工道路对周围环境的潜在影响主要集中在（　　）。

　　A. 噪声　　　　　　B. 土地利用　　　　C. 水土流失

　　D. 扬尘　　　　　　E. 废弃物

14. 路基开挖施工中表层土保护是一个重点环保问题,涉及特殊对象保护的内容有（　　）等。

　　A. 热带植被　　　　B. 风眼　　　　　　C. 地被层

　　D. 干旱河谷　　　　E. 自然保护区

15. 路堤填筑施工用压路机、夯实机械等的潜在环境影响为（　　）。

　　A. 漏油　　　　　　B. 扬尘　　　　　　C. 有害气体

　　D. 噪声　　　　　　E. 随意丢弃

《交通建设工程施工环境保护监理》全真模拟（一）

16. 水土流失的形式有（　　）。
    A. 人为侵蚀　　　　　　B. 重力侵蚀　　　　　　C. 水力侵蚀
    D. 风力侵蚀　　　　　　E. 泥石流侵蚀

17. 施工单位月报中有关环境保护情况的内容包括（　　）等。
    A. 本月施工单位污染源统计
    B. 针对污染源采取的防治措施，以及根据污染源的变化拟订的处置计划
    C. 本月施工单位排放污染物的种类及排放地点、排放方式、排放去向，以及生态保护情况
    D. 本月环境保护存在的问题，以及处理计划
    E. 下月施工计划，以及根据下月施工内容提出的污染防治计划

18. 公路建设项目涉及的环保工程，主要包括（　　）、拦渣工程等。
    A. 设置缓冲区　　　　　B. 消音工程　　　　　　C. 污水处理工程
    D. 护坡工程　　　　　　E. 隔声屏障、绿化工程

19. 公路施工过程中如发现文物，采取的保护措施有（　　）。
    A. 立即停止该区域的施工　　　　　B. 保护好发现文物的施工现场
    C. 报告有关文物保护部门　　　　　D. 将发现文物的现场恢复原状
    E. 组织有关人员对文物进行鉴定

20. 施工单位在交工前应整理好关于施工期环境保护的有关资料，一般包括（　　）。
    A. 工程资料　　　　　　　　　　　B. 环保制度与措施
    C. 与监理单位往来文件　　　　　　D. 环保自查记录、整改措施与环境保护月报
    E. 环境恢复措施

三、判断题（认为题述观点正确的请在答卷相应括号内划"√"，错误的划"×"，判断准确得分，否则不得分。每题1分，共10分）

1. 环境保护法律的基本原则之一是污染者付费的原则。　　　　　　（　　）

2. 荒地的"荒"只是从人类需要出发得出的概念。它是一种生物多样性比较高的生态系统。　　　　　　　　　　　　　　　　　　　　　　　　（　　）

3. 坚持"预防为主，防治结合"的方针是水土保持的基本原则之一。（　　）

4. 环境噪声的度量常采用A声级，其不仅与噪声的物理量有关，还与人对声音的主观听觉感受有关。　　　　　　　　　　　　　　　　　　　　（　　）

5. 固体废物是指在生产、生活消费等一系列活动中污染环境的固态废弃物质。
（　　）

6. 施工废水主要是施工设备维修废水。（　　）

7. 施工环境保护监理实施细则是在监理规划的基础上，由各专业监理工程师针对建设项目各分项工程编制的操作性文件。（　　）

8. 施工场地和便道附近有敏感保护对象时，环保监理工程师应对施工车辆作出限速行驶的规定，并对执行情况进行巡检。（　　）

9. 钻孔灌注桩施工在有条件时，可设置泥浆沉淀池。（　　）

10. 作为公路工程的附属工程，环保工程施工监理的内容与主体工程的施工监理相同，其监理程序和方式也与主体工程施工监理一致。（　　）

四、简答题（要求简明扼要，共16分）

1. 简述公路沥青混凝土拌和施工期间防治沥青烟污染的措施。（8分）

2. 简述公路竣工环境保护验收范围。（8分）

五、综合分析题（正确分析并回答问题，请将答案写在答题纸上，14分）

长江中在建的某桥梁工程，正在进行主墩钻孔灌注桩施工，监理工程师在巡视中发现某施工单位将泥浆和沉渣直接排入水体，试问：

（1）监理工程师发现此问题该如何处置？

（2）钻孔灌注桩施工中应采取哪些环保措施？

《交通建设工程施工环境保护监理》全真模拟（二）

一、单项选择题（下列各题中，只有一个备选项最符合题意，请将你认为最符合题意的一个备选项的代号填入答卷相应括号中，选错或不选不得分。每题1分，共20分）

1. 我国颁布（　　），标志着我国环境保护工作步入法制轨道。
   A. 中华人民共和国环境保护法　　B. 中国21世纪议程
   C. 中国环境保护21世纪议程　　D. 中国环境与发展十大对策

2. 环境保护法必须贯彻"三建设、三同步、三统一"的方针，三建设指的是（　　）。
   A. 经济建设、文化建设、环境建设
   B. 经济建设、企业建设、环境建设
   C. 经济建设、城市建设、环境建设
   D. 物质文明建设、精神文明建设、环境建设

3. 下列备选项中不属于生态敏感区的是（　　）。
   A. 动物园　　　　　　　　B. 饮用水水源保护区
   C. 森林公园　　　　　　　D. 自然保护区

4. 东北黑土区属于（　　）侵蚀为主的土壤侵蚀类型区划。
   A. 水力　　B. 风力　　C. 冻融　　D. 重力

5. 我国水土保持法确定了以（　　）的水土流失治理方针。
   A. 治理为主，开发为辅　　B. 以开发促防治
   C. 预防为主　　　　　　　D. 开发为主，治理为辅

6. 根据《声环境质量标准》，道路干线两侧区域执行（　　）类标准。
   A. 1　　B. 2　　C. 3　　D. 4

7. 利用屏障物将声源与接受者分开，阻断空气声的传播称为（　　）。
   A. 吸声　　B. 隔声　　C. 消声　　D. 阻尼

8. 根据《地表水环境质量标准》，Ⅲ类水体主要适用于（　　）。
   A. 一般农业用水
   B. 集中式生活饮用水地表水源地一级保护区

C. 集中式生活饮用水地表水源地二级保护区

D. 一般工业用水区及人体非直接接触的娱乐用水区

9. 水泥混凝土拌和场不得选在环境敏感点上风向，与其距离应在（　　）m以上。

  A. 100   B. 200   C. 300   D. 400

10. 交通建设项目环境影响评价文件经批准后，建设项目的性质、规模、地点、采用的施工工艺发生重大变动或者超过（　　）年后开工建设的，应当重新办理报批手续。

  A. 2   B. 3   C. 4   D. 5

11. 施工环境保护监理，是指监理单位受建设单位的委托，依法对（　　）在施工过程中影响环境的活动进行监督管理，确保各项环保措施满足公路施工环境保护的要求。

  A. 建设单位   B. 建设单位和施工单位

  C. 施工单位   D. 政府部门

12. 空气质量监测的项目有NO_2、CO、TSP等三项，必要时还可监测（　　）。

  A. CO_2 B. H_2S C. N_2 D. SO_2

13. 工地试验室进行集料磨光值试验时，潜在的环境影响有噪声及（　　）。

  A. 废水 B. 粉尘 C. 放射源 D. 废弃物

14. 临时材料堆放场的潜在环境影响是指对（　　）的影响。

  A. 耕地 B. 土地利用 C. 园林 D. 牧草地

15. 路基开挖阶段施工场界噪声限值为昼间75dB、夜间（　　）dB。

  A. 65 B. 60 C. 55 D. 50

16. 对于挖方路基上边坡发生的滑坡，应修建一条或数条环行水沟，但最近一条必须离滑动裂缝面最少（　　）m以外，以截断流向滑动面的水流。

  A. 4 B. 5 C. 6 D. 3

17. 隧道施工中，为减少施工粉尘，凿岩施工严禁（　　）。

  A. 湿法钻孔   B. 干孔施钻

  C. 松动爆破   D. 无声振动爆破

18. 沥青混凝土路面施工过程中，监理工程师最应关注（　　）污染防治。

  A. 扬尘 B. 沥青烟气 C. NO_2 D. CO

19. 对于防护工程，当受水流冲刷时，基底应置于局部冲刷线以下不小于（　　）m。

《交通建设工程施工环境保护监理》全真模拟（二）

A. 0.5　　　　B. 1　　　　　　C. 1.5　　　　　　D. 2

20. 中央分隔带的苗木修剪后的高度应为（　　）m，栽植的株、行距合理。

A. 1.0～1.2　　B. 1.2～1.4　　C. 1.4～1.6　　D. 1.6～1.8

二、**多项选择题**（在下列各题的备选答案中，有两个或两个以上的备选项符合题意，请将你认为符合题意的备选项填入答卷相应的括号内；若选项中有错误选项该题不得分，选项正确但不完全的每个选项给0.5分，完全正确的得满分。每题2分，共40分）

1. 党的十六届三中全会明确提出要树立和落实科学发展观，这一科学发展观的内涵主要包括以下方面：（　　）。

A. 发展必须是协调的　　　B. 发展必须是全面的　　　C. 发展必须突出重点

D. 发展必须坚持以人为本　　　E. 发展必须是可持续的

2. 下列备选项中属于路域生态系统中非生物环境因子的有（　　）。

A. 中央分隔带　　　B. 排水沟　　　C. 服务区

D. 临时道路　　　E. 桥梁

3. 自然保护区内部，一般分为（　　）。

A. 边缘区　　　B. 缓冲区　　　C. 隔离区

D. 实验区　　　E. 核心区

4. 公路建设引起水土流失的形式主要有（　　）。

A. 人为侵蚀　　　B. 水力侵蚀　　　C. 泥石流侵蚀

D. 风力侵蚀　　　E. 重力侵蚀

5. 公路项目中，对环境空气污染要素的监测，应以监测（　　）为主。

A. 二氧化碳（CO_2）　　　B. 一氧化碳（CO）　　　C. 二氧化氮（NO_2）

D. 总悬浮颗粒物（TSP）　　　E. 臭氧（O_3）

6. 水质指标可分为（　　）。

A. 地表水环境质量标准　　　B. 物理性水质指标　　　C. 化学性水质指标

D. 生物学水质指标　　　E. 污水综合排放标准

7. 环境空气监测中，重点监测的敏感点包括（　　）。

A. 基本农田保护区　　　B. 疗养院　　　C. 珍稀动植物保护区

D. 医院　　　E. 居民集中区

8. 公路施工阶段对环境空气的污染主要来自（　　）。

A. 锅炉烟气　　　B. 施工扬尘

C. 沥青拌和和摊铺产生的沥青烟气　　D. 施工车辆尾气　　E. 大气降尘

9. 常见的固体废物处理方法有（　　）。

　　A. 焚烧法　　　　　　B. 化学法　　　　　　C. 分选法

　　D. 固化法　　　　　　E. 生物法

10. 施工环保工程监理的工作范围包括（　　）等。

　　A. 施工场界噪声　　　B. 水处理工程　　　　C. 声屏障工程

　　D. 绿化工程　　　　　E. 生活垃圾处理

11. 施工环境保护监理的依据包括（　　）等。

　　A. 国家有关的法律法规

　　B. 项目的环境影响评价和水土保持报告及批复

　　C. 工程设计文件

　　D. 监理合同

　　E. 施工过程的会议纪要、文件

12. 施工环境保护监理文件由（　　）构成。

　　A. 监理月报　　　　　B. 监理总结报告　　　C. 监理日记

　　D. 监理规划　　　　　E. 监理实施细则

13. 工地试验室在混凝土取芯时的潜在环境影响有（　　）。

　　A. 漏油　　　　　　　B. 废弃物　　　　　　C. 废水

　　D. 粉尘　　　　　　　E. 取芯机产生噪声

14. 路堤填筑土石方运输的潜在环境影响为（　　）。

　　A. 生态破坏　　　　　B. 噪声　　　　　　　C. 沿路洒落

　　D. 随意丢弃　　　　　E. 水土流失

15. 路堤填筑施工运输车辆的潜在环境影响为（　　）。

　　A. 噪声　　　　　　　B. 尾气　　　　　　　C. 扬尘

　　D. 随意丢弃　　　　　E. 机油洒弃

16. 采用薄壁混凝土管桩进行软基处理施工时的潜在环境影响为（　　）。

　　A. 边料丢弃　　　　　B. 扬尘　　　　　　　C. 零配件丢弃

　　D. 噪声　　　　　　　E. 漏油

17. 隧道支护、衬砌的潜在环境影响为（　　）。

　　A. 扬尘　　　　　　　B. 有害气体　　　　　C. 弃渣

《交通建设工程施工环境保护监理》全真模拟（二）

　　D. 噪声　　　　　E. 水土流失

18. 地表排水设施包括（　　　）等。
　　A. 渗沟　　　　　B. 排水沟　　　　　　　C. 渗井
　　D. 边沟　　　　　E. 跌水与急流槽

19. 绿化工程监理时，对于整地阶段应关注的工作包括（　　　）。
　　A. 清理障碍物　　B. 整理现场　　　　　　C. 设置水源
　　D. 土壤改良　　　E. 定点放线

20. 拦渣墙按结构形式的不同可分为（　　　）。
　　A. 重力扶壁式　　B. 扶壁式　　　　　　　C. 台阶式
　　D. 悬臂式　　　　E. 重力式

三、判断题（认为题述观点正确的请在答卷相应括号内划"√"，错误的划"×"，判断准确得分，否则不得分。每题1分，共10分）

　　1. 人与自然的关系就是利用和征服自然。　　　　　　　　　　　　（　　）

　　2. 地球陆地上所有水体、为水饱和浸渍的土地以及受沿海潮汐影响的地带都被划入湿地的范围。　　　　　　　　　　　　　　　　　　　　　　　　　（　　）

　　3. 公路建设项目中的水土流失是指取土、弃土、弃渣产生的水土流失。（　　）

　　4. 根据《中华人民共和国自然保护区条例》，除法律、行政法规另有规定外，禁止在自然保护区内进行砍伐、放牧、狩猎、捕捞、采药、开垦、烧荒、开矿、采石、挖砂等活动。　　　　　　　　　　　　　　　　　　　　　　　　　　（　　）

　　5. PM_{10}是指粒径小于10mm的飘尘，易被吸入呼吸系统。　　　（　　）

　　6. 交工环境保护初步验收可以由施工单位组织，建设单位、监理单位和设计单位参加。必要时，邀请环保和水利主管部门参加。　　　　　　　　　　　　（　　）

　　7. 施工中生活用水只要经过沉淀处理，就对环境不存在潜在的影响。（　　）

　　8. 填方工程量过大的路段应避开雨季施工。　　　　　　　　　　（　　）

　　9. 公路建设项目环境影响评价，是指对公路建设项目实施后可能造成的环境影响进行分析、预测和评估，提出预防或者减轻不良环境影响的对策和措施，并进行跟踪监测的方法与制度。　　　　　　　　　　　　　　　　　　　　　　　（　　）

　　10. 污水处理设施的排污口设置必须符合"一隐蔽、二合理、三通畅"的要求。
　　　　　　　　　　　　　　　　　　　　　　　　　　　　　　　　（　　）

四、简答题（要求简明扼要，共16分）

1. 简述桥涵工程环境保护监理的要点。（8分）

2. 简述公路竣工环境保护验收的条件。（8分）

五、综合分析题（按所给问题的背景资料，正确分析并回答问题，请将答案写在答题纸上，14分）

请叙述施工过程中有效防治公路扬尘的措施。

《交通建设工程施工环境保护监理》全真模拟（三）

一、**单项选择题**（下列各题中，只有一个备选项最符合题意，请将你认为最符合题意的一个备选项的代号填入答卷相应括号中，选错或不选不得分。每题1分，共20分）

1. （　　）是监理工程师开展施工环境保护监理工作的指导性文件。
   A. 监理合同　　　　　　　B. 施工环境保护监理规划
   C. 施工环境保护监理细则　　D. 环评报告

2. 拌和场、砂石料场和轧石场不得设置在（　　）。
   A. 生态脆弱区　　　　　　B. 基本农田
   C. 饮用水源保护区　　　　D. 生态公益林区

3. 土工格栅铺设时潜在的环境影响有（　　）。
   A. 噪声　　B. 扬尘　　C. 边料丢　　D. 包装物丢弃

4. 路面施工阶段施工场界噪声限值为（　　）。
   A. 昼间65dB，夜间55dB　　B. 昼间70dB，夜间55dB
   C. 昼间75dB，夜间60dB　　D. 昼间80dB，夜间60dB

5. 桥梁工程在进行水上钻孔灌注桩时，一般应采用（　　）施工。
   A. 平台　　B. 围堰　　C. 筑岛　　D. 打桩船

6. 隧道施工洞口开挖前应先在洞口开挖面上修建（　　），以防止水土流失。
   A. 排水沟　　B. 截水沟　　C. 积水池　　D. 挡墙

7. 地表排水设施不包括（　　）。
   A. 暗沟　　B. 排水沟　　C. 急流槽　　D. 油水分离池

8. 声屏障的降噪作用在于（　　）的存在。
   A. 声影区　　B. 声照区　　C. 投射区　　D. 绕射区

9. 大气中总悬浮颗粒物是指粒径为100μm以下的颗粒物，以（　　）表示。
   A. PM_{10}　　B. TSP　　C. SS　　D. pH

10. 自然保护区中，一般只允许进行科研观察活动的区域是（　　）。
    A. 核心区　　B. 缓冲区　　C. 实验区　　D. 以上三者

11. 按土壤侵蚀外营力将全国土壤侵蚀区划分为（　　）个一级区。

A. 2 B. 3 C. 4 D. 5

12. 公路建设水土流失防治责任范围包括项目建设区和直接影响区，是按照国家行业标准（ ）规定的。

　　A. 公路建设项目环境影响评价规范　　B. 开发建设项目水土保持方案技术规范
　　C. 公路环境保护设计规范　　　　　　D. 交通环境保护管理规定

13. 根据听觉特性，在声学测量仪器中，设置有"A计权网络"，测得的噪声值较接近人耳的感觉，其测得值称为（ ）。

　　A. 声压级　　　B. A声级　　　C. 振动级　　　D. 声强级

14. 根据《建筑施工场界噪声限值》，路基土石方工程施工阶段施工场界的噪声应满足（ ）。

　　A. 昼间70dB, 夜间55dB　　B. 昼间75dB, 夜间55dB
　　C. 昼间85dB, 夜间严禁施工　D. 昼间65dB, 夜间55dB

15. 为满足降噪要求，一般道路声屏障的长度应（ ）。

　　A. 等于被保护对象沿道路方向的长度
　　B. 等于被保护对象沿道路方向长度的2倍
　　C. 两侧外延长度应大于受保护对象到声屏障距离的2倍
　　D. 两侧外延长度应大于受保护对象到声屏障距离的3倍

16. 根据《地表水环境质量标准》，Ⅳ类水体主要适用于（ ）。

　　A. 农业用水
　　B. 集中式生活饮用水地表水源地一级保护区
　　C. 集中式生活饮用水地表水源地二级保护区
　　D. 一般工业用水区及人体非直接接触的娱乐用水区

17. 在公路施工过程中，车辆行驶产生的扬尘占总扬尘的（ ）%以上。

　　A. 50　　　B. 60　　　C. 70　　　D. 40

18. 从环境保护角度考虑，路基填筑时，只有分层控制填料压实度，才能保证（ ）。

　　A. 达到设计压实度指标　　B. 控制水土流失量
　　C. 路基不变形　　　　　　D. 达到路基设计标准

19. （ ）年交通部下发了《关于开展交通工程环境监理工作的通知》，公路工程环境保护监理工作进入实质性阶段。

《交通建设工程施工环境保护监理》全真模拟（三）

  A. 1996   B. 2003   C. 2004   D. 2005

20. 铺砌草坪用的草块及草卷应规格一致，边缘平直，杂草不得超过（ ）%。

  A. 3   B. 5   C. 10   D. 15

  二、多项选择题（在下列各题的备选答案中，有两个或两个以上的备选项符合题意，请将你认为符合题意的备选项填入答卷相应的括号内；若选项中有错误选项该题不得分，选项正确但不完全的每个选项给0.5分，完全正确的得满分。每题2分，共40分）

1. 施工单位月报有关环境保护情况的内容包括（ ）。

  A. 本月施工单位污染源统计

  B. 针对污染源采取的防治措施，以及根据污染源的变化拟订的处置计划

  C. 本月施工单位排放污染物的种类及排放地点、排放方式、排放去向，以及生态保护情况

  D. 本月环境保护存在的问题，以及处理计划

  E. 下月施工计划，以及根据下月施工内容提出的污染防治计划

2. （ ）不得堆放在民用水井及河流湖泊附近，并采取措施，防止雨水冲刷进入水体。

  A. 水泥   B. 沥青   C. 油料

  D. 矿粉   E. 化学物品

3. 路基工程施工过程中，监理工程师应关注（ ）等环境监测指标。

  A. 噪声   B. 扬尘   C. 沥青烟气

  D. 废水的石油类 E. 废水的SS

4. 公路项目的环保工程包括（ ）等。

  A. 隔声屏障   B. 绿化工程   C. 污水处理工程

  D. 排水工程   E. 拦渣工程

5. 施工环境保护监理工作制度有（ ）。

  A. 报告制度   B. 会议制度   C. 函件来往制度

  D. 人员培训制度 E. 工作记录制度

6. 环保达标监理资料体系由（ ）等组成。

  A. 日常工作记录 B. 会议记录 C. 监理月报

  D. 往来函件   E. 工程建设环保文件

7. 影响车辆噪声强度的因素有（　　）。
   A. 载重量　　　　B. 路面材料　　　　C. 路面粗糙度
   D. 路面平整度　　E. 路面纵坡

8. 绿化林带的降噪原理是（　　）。
   A. 植物吸收声波　B. 植物散射效应　　C. 声影区
   D. 隔声作用　　　E. 消声作用

9. 取、弃土场禁止选用（　　）。
   A. 耕地　　　　　B. 牧草地　　　　　C. 湿地
   D. 山地　　　　　E. 森林

10. 下列各环境保护单行法中，属于污染防治法的有（　　）。
    A. 噪声污染防治法　B. 水法　　　　　C. 大气污染防治法
    D. 野生动物保护法　E. 森林法

11. 固体废物的危害包括（　　）。
    A. 侵占土地　　　B. 污染土壤　　　　C. 污染水体
    D. 污染大气　　　E. 影响环境卫生

12. 我国环境保护法律的基本原则是（　　）。
    A. 经济建设与环境保护协调发展的原则
    B. 边污染、边治理的原则
    C. 污染者付费的原则
    D. 政府对环境质量负责的原则
    E. 依靠群众保护环境的原则

13. 建设项目竣工环境保护验收需向环境保护部门提交的资料包括（　　）。
    A.《建设项目竣工环境保护执行报告》
    B.《建设项目竣工环境保护验收申请报告》或申请表或登记卡
    C.《建设项目竣工环境保护验收调查报告》或调查表
    D. 建设项目环境保护档案资料
    E. 交工验收资料

14. 地表水质量一般监测项目有（　　）等。
    A. 色度　　　　　B. 酸碱度（pH）　　C. 总磷（TP）
    D. 5d生化需氧量　E. 氨氮

《交通建设工程施工环境保护监理》全真模拟（三）

15. 在施工过程中根据实际情况形成的有关（   ）可以作为环境保护监理的依据。

    A. 项目环保设计报告　　　　B. 环保问题的会议纪要　　　C. 环保问题的报表

    D. 环保问题的有关文件　　　E. 环保问题的请示

16. 施工准备阶段环境保护监理工程师应做的工作包括（   ）等。

    A. 熟悉工程资料，掌握工程整体情况　　B. 编制施工环境保护监理规划

    C. 编制环境保护监理实施细则　　　　　D. 审查施工单位的《施工组织设计》

    E. 根据工程情况配备环境监测设备和仪器

17. 沥青拌和场运行潜在的环境影响为（   ）等。

    A. 噪声　　　　　　　　　　B. 烘干筒热辐射　　　　　　C. 漏油

    D. 沥青挥发、泄露有害气体　　　　　　　　　　　　　　E. 粉尘的排出

18. 交通安全设施的基础工程潜在环境影响为（   ）。

    A. 噪声　　　　　　　　　　B. 扬尘　　　　　　　　　　C. 废弃物处置

    D. 有害气体　　　　　　　　E. 废水

19. 防护工程中砂浆机械拌和、喷射及清洗潜在环境影响为（   ）。

    A. 土壤污染　　　　　　　　B. 扬尘　　　　　　　　　　C. 污水

    D. 噪声　　　　　　　　　　E. 砂浆泄漏

20. 公路施工环境保护监理在交工及缺陷责任期主要的工作内容包括（   ）。

    A. 环保缺陷责任期监理　　　B. 环保达标监理　　　　　　C. 交工验收监理

    D. 环保工程监理　　　　　　E. 环保设施监理

三、判断题（认为题述观点正确的请在答卷相应括号内划"√"，错误的划"×"，判断准确得分，否则不得分。每题1分，共10分）

1. 路基工程中地表清理阶段如遇到古树名木或珍稀植物，采取移植或异地保护措施时，监理工程师应审核其移植方案，并进行巡视检查。　　　　　　　　　　（   ）

2. 湿地形同于荒地，没有利用价值。　　　　　　　　　　　　　　　　　　　（   ）

3. 公路施工对生态环境的长期影响包括道路的廊道与分割效应。　　　　　　（   ）

4. 生活污水处理按处理程度分为一、二、三级。其中，一级处理的任务是从污水中除去溶解状态的有机污染物。　　　　　　　　　　　　　　　　　　　　　（   ）

5. 沥青铺浇路面时所产生的烟气，其污染物影响距离一般在50m之内。　　（   ）

6. 公路建设项目环境影响评价的目的，是加强公路建设项目环境保护管理，预防公

路建设项目对环境造成不良影响,促进公路事业可持续发展。　　　（　）

7. 临时施工道路对周围环境的潜在影响主要是对土地利用、水土流失及扬尘等污染。　　　　　　　　　　　　　　　　　　　　　　　　　（　）

8. 如果某生态系统各组成部分在较长时间内保持相对协调,物质和能量的输入、输出接近相等,结构与功能长期稳定,在外来干扰下,能通过自我调节恢复到最初的稳定状态,则这种状态可称为生态平衡。　　　　　　　　　　　　　（　）

9. 交工环境保护初步验收由监理单位组织,建设、施工、设计单位及环保、水利部门参加。　　　　　　　　　　　　　　　　　　　　　　　　（　）

10. 路面拌和场应远离自然村落,并在其常年主导风上风处,场地应硬化处理。
　　　　　　　　　　　　　　　　　　　　　　　　　　　　　（　）

四、简答题（要求简明扼要,共15分）

1. 在施工准备阶段,环保监理工程师应做好哪些工作？（8分）

2. 简述隧道工程环境保护监理要点。（8分）

五、综合分析题（正确分析并回答问题,请将答案写在答题纸上,14分）

请分析说明公路施工临时材料堆放场的潜在环境影响以及防治措施。

《交通建设工程施工环境保护监理》全真模拟（四）

一、单项选择题（下列各题中，只有一个备选项最符合题意，请将你认为最符合题意的一个备选项的代号填入答卷相应括号中，选错或不选不得分。每题1分，共20分）

1. 根据《地表水环境质量标准》，Ⅳ类水体主要适用于（　　）。

   A. 农业用水

   B. 集中式生活饮用水地表水源地一级保护区

   C. 集中式生活饮用水地表水源地二级保护区

   D. 一般工业用水区及人体非直接接触的娱乐用水区

2. 公路建设水土流失防治责任范围包括项目建设区和直接影响区，是按照国家行业标准（　　）规定的。

   A. 公路建设项目环境影响评价规范　　B. 开发建设项目水土保持方案技术规范

   C. 公路环境保护设计规范　　　　　　D. 交通环境保护管理规定

3. 大型施工场地的选址，应尽可能离居住集中点（　　）m以外，否则应停止夜间高噪声作业的施工。

   A. 100　　　　B. 200　　　　C. 300　　　　D. 150

4. 下列选项中，与交通污染有关的危害人体健康的大气污染物是（　　）。

   A. 臭氧　　　B. 氮气　　　C. 一氧化碳　　　D. 二氧化碳

5. 树木、农作物、杂草和建筑垃圾等固体废物主要来自于公路工程中的（　　）工程施工前期的地表清理和构筑物拆除。

   A. 路基　　　B. 路面　　　C. 桥涵　　　D. 隧道

6. 对建设项目配套的环保工程进行施工监理,确保"三同时"的实施,称为（　　）。

   A. 环保工程监理　　　　　　B. 环保达标监理

   C. 施工环境保护监理　　　　D. 施工期监理

7. 水土保持方案编制的主要内容之一是（　　）。

   A. 工程分析　　　　　　　　B. 公众参与

   C. 水土保持的社会影响　　　D. 水土流失防治措施

8. 生活垃圾堆放点（　　）m范围内应无生活用水体和渔用水体。

A. 100　　　　B. 20　　　　C. 30　　　　D. 50

9. 从环境保护角度考虑，路基填筑时，只有分层控制填料压实度，才能保证（　　）。

　　A. 达到设计压实度指标　　　　B. 控制水土流失量
　　C. 路基不变形　　　　　　　　D. 达到路基设计标准

10. 如果风机在假日停止运转，在假日过后进入隧道工作以前，风机应至少提前（　　）h启动，并要全面检查确认洞内已无有害气体。

　　A. 1　　　　B. 2　　　　C. 3　　　　D. 4

11. 中央分隔带的苗木修剪后的高度应为（　　）m，栽植的株、行距合理。

　　A. 1.0～1.2　　B. 1.2～1.4　　C. 1.4～1.6　　D. 1.6～1.8

12. 在公路施工过程中，车辆行驶产生的扬尘占总扬尘的（　　）以上。

　　A. 50%　　　B. 60%　　　C. 70%　　　D. 40%

13. 生物与大气的生态关系主要表现在氧、二氧化碳和（　　）对生物的作用。

　　A. 水　　　　B. 一氧化碳　　C. 硫化氢　　　D. 风

14. 我国除青藏高原以外的广大地区，从南往北生态条件最明显变化的决定性因素是（　　）。

　　A. 温度　　　B. 高度　　　　C. 水分　　　　D. 经纬度

15. 在施工环境保护监理工作程序中，最后一项程序是（　　）。

　　A. 编制环保监理规划　　　　B. 参与竣工环保验收
　　C. 编写监理工作总结　　　　D. 向建设单位提交环保监理资料

16. 路基施工时施工场界的噪声限值为（　　）。

　　A. 昼间60dB，夜间50dB　　　B. 昼间80dB，夜间80dB
　　C. 昼间75dB，夜间65dB　　　D. 昼间75dB，夜间55dB

17. 监理工程师全面开展施工环境保护监理工作的指导性文件是（　　）。

　　A. 施工环境保护监理实施细则　　B. 施工环境保护监理规划
　　C. 施工监理合同　　　　　　　　D. 施工环境监理总结报告

18. 拌和场和砂石场、轧石场距离学校、医院、疗养院、城乡居民区和有特殊要求的地区不宜小于（　　）m。

　　A. 100　　　B. 200　　　C. 300　　　D. 400

19. 地表排水设施不包括（　　）。

《交通建设工程施工环境保护监理》全真模拟（四）

A. 暗沟　　　　B. 排水沟　　　C. 急流槽　　　D. 油水分离池

20. 隧道施工通风设备应有适当的备用数量，一般为计算能力的（　　）%。

A. 30　　　　　B. 40　　　　　C. 50　　　　　D. 60

二、**多项选择题**（在下列各题的备选答案中，有两个或两个以上的备选项符合题意，请将你认为符合题意的备选项填入答卷相应的括号内；若选项中有错误选项该题不得分，选项正确但不完全的每个选项给0.5分，完全正确的得满分。每题2分，共40分）

1. 常见的敏感生态区包括（　　）。

A. 林地　　B. 草场　　C. 自然保护区　　D. 历史遗迹　　E. 饮用水源保护区

2. 公路施工过程中对水环境的影响主要来自（　　）等。

A. 钻孔桩污水　　　　　　　　B. 施工机械产生的含油污水

C. 施工作业中的生产废水　　　D. 汽车维修站和施工设备维修站产生的含油污水

E. 施工人员产生的生活污水

3. 从声学技术来分类，噪声控制可分为（　　）。

A. 消声　　　　　　　B. 隔声　　　　　　　C. 消振及阻振

D. 吸声　　　　　　　E. 听力防护

4. 我国环境保护法律的基本原则是（　　）。

A. 经济建设与环境保护协调发展的原则　　B. 边污染、边治理的原则

C. 污染者付费的原则　　　　　　　　　　D. 政府对环境质量负责的原则

E. 依靠群众保护环境的原则

5. 国际上保护生物多样性采取的最重要的就地保护形式是（　　）。

A. 建立野生动物繁育中心　　　　B. 建立植物园、动物园

C. 建立自然保护区　　　　　　　D. 建立国家公园

E. 建立植物繁育中心

6. 路基工程施工过程中，监理工程师应关注（　　）等环境监测指标。

A. 噪声　　　　　　　B. 扬尘　　　　　　　C. 沥青烟气

D. 废水的石油类　　　E. 废水的SS

7. 公路建设项目涉及的环保工程，主要包括（　　）、拦渣工程等。

A. 设置缓冲区　　　　B. 消音工程　　　　　C. 污水处理工程

D. 护坡工程　　　　　E. 隔声屏障、绿化工程

8. 拦渣坝坝型主要根据拦渣的规模和当地的建筑材料来选择，一般有（　　）等形式。

　　A. 钢筋混凝土土坝　　　　B. 干砌石坝　　　　C. 土坝

　　D. 浆砌石坝　　　　　　　E. 混凝土坝

9. 在工程竣工环保验收阶段，环境保护监理单位应负责做好的工作包括（　　）。

　　A. 整理施工环境保护监理竣工资料

　　B. 编制工程环境保护监理总结报告

　　C. 提出工程通车前所需的环保部门的各种批件，并予以协助办理

　　D. 收集保存竣工验收时环保主管部门所需的资料

　　E. 完成竣工验收小组交办的工作

10. 环境保护法律的基本原则主要有（　　）等。

　　A. 监督为主、防治结合的原则　　B. 经济建设与环境保护协调发展的原则

　　C. 收益者补偿的原则　　　　　　D. 政府对环境负责的原则

　　E. 依靠群众保护环境的原则

11. 洗车废水所含的污染物以（　　）为主。

　　A. 有机物　　　　　　B. 无机盐　　　　　　C. 泥沙颗粒物

　　D. 重金属　　　　　　E. 石油类

12. 环境空气监测中，重点监测的敏感点包括（　　）。

　　A. 基本农田保护区　　B. 疗养院　　　　　　C. 珍稀动植物保护区

　　D. 医院　　　　　　　E. 居民集中区

13. 下列选项中，属于物理性水质指标的有（　　）。

　　A. 硬度　　　　　　　B. 溶解固体　　　　　C. 浑浊度

　　D. 碱度　　　　　　　E. 透明度

14. 对公路施工环境保护监理人员素质的要求中，对知识和能力的要求为（　　）。

　　A. 懂得国家的各项法律知识　　　　B. 具备公路工程专业技术知识

　　C. 掌握有关的环境保护专业知识　　D. 具有一定的管理能力

　　E. 有良好的职业道德

15. 施工环境保护监理工作制度包括（　　）。

　　A. 会议制度　　　　　B. 监察制度　　　　　C. 函件往来制度

　　D. 工作记录制度　　　E. 定期汇报

《交通建设工程施工环境保护监理》全真模拟（四）

16. 沥青拌和场运行潜在的环境影响为（　　）。
    A. 噪声　　　　　　　　　　　B. 烘干筒热辐射　　　　C. 漏油
    D. 沥青挥发、泄露有害气体　　　E. 排尘不净

17. 路堤填筑土石方运输的潜在环境影响为（　　）。
    A. 生态破坏　　　B. 噪声　　　　　　　C. 沿路洒落
    D. 随意丢弃　　　E. 水土流失

18. 隧道工程环境保护要点有（　　）几部分。
    A. 洞口工程　　　B. 洞身工程　　　　　C. 废水处理
    D. 通风　　　　　E. 防尘

19. 拦渣墙按结构形式的不同可分为（　　）。
    A. 重力扶壁式　　B. 扶壁式　　　　　　C. 台阶式
    D. 悬臂式　　　　E. 重力式

20. 公路建设中的水质监测项目包括（　　）等。
    A. 水温测定　　　B. 浊度的测定　　　　C. pH的测定
    D. 溶解氧的测定　E. 悬浮物的测定

三、判断题（认为题述观点正确的请在答卷相应括号内划"√"，错误的划"×"，判断准确得分，否则不得分。每题1分，共10分）

1. 生态系统是生物群落和复杂的环境条件相结合所构成的自然基本单位。（　　）

2. 荒地的"荒"只是从人类需要出发得出的概念。它是一种生物多样性比较高的生态系统。（　　）

3. 在饮用水地表水源二级保护区内，禁止新建、扩建与供水设施和保护水源无关的建设项目。（　　）

4. 环境监测报告包括：由建设单位委托有资质的环境监测单位定期进行监测后，由监测部门分期提交的监测结果报告；监理单位根据现场情况自主进行监测的结果报告。（　　）

5. 稳定土拌和场、水泥混凝土拌和场、沥青混合土拌和场等各种拌和场及砂石场、轧石场等可以设在饮用水源地Ⅱ级保护区内。（　　）

6. 交通建设项目环境影响评价文件经批准后，建设项目的性质、规模、地点、采用的施工工艺发生重大变动或者超过3年后才开工建设的,应当重新办理报批手续。（　　）

7.钻孔灌注桩施工在有条件时,可设置泥浆沉淀池。（   ）

8.在特殊生态保护地区,监理工程师应禁止施工单位将施工废弃料弃置在野地。
（   ）

9.污水处理设施的排污口设置必须符合"一隐蔽、二合理、三通畅"的要求。
（   ）

10.缺陷责任期的环境保护监理工程师的工作之一是要定期检查施工单位对环保遗留问题整改计划的实施,并根据工程具体情况,建议施工单位对整改计划进行调整。（   ）

四、简答题（要求简明扼要,共16分）

1.简述公路竣工环境保护验收的条件。（8分）

2.沥青混凝土拌和施工主要有哪些大气污染防治措施？（8分）

五、综合分析题（正确分析并回答问题,请将答案写在答题纸上,14分）
论述桥涵工程环境保护监理的要点。

《交通建设工程施工环境保护监理》模拟题解（一）

一、单项选择题（下列各题中，只有一个备选项最符合题意，请将你认为最符合题意的一个备选项的代号填入答卷相应括号中，选错或不选不得分。每题1分，共20分）

1. D 2. C 3. B 4. D 5. B 6. D 7. C 8. B 9. A 10. A
11. A 12. B 13. B 14. C 15. D 16. B 17. C 18. A 19. D 20. D

二、多项选择题（在下列各题的备选答案中，有两个或两个以上的备选项符合题意，请将你认为符合题意的备选项填入答卷相应的括号内；若选项中有错误选项该题不得分，选项正确但不完全的每个选项给0.5分，完全正确的得满分。每题2分，共40分）

1. BCD 2. CD 3. ABC 4. ABCDE 5. BCE
6. ABD 7. CDE 8. ABCDE 9. ABD 10. BCD
11. ABCDE 12. BCDE 13. BCD 14. ABCD 15. ACD
16. ABCDE 17. ABC 18. CDE 19. ABC 20. ABCDE

三、判断题（认为题述观点正确的请在答卷相应括号内划"√"，错误的划"×"，判断准确得分，否则不得分。每题1分，共10分）

1. √ 2. √ 3. √ 4. √ 5. × 6. × 7. √ 8. √ 9. × 10. √

四、简答题（要求简明扼要，共16分）

1. 答：（1）沥青混凝土集中拌和，合理安排沥青混凝土拌和场。采用先进的沥青混凝土拌和装置，并配备除尘设备、沥青烟气净化和排放设施。（3分）

（2）沥青混凝土拌和场不得选在环境敏感点的上风向，与其距离应在300m以上。（3分）

（3）拌和场应为操作人员配备口罩、风镜等，实行轮班制，并定期体检。（2分）

2. 答：（1）与公路建设项目有关的各项环境保护设施，包括为防治污染和保护环境所建成或配备的工程、设备、设施和监测手段（2分），各项生态环境保护设施（2分）。

（2）环境影响评价文件（2分）和有关项目设计文件（2分）规定应采取的其他各项环境保护措施。

五、综合分析题（正确分析并回答问题，请将答案写在答题纸上，14分）

答:1.处置如下:

(1)监理工程师应发出书面指令,要求施工单位停止向水体直接排放泥浆和沉渣(2分)。

(2)要求施工单位拿出书面处理意见,并研究制定纠正措施(2分)。

(3)向建设单位汇报(2分)。

(4)如整改情况不理想,可以发布停工令(1分)。

2.钻孔灌注桩的环保措施如下:

(1)钻孔桩必须设置泥浆沉淀池,不得将泥浆直接排入河中,经沉淀后上清水排放,减小悬浮固体的排放量。大型桥梁常利用钢护筒对泥浆储备周转,并采用泥浆过滤设备清除残渣。(1.5分)

(2)废弃的钻孔泥浆以及其他废弃物,应运至事先准备的沉淀池临时储存,待吹干后,运至弃渣场,不得弃至河道和滩地,以防抬高河床,淤塞河道。(1.5分)

(3)水上钻孔施工,一般应设置平台施工,采用围堰或筑岛施工时,应及时对围堰或筑岛进行清理,以免破坏水生环境影响行洪。(1.5分)

(4)应对施工机械及船只进行严格检查,防止油料泄露,严禁将废油、施工垃圾等随意抛入水体。(1.5分)

(5)灌注混凝土时,溢出的泥浆应引流至事先准备好的地点进行处理。(1分)

《交通建设工程施工环境保护监理》模拟题解（二）

一、**单项选择题**（下列各题中，只有一个备选项最符合题意，请将你认为最符合题意的一个备选项的代号填入答卷相应括号中，选错或不选不得分。每题1分，共20分）

1. A 2. C 3. A 4. A 5. C 6. D 7. B 8. C 9. C 10. D
11. C 12. D 13. D 14. B 15. C 16. B 17. B 18. B 19. B 20. C

二、**多项选择题**（在下列各题的备选答案中，有两个或两个以上的备选项符合题意，请将你认为符合题意的备选项填入答卷相应的括号内；若选项中有错误选项该题不得分，选项正确但不完全的每个选项给0.5分，完全正确的得满分。每题2分，共40分）

1. ABDE 2. ABCDE 3. BDE 4. ABCDE 5. BCD
6. BCD 7. BCDE 8. BCD 9. CDE 10. BCD
11. ABCDE 12. BDE 13. BE 14. CD 15. ABC
16. DE 17. BD 18. BDE 19. ABCD 20. BDE

三、**判断题**（认为题述观点正确的请在答卷相应括号内划"√"，错误的划"×"，判断准确得分，否则不得分。每题1分，共10分）

1. × 2. √ 3. × 4. √ 5. × 6. × 7. × 8. √ 9. √ 10. ×

四、**简答题**（要求简明扼要，共16分）

1. 答：(1) 在桥涵工程开工前，监理工程师应审批施工方案中的环保措施。要求施工单位对基础开挖、围堰、钻孔桩施工过程，采取周密的水环境保护措施。（2分）

(2) 监理工程师根据工程情况，确定本阶段环保监理的巡视、旁站计划，对施工单位环保措施的执行效果进行检查。（1分）

(3) 基坑开挖的弃土堆放地点应事先经监理工程师同意。监理工程师应督促施工单位在堆放地点预先采取排水和挡土措施。（1分）

(4) 监理工程师应经常巡视检查钻孔桩泥浆水的处理效果，对发生泄漏或任意排放的，应当场责令施工单位改正，并旁站监督整改过程。（1分）

(5) 需要围堰施工的，因事先取得当地水利部门的许可，手续完备并经监理工程师审查后才能施工。（1分）

(6) 对施工过程中不符合环保要求的行为，监理工程师可以发出监理指令，责

令改正。情况严重时可发出暂时停工令，以及拒绝支付相关工程量。（1分）

（7）监理工程师在本阶段应注意水环境质量的SS、石油类等监测指标，避免施工对水体造成影响，必要时可进行现场监测。（1分）

2.答：(1)建设前期审查、审批手续完备，技术资料与环境保护档案资料齐全。（1分）

（2）环境保护设施及其他措施等已按批准的环境影响评价文件和设计文件的要求建成或者落实。（1分）

（3）环境保护设施安装质量符合国家和有关部门颁发的专业工程验收规范、规程和检验评定标准。（1分）

（4）具备环境保护设施正常运转的条件，包括：经培训合格的操作人员，健全的岗位操作规程及相应的规章制度，原料、动力供应落实，符合交付使用的其他条件。（1分）

（5）污染物排放符合环境影响评价文件中提出的标准及核定的污染物排放总量控制指标的要求。（1分）

（6）各项生态保护措施按环境影响评价文件规定的要求落实，项目建设过程中受到破坏并可以恢复的环境已按规定采取了恢复措施。（1分）

（7）环境监测项目、点位、机构设置及人员配备，符合环境影响评价文件和有关规定的要求。（1分）

（8）环境影响评价文件提出需对环境保护敏感点进行环境影响验证、施工期环境保护措施落实情况进行工程环境监理的，已按规定要求完成。（1分）

五、综合分析题（按所给问题的背景资料，正确分析并回答问题，请将答案写在答题纸上，14分）

答：1.运输扬尘的防治

（1）加强运输管理，保证汽车安全、文明、按规定车速行驶。（1分）

（2）科学选择运输路线。（1分）

（3）运输道路应定时洒水，每天至少两次（上、下班）。（1.5分）

2.灰土拌和扬尘的防治

（1）合理安排拌和场并集中拌和，尽量减少拌和场。（1分）

（2）灰土拌和场不得选在环境敏感点上风向，与其距离应在200m以上。（1.5分）

（3）对拌和场操作人员实行卫生防护，为其配备口罩、风镜等。（1分）

《交通建设工程施工环境保护监理》模拟题解（二）

3. 水泥混凝土拌和扬尘

（1）水泥混凝土集中拌和，封闭装罐运输。采用先进的水泥混凝土拌和装置，配套除尘设备。（1分）

（2）水泥混凝土拌和场不得选在环境敏感点上风向，与其距离应在300m以上。（1.5分）

（3）拌和场为操作人员配备口罩、风镜等，实行轮班制，并定期体检。（1分）

4. 筑路材料的堆放

在施工期，筑路材料的堆放对下风向的敏感点可能产生影响，如遇上大风、雨、雪天气，材料流失也会造成污染，应采用下列措施：

（1）筑路材料堆放地点选在环境敏感点下风向，距离100m以上。（1.5分）

（2）遇恶劣天气加篷覆盖。（1分）

（3）注意合理安排粉煤灰堆存地点及保护措施，减少堆存量并及时利用，必要时设围栏，并定时洒水防尘。（1分）

《交通建设工程施工环境保护监理》模拟题解（三）

一、**单项选择题**（下列各题中，只有一个备选项最符合题意，请将你认为最符合题意的一个备选项的代号填入答卷相应括号中，选错或不选不得分。每题1分，共20分）

1. B 2. C 3. C 4. B 5. A 6. B 7. A 8. A 9. B 10. B
11. B 12. B 13. B 14. B 15. D 16. D 17. B 18. B 19. C 20. D

二、**多项选择题**（在下列各题的备选答案中，有两个或两个以上的备选项符合题意，请将你认为符合题意的备选项填入答卷相应的括号内；若选项中有错误选项该题不得分，选项正确但不完全的每个选项给0.5分，完全正确的得满分。每题2分，共40分）

1. ABC   2. BCE   3. ABDE   4. ABCE   5. ABCDE
6. ABCDE 7. ABCDE 8. AB   9. BCE   10. AC
11. ABCDE 12. ACDE 13. ABC 14. BDE 15. BD
16. ABCDE 17. ABDE 18. ABCD 19. CDE 20. BD

三、**判断题**（认为题述观点正确的请在答卷相应括号内划"√"，错误的划"×"，判断准确得分，否则不得分。每题1分，共10分）

1. × 2. × 3. √ 4. × 5. √ 6. √ 7. √ 8. √ 9. × 10. ×

四、**简答题**（要求简明扼要，共15分）

1. 答：(1) 熟悉工程资料，掌握工程整体情况，包括工程环境影响区域。（1分）

(2) 初步审查承包人提交的临时工程设计文件中的环境保护措施和方案，提交业主组织审查。(1分)

(3) 编制施工环境保护监理计划（规划）。(1分)

(4) 根据施工环境保护监理计划（规划），编制各单位工程的环境保护监理实施细则。(1分)

(5) 根据工程情况，配置满足工程需要的环境监测设备和仪器。(1分)

(6) 建立环保工作网络，要求施工单位建立环境保护管理体系。（1分）

(7) 审查承包人编制的《施工组织设计》，主要审查施工污染防治方案，了解污染物的排放环节，排放的主要污染物、采用的治理措施、污染物的最终处置方法和去向；对不符合工程环保要求的环节内容提出改正要求，对遗漏的环节和内容要

《交通建设工程施工环境保护监理》模拟题解（三）

求增补。（1分）

（8）参加第一次工地会议，对施工单位进行环境保护交底。（1分）

2. 答：(1) 在隧道工程开工前，监理工程师应审批施工方案的环保措施，特别注意对当地生态环境的保护，落实好珍稀物种保护、弃渣和废水处理以及施工现场劳动防护等措施。（1分）

（2）对洞口临时堆放弃渣或就近设置轧石场的方案，应要求施工单位同时提出环保措施和环境恢复方案。（1分）

（3）监理工程师应要求渣石纵向调运，尽可能加以利用，不能随便堆放，严禁向河谷倾倒弃渣，以免阻塞河谷造成水土流失或占用当地农田。废渣应运至指定的弃渣场堆置，并做好排水和拦渣设施。（1分）

（4）对爆破方案的审查，监理工程师应明确提出防治噪声和扬尘的要求。在距离居住区较近的地区施工，还应要求施工单位注意防止振动造成影响。（1分）

（5）监理工程师根据工程情况，确定本阶段环保监理的巡视、旁站计划，对施工单位环保措施的执行效果进行复核。（1分）

（6）施工区域如果发现国家保护的珍稀物种，监理工程师应全过程参与物种保护，做好过程的监督。（1分）

（7）对施工过程中不符合环保要求的行为，监理工程师可以发出监理指令，责令改正。情况严重时可发出暂时停工令。施工单位无正当理由拒绝整改的，监理工程师可以对该部分工程量拒绝支付。（1分）

（8）监理工程师在本阶段应关注扬尘、悬浮物、噪声环境监测指标，必要时进行施工现场监测。（1分）

五、综合分析题（正确分析并回答问题，请将答案写在答题纸上，14分）

答：临时材料堆放场的环境潜在影响是对土地利用的影响，（3分）为符合材料的堆置要求，料场的选址多位于地势较平坦的地域，通常涉及耕地、园地、林地、牧草地或临近这些用地(1分)。此外，物料的散失和飘散污染也会影响环境（3分）。

防治措施主要有：

（1）对临时借地范围要有明确的边界，具体应按照临时用地审批文件规定的内容和要求，并结合现场的实际情况划定，以便控制对临时借地外围土地的不合理占用。若对农、林等生产用地的占用无法避免，则在施工结束后，必须恢复原有的土地利用功能。对现场初始的地形地貌、地表植被等自然特征应有客观的文字描述和

完整的影像记录，以作为将来进行恢复的依据和参考。（1分）

（2）水泥、石灰、矿粉等堆置和撒落会通过改变土壤的理化性质，破坏土壤的结构以及土壤微生物的理化环境，从而降低土壤肥力。因此水泥、石灰、矿粉要有指定地点堆置，并且应采取密封存放的方式，控制其扬尘；存放点地面应作硬化处理，硬化处理前应剥离地表熟土，并集中保存。施工结束后，应去除硬化地面，将保存的熟土回填，并恢复初始地表植被。对于堆置点附近可能被污染的土壤应进行改良，恢复其肥力。（1分）

（3）材料仓库和临时材料堆放场要防止物料散漏污染。仓库四周应有疏水沟系，防止雨水浸湿，水流引起物料流失。（1分）

（4）沥青、油料、化学物品等不得堆放在民用水井及河流湖泊附近，并采取措施，防止雨水冲刷进入水体。（1分）

（5）水泥和混凝土运输应采用密封罐车。采用敞篷车运输时，应将车上物料用篷布遮盖严密。（1分）

（6）多风天气（或大风来临前）应注意对物料加以覆盖，减少扬尘。（1分）

（7）石灰石、电石、雷管、炸药不得露天堆放，炸药应有专门的仓库。（1分）

《交通建设工程施工环境保护监理》模拟题解（四）

一、单项选择题（下列各题中，只有一个备选项最符合题意，请将你认为最符合题意的一个备选项的代号填入答卷相应括号中，选错或不选不得分。每题1分，共20分）

1. D　2. B　3. B　4. C　5. A　6. A　7. D　8. C　9. B　10. B
11. C　12. B　13. D　14. A　15. B　16. D　17. B　18. C　19. A　20. C

二、多项选择题（在下列各题的备选答案中，有两个或两个以上的备选项符合题意，请将你认为符合题意的备选项填入答卷相应的括号内；若选项中有错误选项该题不得分，选项正确但不完全的每个选项给0.5分，完全正确的得满分。每题2分，共40分）

1.CDE　　　　2.ABCDE　　　3.ABCD　　　4.ACDE　　　5.CD
6.ABDE　　　7.CDE　　　　8.BCD　　　　9.ABCDE　　10.BDE
11.CE　　　　12.BCDE　　　13.BCE　　　14.BCD　　　15.ACD
16.ABDE　　　17.BCD　　　　18.ABCDE　　19.BDE　　　20.ABCDE

三、判断题（认为题述观点正确的请在答卷相应括号内划"√"，错误的划"×"，判断准确得分，否则不得分。每题1分，共10分）

1. √　2. √　3. ×　4. √　5. ×　6. ×　7. ×　8. √　9. ×　10. √

四、简答题（要求简明扼要，共16分）

1.答：(1) 建设前期审查、审批手续完备，技术资料与环境保护档案资料齐全。（1分）

(2) 环境保护设施及其他措施等已按批准的环境影响评价文件和设计文件的要求建成或者落实。（1分）

(3) 环境保护设施安装质量符合国家和有关部门颁发的专业工程验收规范、规程和检验评定标准。（1分）

(4) 具备环境保护设施正常运转的条件，包括：经培训合格的操作人员，健全的岗位操作规程及相应的规章制度，原料、动力供应落实，符合交付使用的其他条件。（1分）

(5) 污染物排放符合环境影响评价文件中提出的标准及核定的污染物排放总量控制指标的要求。（1分）

(6) 各项生态保护措施按环境影响评价文件规定的要求落实，项目建设过程中受到破坏并可以恢复的环境已按规定采取了恢复措施。（1分）

(7) 环境监测项目、点位、机构设置及人员配备，符合环境影响评价文件和有关规定的要求。（1分）

(8) 环境影响评价文件提出需对环境保护敏感点进行环境影响验证、施工期环境保护措施落实情况进行工程环境监理的，已按规定要求完成。（1分）

2. 答：为了减轻沥青烟气对环境空气、操作人员健康、农作物生长的影响，同时也为了施工管理的方便，提出下列措施：

(1) 沥青混凝土集中拌和，合理安排沥青混凝土拌和场。采用先进的沥青混凝土拌和装置，确保设备密封并配备除尘设备、沥青烟气净化和排放设施。（3分）

(2) 沥青混凝土拌和场不得选在环境敏感点上风向，与其距离应在300m以上。（3分）

(3) 拌和场为操作人员配备口罩、风镜等,实行轮班制，并定期体检。（2分）

五、综合分析题（正确分析并回答问题，请将答案写在答题纸上，14分）

答：(1) 在桥涵工程开工前，监理工程师应审批施工方案的环保措施。要求施工单位对基础开挖、围堰、钻孔桩施工过程，采取周密的水环境保护措施。（2分）

(2) 监理工程师根据工程情况,确定本阶段环保监理的巡视、旁站计划，对施工单位环保措施的执行效果进行检查。(2分)

(3) 基坑开挖的弃土堆放地点应事先经监理工程师同意。监理工程师应督促施工单位在堆放地点预先采取排水和挡土措施。(2分)

(4) 监理工程师应经常巡视检查钻孔桩泥浆水的处理效果,对发生泄漏或任意排放的，应当场责令施工单位改正，并旁站监督整改过程。(2分)

(5) 需要围堰施工的，因事先取得当地水利部门的许可，手续完备并经监理工程师审查后才能施工。在进行水产养殖的河道进行围堰时，监理工程师应要求施工单位根据上下游的污染情况，提出合理的围方案，以免影响养殖，造成纠纷。（2分）

(6) 对施工过程中不符合环保要求的行为，监理工程师可以发出监理指令，责令改正。(2分)

(7) 监理工程师在本阶段应注意水环境质量的色度、SS、石油类等监测指标，避免施工对水体造成影响，必要时可进行现场监测。（2分）

参考文献

[1] 中国交通建设监理协会.交通建设工程施工环境保护监理[M].北京：人民交通出版社，2010
[2] 张玉芬.道路交通环境工程[M].北京：人民交通出版社，2000
[3] 蔡志洲.交通建设项目环境影响评价方法与案例[M].北京：化学工业出版社，2006
[4] 李世义，蔡志洲，等.工程环境监理基础与实务[M].北京：中国环境科学出版社，2008
[5] 戴明新.公路环境保护手册[M].北京：人民交通出版社，2004
[6] 毛文永.生态环境影响评价概论[M].北京：中国环境科学出版社，1998
[7] 江玉林，张洪江.公路水土保持[M].北京：科学出版社，2008
[8] 尤晓昕.公路工程[M].北京:清华大学出版社，北京交通大学出版社，2008
[9] 尤晓昕.道路工程概论（第二版）[M].北京：人民交通出版社，2007